साहिर लुधियानवी

साहिर लुधियानवी का जन्म 8 मार्च, 1921 को लुधियाना में हुआ।

उनकी प्रमुख पुस्तकें हैं—'तल्ख़ियाँ', 'परछाइयाँ', 'गाता जाए बंजारा', 'आओ कि कोई ख़्वाब बुनें'। 'साहिर समग्र' में उनकी सभी संकलित और कुछ असंकलित रचनाएँ भी शामिल हैं। 'जब धरती नग़मे गाएगी' में साहिर के हिन्दी-पंजाबी सभी गीत शामिल हैं। उन्होंने 'सामराज' और 'कार्ल मार्क्स'—दो किताबों का अंग्रेज़ी से उर्दू में अनुवाद किया है। 'अदब-ए-लतीफ़', 'शाहकार', 'सवेरा' आदि पत्र-पत्रिकाओं का सम्पादन भी किया है।

उन्हें 'पद्मश्री' से अलंकृत और 'सोवियत लैंड नेहरू अवार्ड', 'महाराष्ट्र स्टेट अवार्ड', दो बार 'फ़िल्मफ़ेयर अवार्ड' (सर्वश्रेष्ठ गीतकार) से सम्मानित किया गया।

25 अक्टूबर, 1980 को उनका निधन हुआ।

आशा प्रभात

वरिष्ठ कथाकार आशा प्रभात का जन्म 21 जुलाई, 1958 को हुआ। हिन्दी और उर्दू में अब तक उनकी 16 पुस्तकें प्रकाशित हैं जिनमें छह उपन्यास—'धुन्ध में उगा पेड़', 'जाने कितने मोड़', 'मैं और वह', 'गिरदाब', 'मैं जनकनन्दिनी', 'उर्मिला'; चार कहानी-संग्रह और दो काव्य-संग्रह हैं। उनकी रचनाओं के अनुवाद व प्रकाशन लगभग सभी भारतीय भाषाओं में हुए हैं।

उन्हें 'प्रेमचन्द सम्मान', राष्ट्र भाषा परिषद् पटना द्वारा 'साहित्य सेवा सम्मान', 'दिनकर सम्मान', बिहार उर्दू अकादमी, पटना द्वारा 'सुहैल अज़ीमाबादी अवार्ड' व 'खसूसी अवार्ड', बिहार हिन्दी साहित्य सम्मेलन, पटना द्वारा 'शताब्दी सम्मान' तथा कई अन्य सम्मान मिल चुके हैं।

फ़िलहाल स्वतंत्र लेखन और पत्रकारिता में सक्रिय।

ई-मेल : ashaprabhat77@gmail.com

जब धरती नग़मे गाएगी

साहिर लुधियानवी

संकलन एवं सम्पादन

आशा प्रभात

राजकमल पेपरबैक्स

राजकमल पेपरबैक्स में
पहला संस्करण : 2020
तीसरा संस्करण : 2024

राजकमल पेपरबैक्स : उत्कृष्ट साहित्य के जनसुलभ संस्करण

राजकमल प्रकाशन प्रा. लि.
1-बी, नेताजी सुभाष मार्ग, दरियागंज
नई दिल्ली-110 002
द्वारा प्रकाशित

शाखाएँ : अशोक राजपथ, साइंस कॉलेज के सामने, पटना-800 006
पहली मंजिल, दरबारी बिल्डिंग, महात्मा गांधी मार्ग, प्रयागराज-211 001
1, अनमोल सोराबजी संतुक लेन, धोबी तलाव, मरीन लाइंस, मुम्बई-400 002

वेबसाइट : www.rajkamalprakashan.com
ई-मेल : info@rajkamalprakashan.com

विकास कंप्यूटर एंड प्रिंटर्स
ट्रॉनिका सिटी-201 102
द्वारा मुद्रित

मूल्य : ₹499

JAB DHARTI NAGME GAYEGI
Compilation and editing by Asha Prabhat

ISBN : 978-93-89598-66-7

भूमिका

हर दिल अज़ीज़ शायर तथा गीतकार साहिर लुधियानवी के जीवन से सम्बन्धित जो बातें हैं वो अब जग ज़ाहिर हैं। उन्होंने अपने विषय में कभी कुछ नहीं लिखा। उनकी मानसिक स्थिति का आकलन हम उनकी रचनाओं से ही कर सकते हैं जो उनके जीवन का आईना हैं। अभी तक उनके विषय में जो कुछ भी सामने आया है उनके दोस्तों और क़रीबियों के अनुभव मात्र से ही जानने को मिला है। अपनी परख तथा अनुभवों को उन लोगों ने शब्दों में ढालकर अपनी रचनाओं के द्वारा हमारे समक्ष रखा है। परन्तु साहिर की रचनाओं में भी उनका व्यक्तित्व स्पष्ट झलकता है।

साहिर लुधियानवी की शख़्सियत, उनके नग़मे, ग़ज़लें और नज़्में, सभी आज भी अलग से पहचान में आ जाते हैं। फ़िल्मों में लिखे उनके गीतों का अपना एक अलग अदबी मेयार है। फ़िल्मी गानों की सीमा उनकी सिचुएशन होती है, लेकिन साहिर और कुछ अन्य गीतकारों-शायरों ने इस सीमा में रहते हुए भी अपना स्तर बनाए रखा है। उनके गीतों से आप हर मौक़े के लिए गीत चुन सकते हैं चाहे प्रेम का इज़हार हो, जुदाई का ग़म हो, ईश्वर के समक्ष पीड़ा का बयान हो या फिर हास्य-व्यंग्य की धार हो। उनसे आप अपने दिल की कैफ़ियत का बख़ूबी बखान कर सकते हैं।

8 मार्च, 1921 को लुधियाना में जन्मे साहिर की माँ सरदार बेगम अपने जागीरदार शौहर की कई पत्नियों में से एक थीं। उनके ग़ुस्सैल और ऐयाश पिता का नाम चौधरी फ़ज़ल मुहम्मद था। उनके पिता ने अपने दुश्मन पड़ोसी, जो उस समय यूनियनिस्ट पार्टी से वज़ीरे-तालीम (शिक्षा मंत्री) थे, मियाँ अब्दुल को गालियाँ देने और अपमानित करने के लिए अपने बेटे का नाम 'अब्दुल हई' रखा था और यही पिता के प्रति साहिर के दिल में बेपनाह नफ़रत का सबब बना। जागीरदार पिता का पुत्र होने पर भी उन्हें सुकून की ज़िन्दगी नसीब नहीं हुई बल्कि पति की ऐयाशी और अत्याचारों से पीड़ित हो उनकी माँ नाबालिग साहिर के साथ पति का घर छोड़ कर मैके आ गईं और वर्षों तंगहाली में बसर

करते हुए उन्होंने साहिर की परवरिश की। उनकी शिक्षा-दीक्षा के लिए संघर्ष किया और ऐयाशी के लिए जायदाद बेचनेवाले अपने शौहर पर उन्होंने मुक़दमा भी दायर किया कि मौरुसी जायदाद वाले इनके शौहर पर अदालत रोक लगाए। तक़रीबन तेरह वर्ष चले उस मुक़दमे का फ़ैसला उनकी माँ के पक्ष में आया और तलाक़ के रूप में अत्याचारी पति से उन्हें मुक्ति हासिल हुई।

बचपन में पिता के घर से बेघर होने की त्रासदी, माँ के साथ पिता का अमानवीय बर्ताव, निरंकुश पुरुष द्वारा औरतों का शोषण, मुफ़लिसी का जीवन जीने के लिए माँ का कठिन संघर्ष, इन सभी ने किशोर साहिर के अन्दर अवसाद का मवाद भर दिया। शायद इसी अनुभव ने उनके जीवन, आचार, व्यवहार तथा आगे चलकर शब्दों में आकार लिया। आज यह लिखते हुए मुझे हिन्दी के महान साहित्यकार अज्ञेय के शब्द याद आते हैं कि—दुख व्यक्ति को माँजता। सच में दुख होता है तो व्यक्ति दूसरे को दुख नहीं होने देता। मुझे ऐसा लगता है कि साहिर के लिए जीवन के ये अनुभव दर्द का दरिया बन गए और वे अवसाद, आग्रह व अनुराग का प्रवाह बन उनकी रचनाओं में उभरे। धाराप्रवाह बहते रहे और शब्दों में आकार लेते रहे। इतनी विसंगतियों के बावजूद उनकी लेखनी ने सन्तुलन नहीं खोया। जिस शिद्दत से उन्होंने शोक, संताप व रंजोग़म की अभिव्यक्ति की, उसी शिद्दत से रोमांस तथा इश्क़ व हास्य-व्यंग्य को भी व्यक्त किया। उनकी क़लम ने रूमानियत और तल्ख़ी दोनों को बहुत बेबाक़ी से उकेरा। कहा जाता है कि साहिर ही वह शख़्स थे जिनके गाने उनकी क़लम की वजह से सुपरहिट हुए, न कि अपनी धुनों या गायक के कारण से।

साहिर का प्रथम प्रेम ईशर कौर थीं, जिनसे उनकी मुलाक़ात गवर्मेंट कॉलेज, लुधियाना में पढ़ाई के दौरान हुई थी। उनकी मुहब्बत के चर्चे कुछ इस कदर आम हुए कि इसी अपराध की सज़ा स्वरूप कॉलेज के अंग्रेज़ प्रिंसिपल ने उन्हें कॉलेज से निकाल दिया। उसके बाद उनका संघर्ष-भरा सफ़र शुरू हुआ, शिक्षा के लिए भी और आजीविका के लिए भी। उनके जीवन में कई औरतें आईं। महेन्द्र कौर, अमृता प्रीतम तथा सुधा मल्होत्रा। पर किसी के साथ उनका प्रेम-प्रसंग अंजाम तक नहीं पहुँच सका। और शायद इसी आधे-अधूरे प्रेम की पीड़ा ने उनके शब्दों को ऊर्जा तथा क़लम को ख़ूबी बख़्शी, जिससे वे संजीदगी से समाज की विसंगतियों और जीवन जनित हर पहलू को ख़ूबसूरती व बेबाकी से उभार सके।

साहिर की ग़ज़लों और नज़्मों ने तो उन्हें मशहूर किया ही, उनके गीतों का जादू भी सर चढ़कर बोलता था, बोलता है और आगे भी बोलता रहेगा। लोग कहते हैं कि वे किसी के सामने झुकनेवाले गीतकार नहीं थे। संगीतकार

से अधिक मेहनाताना लेनेवाले वे फ़िल्म जगत के पहले गीतकार थे और ताउम्र उन्होंने अपनी इन्हीं शर्तों पर फ़िल्मों के गीत लिखे। उनकी आन-बान और शान किसी फ़िल्मी सितारे से कम न थी। उन्हें महँगी गाड़ियों का बेहद शौक था। शौक तो उन्हें शराब का भी था जिसकी महफ़िल वे अपने दोस्तों संग सज़ाते थे। पर पीठ पीछे वे उन दोस्तों की आलोचना भी किया करते थे जिसके लिए वे ख़ुद भी आलोचना के शिकार हुए। परन्तु शराब के शौकीन होते हुए भी वे शराब के ग़ुलाम कभी नहीं हुए। अपनी आधी-अधूरी ज़िन्दगी के ग़म को भुलाने का शायद यह उनका ज़रिया था परंतु उनकी आधी-अधूरी ज़िन्दगी की तरह उनकी रचनाएँ आधे-अधूरे भाव लिए नहीं रहीं। वे भरपूर असर लिए हुए हैं—उपेक्षा, तनहाई, तथा ग़म के इस माहौल में जितनी तसल्ली किसी अपने से नहीं मिलती, उससे अधिक तसल्ली साहिर के गीतों से मिलती है। जैसे फ़िल्म 'बाजी' का यह गीत—'तदबीर से बिगड़ी हुई तक़दीर बना ले, अपने पे भरोसा है तो ये दाँव लगा ले'। और फ़िल्म 'चित्रलेखा' का वह दार्शनिकता भरा गीत—'संसार से भागे फिरते हो, भगवान को तुम क्या पाओगे, इस लोक को भी अपना न सके उस लोक में भी पछताओगे'। तथा फ़िल्म 'काजल' का गीत—'अच्छों को बुरा साबित करना, दुनिया की पुरानी आदत है, इस मय को मुबारक चीज़ समझ माना कि बहुत बदनाम है ये'।

कहते हैं कि ज़िन्दगी जीने और अपनी रूह के इश्क़ को निभा देने के इसी जज़्बे ने साहिर की क़लम को वह सूफ़ियाना तालीम बख़्शी थी, जिससे वे ज़िन्दगी के जितने रूमानी प्रसंग थे सबको पूरी तबीयत से अपने फ़िल्मी किरदारों के लबों पर उसे उतार सकें। ये गीत बानगी है उसकी—'मैं ज़िन्दगी का साथ निभाता चला गया हर फ़िक्र को धुएँ में उड़ाता चला गया'। और अलिप्तता का यह सबसे नायाब नमूना—'चलो इक बार फिर से, अजनबी बन जाएँ हम दोनों'।

साहिर की समग्र रचनाओं का संचयन बहुत संघर्ष के बाद हो पाया है फिर भी कुछ गीत अनुपलब्धता की वजह से जा नहीं पा रहे। परन्तु मेरी तलाश जारी है। जैसे ही वे उपलब्ध होंगे अगले संस्मरण का हिस्सा बन जाएँगे। इस सारे कठिन सफ़र में मेरे पति श्री जगदीश प्रसाद का अप्रतिम योगदान रहा। बड़ी उदारता से उन्होंने मेरे इस संघर्ष में अपना समय व सहयोग दिया...।

साहिर की समग्र रचनाओं के लिप्यंतरण व संकलन का गुरुतर कार्य का भार सौंपते हुए राजकमल प्रकाशन समूह के निदेशक श्री अशोक महेश्वरी जी का ही सुझाव था कि गीतों के साथ फ़िल्मों के नाम, वर्ष, गायक तथा संगीतकारों के नाम भी दर्ज करना है। उनके इस बहुमूल्य सुझाव के लिए मैं हार्दिक आभारी हूँ।

साहिर के फ़िल्मी नग़्मों के इस संकलन को पाठकों के हाथों में सौंपते हुए मैं एक बार फिर यह कहना चाहूँगी कि इन रचनाओं को किसी भी रूप में हल्का मानकर न चलें, बल्कि मैं तो कहूँगी की संगीत के सहारे के बिना अब इन्हें आप जब पढ़ेंगे तो ये स्वयं ही आपको अपनी अदबी गुणवत्ता का क़ायल कर लेंगे।

धन्यवाद।

—आशा प्रभात

क्रम

अपने नग़्मों की झोली पसारे
दर-ब-दर फिर रहा हूँ
मुझको अम्न और तहज़ीब की भीक दो!

कोठे-कोठे आ कुड़िये

बालो (पंजाबी); 1951

कोठे-कोठे आ कुड़िये, नी तैनूँ बालो दा यार दिखावाँ
कन विच मुँदराँ, गल विच गानी
डुल-डुल पैंदी मस्त जवानी
की-की सिफ़त गिनावाँ, नी कुड़िये, बालो दा यार दिखावाँ
ऐस गली विच शाम सवेरे
वांग सुदाइयाँ मारे फेरे
भर-भर ठंडियाँ आहवाँ, नी कुड़िये बालो दा यार दिखावाँ
एह मुंडा जद आवे-जावे
बालो लुक-लुक झातियाँ पावे
दिल नूँ दिल ताईं राहवाँ, नी कुड़िये, बालो दा यार दिखावाँ

[एन. दत्ता/गीता बाली]

कोई जादू कर गया नी

बालो (पंजाबी); 1951

बालो : कोई जादू कर गया नी
निक्का जेहा दिल मेरा
सदराँ नाल भर गया नी
बदलाँ दी छाँ माहिया

लुक-छिप मिलने दी
अज कर जा हाँ माहिया

माहिया : क्यों लुक-लुक बहँदे ओ
अखियाँ तूँ की छिपना
जदों विच रहँदे ओ
मिलने दी थाँ दस दे
जेड़ा सानूँ लाया ई
उस रोग दा नाँ दस दे

बालो : मिलने दे सौ भाने
साडा दिल तेरा ई
तेरे दिल दियाँ रब्ब जाने

दोनों : क्यों लुक-लुक बहँदे ओ
अखियाँ तूँ की छिपना
जद दिल विच रहँदे ओ

[एन. दत्ता]

खड़ी रहनी आँ बनेरे ते

बालो (पंजाबी); 1951

बालो : खड़ी रहनी आँ बनेरे ते
मुंडिया वे हान दिया
दिल आ गया तेरे ते

बेड़ी लगी ए किनारे ते
दुनिया मैं वार सुटाँ
तेरे इक वे इशारे ते

तूं फुल ते मैं वा माहिया
तेरी मेरी इक जिन्दड़ी
भाँवें बत नैं जुदा माहिया

[एन. दत्ता]

दस वे सजनाँ हुन की करिये, लोक जुदाइयाँ पाँदे नें

बालो (पंजाबी); 1951

दस वे सजनाँ हुन की करिये, लोक जुदाइयाँ पाँदे नें
दिल तों दिल दिया आसाँ खोके जलदे दीप बझाँदे नें

दर्दी कोई न दसदा जग विच कलियाँ बह-बह रोनी आँ
तेरे ग़माँ दी मारी सजनाँ हंजुआँ हार पिरोनी आँ
दिल दे दुश्मन दुनियावाले दिल ते तीर चलाँदे नें
दस वे सजनाँ....

जिस लों तूँ अपनी कहँदा सीं अज बेगानी हो चल्ली
दुख-दर्दां दे घेरे अन्दर जिन्द नमानी खो चल्ली
आ वे माहिया तैनूँ मेरे रोंदे नैन बुलाँदे नें
दस वे सजनाँ...

[एन. दत्ता]

इक-इक अख मेरी सवा-सवा लख दी

बालो (पंजाबी); 1951

इक-इक अख मेरी सवा-सवा लख दी
हाय नी मैं थक गई डक-डक रख दी
लोकाँ तूँ बचदी, दुनिया तों संगदी
राहाँ चूँ अड़ियो मैं डर-डर के लंगदी
चर्चे ने मेरे दूर गरावाँ
नार सेटी लोको मैं झंग दी
इक-इक अख मेरी सवा-सवा लख दी

फुलाँ दी ख़ुशबू वालां विच वसदी
सावन दी बिजली नैनां विच हसदी
हाड़ा वे राहिया प्यासा न जाएँ
चढ़दी जवानी बरखा ई रस दी
इक-इक अख मेरी सवा-सवा लख दी

[एन. दत्ता]

सोहने फुल प्यार दे, सजनाँ तूँ वार दे

बालो (पंजाबी); 1951

सोहने फुल प्यार दे, सजनाँ तूँ वार दे
अज इक़राराँ वाली रात नी
होंठ गुलाबी तेरे, अख मस्तानी तेरी
सूहा जोड़ा पा के अज लशके जवानी तेरी
अज इक़राराँ वाली रात नी
बूहे ते अडीके तैनूँ अज तेरा चन नी
छड के झमेले सारे दिलां दियां मन नी
अज इक़राराँ वाली रात नी
देस बिगाने चल्ली वतनाँ दी प्यारी अज
वेड़े दिये कूंजे तेरी दूर अडारी अज
अज इक़राराँ वाली रात नी

[एन. दत्ता]

बेड़ी दा मल्लाह कोई ना

बालो (पंजाबी); 1951

माहिया : बेड़ी दा मल्लाह कोई ना
इक वारी मिल जावें
जिन्दड़ी दा वसाह कोई ना

बालो : मिलने दी राह कोई ना
सच मन दे माहिया
हुन जीवन दी चाह कोई ना

माहिया : ग़म दिल नल ला लिए नें
इक तेरे दम बदले
लख देर पवा लिए नें

बालो : भेड़े हंजो सकदे नें
उमराँ मुक दे गइयाँ
दुख प्यार दे मुकदे नईं

माहिया : हंजुआँ तों हारें नाँ
दिल जेही शै अड़िये
दुनिया तों वारें नाँ

बालो : तेरी लाज निभावाँगी
मुरदी मरजाँगी
पिच्छे पैर न पावाँगी

[एन. दत्ता/सुरिन्दर कौर और कृष्णा गोयल]

हाराँ दियाँ पंज लड़ियाँ

बालो (पंजाबी); 1951

हाराँ दियाँ पंज लड़ियाँ
तेरा पिच्छा छडना
भावें लग जान हथकड़ियाँ

ए झगड़ मुकने नईं
हाकिम की जानन दिल रोकियाँ रुकियाँ नईं

[एन. दत्ता]

जिन्दड़िये हौले-हौले रो

बालो (पंजाबी); 1951

जिन्दड़िये हौले-हौले रो
इस नगरी विच दिल दे ग़मां दी सार न जाने को

बैरन बनके बैर कमाए
सदराँ लुटियाँ, दिल तड़पाए

तू की जानें, तू की समझें
पीड़ बिगानी, दर्द पराए
रुल के जवानी मुकी, प्यार कहानी मुकी, हुन ते दूर खलो
जिन्दड़िये हौले-हौले रो
लड़ लगियाँ नूँ कठियाँ बह के गल अख़ीरी कर जावन दे
होर नहीं ताँ इक दूजे दा पलड़ा फड़के मर जावन दे
ग़म दे सतायाँ कोलो, मर मुकायाँ कोलों, अब दी रात न खो
जिन्दड़िये हौले-हौले रो

[एन. दत्ता]

सुनो गजर क्या गाए समय गुज़रता जाए

बाज़ी; 1951 .

सुनो गजर क्या गाए समय गुज़रता जाए
ओ रे जीने वाले, ओ रे भोले-भाले, सोना ना खोना ना

गिने-चुने पल हैं तेरे जीवन के
धूम मचा ले अभी दिन हैं मिलन के
ओ रे जीने वाले, ओ रे भोले-भाले सोना ना खोना ना

हुस्न भी फ़ानी और इश्क़ भी फ़ानी है
हँस के बिता ले, दो घड़ी की जवानी है
ओ रे जीने वाले, ओ रे भोले-भाले, सोना ना खोना ना

बिछड़ा ज़माना कभी हाथ न आएगा
दोष न देना मुझे फिर पछताएगा
ओ रे जीने वाले, ओ रे भोले-भाले, सोना ना खोना ना

सुनो गजर क्या गाए, समय गुज़रता जाए

[सचिन देव बर्मन/गीता दत्त, कोरस]

दिल ये क्या चीज़ है और दिल की तमन्ना क्या है

बाज़ी; 1951

दिल ये क्या चीज़ है और दिल की तमन्ना क्या है
तीर पर तीर चला ले तुझे परवा क्या है

तेरे तीरों में छुपे प्यार के ख़ज़ाने हैं
मेरे लबों पे देखो आज भी तराने हैं

और होंगे जिन्हें आराम के सामान मिले
अपनी कश्ती को तो साहिल पे भी तूफ़ान मिले

नैया पुरानी है तूफ़ान भी पुराने हैं

[सचिन देव बर्मन/किशोर कुमार]

तद्बीर से बिगड़ी हुई तक़दीर बना ले

बाज़ी; 1951

तद्बीर से बिगड़ी हुई तक़दीर बना ले
अपने पे भरोसा है तो ये दाँव लगा ले

डरता है ज़माने की निगाहों से भला क्यों
इंसाफ़ तेरे साथ है इल्ज़ाम उठा ले

क्या ख़ाक वो जीना है जो अपने ही लिए हो
ख़ुद मिट के किसी और को मिटने से बचा ले

टूटे हुए पतवार हैं किश्ती के तो ग़म क्या
हारी हुई बाँहों को ही पतवार बना ले

[सचिन देव बर्मन/गीता दत्त]

ओह हो हो हो हो हो हो

बाज़ी; 1951

ओह हो हो हो हो हो हो
त र र रम त र र र र रम
ह ह ह ह
त र र रम त र र र र रम
ये कौन आया
ये कौन आया कि मेरी दुनिया में बहार आई....2
ये कौन आया
अचानक ये मेरे हाथों में किसका हाथ आया है
न मैं जानूं न दिल जाने, वो अपना या पराया है
ये कौन आया कि मैं अपनी ही धड़कन सुन के शर्माया
ये कौन आया
दुलहन बनके जवानी की उमंगें गुनगुनाती हैं
बता कौन है आँखों में कि आँखें मुस्कुराती हैं
बिखर के किसकी बाँहों से ये मेरी ज़ुल्फ़ें लहराईं
ये कौन आया
ये कौन आया कि मेरे दिल की दुनिया में बहार आई
ये कौन आया

[सचिन देव बर्मन/गीता दत्त]

उई देख के अकेली मोहे बरखा सताए

बाज़ी; 1951

उई देख के अकेली मोहे बरखा सताए
गालों को चूमे कभी छींटे उड़ाए
टिप टिप टिप टिप टिप टिप...2
उई देख के अकेली मोहे...
चली न जाए चाल लचकूँ जैसे डाल
साड़ी भीगी चोली भीगी भीगे गोरे गाल
गोरे गाल गोरे गाल गोरे गाल...
साड़ी भीगी चोली भीगी...

देख के अकेली मोहे बरखा सताए
गालों को चूमे कभी छींटे उड़ाए
लूटे हार सिंगार पापी जल की धार
खुली सड़क पे लुट गई लोगों मैं अलबेली नार...2
एक अलबेली एक अलबेली एक अलबेली...
देख के अकेली मोहे बरखा सताए
गालों को चूमे कभी छींटे उड़ाए
टिप टिप 2
पाँव फिसलता जाए तन हिचकोले खाए
ऐसे में जो हाथ पकड़ ले मन उसका हो जाए
बस हो जाए हो जाए हो जाए....2
ऐसे में जो हाथ पकड़ ले मन उसका हो जाए
देख के अकेली मोहे बरखा सताए
गालों को चूमे कभी छींटे उड़ाए...

[सचिन देव बर्मन/गीता दत्त]

ओ लाख जमाने वाले डाले दिलों पे ताले

बाज़ी; 1951

ओ लाख जमाने वाले डाले दिलों पे ताले
तुम भी ना भूलो बलम हम भी ना भूलें
लाख जमाने वाले...2
ओ दिल की लगी पे देखो आँच न आए
जान रहे कि जाए प्यार न जाए...2
बीते सो बीते देखो दुनिया ना जीते देखो
तुम भी न भूलो बालम हम भी ना भूलें
बालम हम भी ना भूलें
ओ ग़म जो तुम्हारा हो वो ग़म भी है प्यारा
मैं भी तुम्हारी बालम दिल भी तुम्हारा...2
प्रीत लगी न छूटे डोर बाँधे ना टूटे
तुम भी ना भूलो बालम हम भी ना भूलें
बालम हम भी ना भूलें

लाख जमाने वाले डालें दिलों पे ताले
तुम भी ना भूलो बालम हम भी ना भूलें

[सचिन देव बर्मन/गीता दत्त]

शर्माये काहे

बाज़ी; 1951

शर्माये काहे
शर्माये काहे घबराए काहे
सुन मेरे राजा ओ राजा आजा आजा
शर्माये काहे घबराए काहे
सुन मेरे राजा ओ राजा आजा आजा
शर्माये काहे
ओ कुछ न सोच मतवाले ओ मतवाले
दिल की मान दिलवाले ओ मतवाले ओ दिलवाले
दुनिया का ग़म करता है क्यूँ
मिलने की रातें हैं डरता है क्यूँ...2
शर्माये काहे घबराए काहे...2
सुन मेरे राजा...
ओ कुछ ना सोच दिलवाले ओ मतवाले
आँखों का रस पी ले जरा, ज़ुल्फ़ों के साये में जी ले जरा...
ज़ुल्फ़ों के साये में जी ले जरा
शर्माये काहे आय देखो
शर्माये काहे घबराए काहे
सुन मेरे राजा ओ राजा आजा आजा
शर्माये काहे
ओ कुछ न सोच मतवाले ओ मतवाले
दिल की मान दिलवाले ओ मतवाले...
जा के ये दिन आने नहीं
आ तुझको मैं दूं जन्नत यहीं
शर्माये काहे घबराए काहे
ओ मेरे राजा...

[सचिन देव बर्मन/शमशाद बेगम]

तुम न जाने किस जहाँ में खो गए

सज़ा; 1951

तुम न जाने किस जहाँ में खो गए
हम भरी दुनिया में तन्हा हो गए

मौत भी आती नहीं
आस भी जाती नहीं
दिल को ये क्या हो गया
कोई शै भाती नहीं
लूटकर मेरा जहाँ, छुप गए हो तुम कहाँ?

एक जाँ और लाख ग़म
घुट के रह जाए न दम
आओ! तुम को देख लें
डूबती नज़रों से हम
लूटकर मेरा जहाँ, छुप गए हो तुम कहाँ?

[सचिन देव बर्मन/लता मंगेशकर]

ठंडी हवाएँ लहरा के आएँ

नौजवान; 1951

ठंडी हवाएँ लहरा के आएँ
रुत है जवाँ तुमको यहाँ कैसे बुलाएँ

चाँद और तारे हँसते नज़ारे
मिलके सभी दिल में सखी जादू जगाएँ
ठंडी हवाएँ...

कहा भी न जाए, रहा भी न जाए
तुम से अगर मिले भी नज़र हम झेंप जाएँ
ठंडी हवाएँ...

दिल के फ़साने दिल भी न जाने
तुमको सजन दिल की लगन कैसे बताएँ
ठंडी हवाएँ...

[सचिन देव बर्मन/लता मंगेशकर]

जिया जाए पिया आ जा

नौजवान; 1951

जिया जाए पिया आ जा
दिल का दर्द न जाने दुनिया जाने दिल तड़पाना
प्यार के दो बोलों के बदले दुश्मन हुआ ज़माना
उम्मीद ने ठोकर खाई है
दिल दे के जुदाई पाई है
तेरा ग़म है मेरी तनहाई है

पहले से न था ये जाना कि दिल का आना है जी से जाना है
हाए रे हाए दुश्मन हुआ ज़माना
दिल का दर्द न जाने...
आँखों में जो आँसू आएँगे
तस्वीर तेरी दिखलाएँगे
हम थाम के दिल रह जाएँगे

पहले से न था ये जाना कि दिल का आना है जी का जाना
दिल का दर्द न जाने...

[सचिन देव बर्मन/लता मंगेशकर]

पनघट पे देखो आई मिलन की बेला

नौजवान; 1951

पनघट पे देखो आई मिलन की बेला ला...2
ठुमक ठुमक राधे चोरी चोरी आई
ओ जी जी जी जी जी जी
सखियों से पूछे कित छुपे हैं कन्हाई
ओ जी....
हाए बंसी की धुन सुन सुध बिसराई
ओ जी...
मन हुआ बावरा नहीं मनाए माने रे
पनघट पे देखो आई...

ओ रूप ये किसका सरी रे मेरे मन को भा गया
मेरे मन को भा गया
कौन ये नैनों में मेरे रंग बन के छा गया
छा गया रे छा गया
कोई गुपचुप गुपचुप गाये रे
हृदय में चुपके चुपके चुपके
धड़कन में बसता जाए रे...रे चुपके-चुपके चुपके
मन हुआ बावरा नहीं मनाये माने रे
कुंजन में देखो आई मिलन की बेला
ओ आज नैनों में किसी के मेरी दुनिया खो गई...2
हो गया मेरा कोई और मैं किसी की हो गई...हो गई रे हो गई
झन झनन झनन लहराई पायलिया मोरी...मोरी मोरी...2
मैं पिया से मिलने आई चोरी चोरी चोरी चोरी
मन हुआ बावरा नहीं मनाये माने रे
कुंजन में देखो...

[सचिन देव बर्मन/मोहम्मद रफ़ी, गीता दत्त]

एक आग है दहकता राग है

नौजवान; 1951

एक आग है दहकता राग है
जवानी मेरी जवानी मेरी जवानी मेरी
जल जाएँगे अगर पास आएँगे जलाने वाले
अरे रे रे रे रे रे रे
हाय रे
दिल पाक है नज़र बेबाक है
डर किसका मुझे डर किसका मुझे डर किसका
पछताएँगे अगर टकराएँगे ज़माने वाले
आ हाय
एक आग है दहकता राग है
जवानी मेरी जवानी मेरी जवानी मेरी
जल जाएँगे अगर पास आएँगे जलाने वाले

[सचिन देव बर्मन/मन्ना डे]

ये रात ये चाँदनी फिर कहाँ सुन जा दिल की दासतां

जाल; 1952

ये रात ये चाँदनी फिर कहाँ सुन जा दिल की दास्ताँ

पेड़ों की शाख़ों पे सोयी-सोयी चाँदनी
तेरे ख़यालों में खोई-खोई चाँदनी
और थोड़ी देर में थक के लौट जाएगी
रात ये बहार की फिर कभी न आएगी
दो एक पल और है ये समाँ सुन जा दिल की दास्ताँ

लहरों के होंटों पे धीमा-धीमा राग है
भीगी हवाओं में ठंडी-ठंडी आग है
इस हसीन आग में तू भी जल के देख ले
ज़िन्दगी के गीत की धुन बदल के देख ले
खुलने दे धड़कनों की ज़ुबाँ सुन जा दिल की दास्ताँ

जाती बहारें हैं उठती जवानियाँ
तारों की छाँव में कह ले कहानियाँ
एक बार चल दिए गर तुझे पुकार के
लौट कर न आएँगे, क़ाफ़िले बहार के
आ जा अभी ज़िन्दगी है जवाँ सुन जा दिल की दास्ताँ

[सचिन देव बर्मन/हेमन्त कुमार]

चाँदनी रातें प्यार की बातें खो गईं जाने कहाँ

जाल; 1952

चाँदनी रातें प्यार की बातें खो गईं जाने कहाँ...2
ये रात ये चाँदनी फिर कहाँ सुन जा दिल की दासतां
आती है सदा तेरी टूटे हुए तारों की
आहट तेरी सुनती हूँ खामोश नजारों से
भीगी हवा सुच्ची घटा कहती है तेरी कहानी
तेरे लिए बेचैन है शोलों में लिपटी जवानी

सीने में बलखा रहा है धुआँ सुन जा दिल की दासतां
ये रात ये चाँदनी फिर कहाँ सुन जा दिल की दासतां
लहरों के लबों पर है खोए हुए अफसाने
गुलजार उम्मीदों के सब हो गए वीराने
तेरा पता पाऊँ कहाँ सूने हैं सारे ठिकाने
जाने कहाँ गुम हो गए जाके वो अगले जमाने
बर्बाद है आरजू कहाँ जहाँ सुन जा दिल की दासतां

[सचिन देव बर्मन/लता मंगेशकर]

दूर गगन पर फैल रहे हैं शाम के साये

जाल; 1952

पिघला है सोना दूर गगन पर फैल रहे हैं शाम के साये
ख़ामोशी कुछ बोल रही है
भेद अनोखे खोल रही है
पंख पखेरू सोच में गुम हैं
पेड़ खड़े हैं सीस झुकाए
पिघला है सोना दूर गगन पर फैल रहे हैं शाम के साये

धुँदले-धुँदले मस्त नज़ारे
उड़ते बादल, मुड़ते धारे
छुप के नज़र से जाने ये किसने
रंग रंगीले खेल रचाए

पिघला है सोना दूर गगन पर फैल रहे हैं शाम के साये

कोई भी उसका राज़ न जाने
एक हक़ीक़त लाख फ़साने
एक ही जलवा शाम-सबेरे
भेस बदलकर सामने आए

पिघला है सोना दूर गगन पर फैल रहे हैं शाम के साये

[सचिन देव बर्मन/लता मंगेशकर]

हँस ले गा ले धूम मचा ले दुनिया फ़ानी है

जाल; 1952

हँस ले गा ले धूम मचा ले दुनिया फ़ानी है
कह ले दिल की बात सजन से रात सुहानी है
कैसी ये जागी अगन
दूर कहीं इकतारा करता है ये इशारा
जीत है आज उसी की जिसने सब कुछ हारा
सीने में तूफ़ाँ है
जलने का अरमाँ है
कैसी ये जागी अगन
दूर नगरिया तेरी रास्ता है अनजाना
राह में मिलने वाले राह में छोड़ न जाना
सीने में तूफ़ाँ है
जलने का अरमाँ है
कैसी ये जगी अगन
तोड़ के नाते सारे चल दूँ उनके द्वारे
घर आँगन से कहियो अब न मुझे पुकारे
सीने में तूफ़ाँ है
जलने का अरमाँ है
कैसी ये जागी अगन
हँस ले गा ले धूम मचा ले दुनिया फ़ानी है

[सचिन देव बर्मन/लता मंगेशकर, कोरस]

ज़ोर लगा के—हैया

जाल; 1952

ज़ोर लगा के—हैया
पैर जमा के—हैया
जान लड़ा के—हैया

आँगन में बैठी है मछेरन तेरी आस लगाए
अरमानों और आशाओं के लाखों दीप जलाए

भोला बचपन रस्ता देखे, ममता ख़ैर मनाए
ज़ोर लगा के खेंच मछेरे, ढील न आने पाए

—हैया
ज़ोर लगा के—हैया
पैर जमा के—हैया
जान लड़ा के—हैया

जनम-जनम से अपने सर पर तूफ़ानों के साये
लहरें अपनी हमजोली हैं और बादल हमसाये
जल और जाल है जीवन अपना, क्या सर्दी क्या गर्मी
अपनी हिम्मत कभी न टूटे, रुत आए रुत जाए

—हैया
ज़ोर लगा के—हैया
पैर जमा के—हैया
जान लड़ा के—हैया

क्या जाने कब सागर उमड़े, कब बरखा आ जाए
भूख सरों पर मँडलाए मुँह खोले, पर फैलाए
आज मिला सो अपनी पूँजी, कल की हाथ पराए
तनी हुई बाँहों से कह दो, लोच न आने पाए

—हैया
ज़ोर लगा के—हैया
पैर जमा के—हैया
जान लड़ा के—हैया

[सचिन देव बर्मन/गीता दत्त, कोरस]

दे भी चुके हम दिल नज़राना दिल का

जाल; 1952

अ : दे भी चुके हम दिल नज़राना दिल का
ब : छोड़ो भी ये राग पुराना दिल का

अ : एक नज़र में हार चुके हैं दिल को
तेरी अदा पे वार चुके हैं दिल को
मुश्किल है अब लौट के आना दिल का

ब : मुँह धो ले ओ जाल बिछाने वाले
हम नहीं इन बातों में आने वाले
खेल है ये जाना-पहचाना दिल का

अ : छीन के दिल आशिक़ का मुकरने वाले
मर जाएँगे तुझ पर मरने वाले
छोड़ भी ज़ालिम तड़पाना दिल का

ब : डाली-डाली फिरते हैं हरजाई
लोभी भँवरों ने कब प्रीत निभाई
यूँ ही सब करते हैं बहाना दिल का
खेल है ये जाना-पहचाना दिल का

[सचिन देव बर्मन/किशोर कुमार, गीता दत्त]

सोच समझ कर दिल को लगाना

जाल; 1952

सोच समझ कर दिल को लगाना, देखो बुरा है ज़माना
भोली सूरत का धोखा न खाना, देखो बुरा है ज़माना
सोच समझ कर...
धोखा ना खाना... धोखा ना खाना... धोखा...
प्यार की गली में दिल वालो, जाना जरा सँभल सँभल के
फिरते हैं चोर लुटेरे रस्ते में भेस बदल के
धोखा ना खाना... धोखा ना खाना... धोखा... देखो बुरा है ज़माना
सोच समझ कर...
धोखा ना खाना...
दुनिया के इस बाज़ार में तन की है मन की प्यास नहीं
हुस्न के इस गुलज़ार में रंग ही रंग है बास नहीं
धोखा ना खाना जी धोखा ना खाना, देखो जी बुरा है ज़माना
सोच समझ कर...

धोखा ना खाना... धोखा ना खाना... धोखा ना खाना... ना ना ना
प्रीत है काँच की चूड़ी ठेस लगी और चूर हुई
शर्त वफ़ा की इस जग में किसको भला मंज़ूर हुई
धोखा ना खाना जी धोखा ना खाना
देखो जी बुरा है ज़माना
भोली सूरत का धोखा ना खाना
देखो जी बुरा है ज़माना

[सचिन देव बर्मन/गीता दत्त]

चोरी चोरी मेरी गली आना बुरा है

जाल; 1952

चोरी चोरी मेरी गली आना बुरा है, आएजा
आ के बिना बात किये जाना बुरा है, आएजा
चोरी चोरी...
आ के बिना बात...
अच्छे नहीं ये इशारे, पेड़ों तले छुप-छुपाके
आओ ना दो बातें कर लें, नज़रों से नज़रें मिलाके
दिन हैं प्यार के मौज बहार के...2
देखो भोले-भाले, जी को तरसाना है बुरा
चोरी चोरी मेरी...
आ के बिना बात...
दिल आ गया है तो प्यारे बदनाम होने का डर क्या
इश्क़-ओ-वफ़ा की गली में, दुनिया के ग़म का गुज़र क्या
दिन हैं प्यार के, मौज बहार के...2
देखो भोले-भाले जी को तरसाना है बुरा
चोरी-चोरी मेरी गली...
आके बिना बात...
दिन हैं प्यार के मौज बहार के...2
देखो भोले-भाले...
चोरी चोरी मेरी गली आना है बुरा
आके बिना बात किये जाना है बुरा

[सचिन देव बर्मन/लता मंगेशकर]

ये रात ये चाँदनी फिर कहाँ सुन जा दिल की दासतां

जाल; 1952

ये रात ये चाँदनी फिर कहाँ सुन जा दिल की दासतां
चाँदनी रातें प्यार की बातें खो गईं जाने कहाँ...2
ये रात ये चाँदनी फिर कहाँ सुन जा दिल की दासतां
आती है सदा तेरी टूटे हुए तारों की
आहट तेरी सुनती हूँ खामोश नजारों से
भीगी हवा सुच्ची घटा कहती है तेरी कहानी
तेरे लिए बेचैन है शोलों में लिपटी जवानी
सीने में बलखा रहा है धुआँ सुन जा दिल की दासतां
ये रात ये चाँदनी फिर कहाँ सुन जा दिल की दासतां
लहरों के लबों पर है खोए हुए अफसाने
गुलजार उम्मीदों के सब हो गए वीराने
तेरा पता पाऊँ कहाँ सूने हैं सारे ठिकाने
जाने कहाँ गुम हो गए जाके वो अगले जमाने
बर्बाद है आरजू कहाँ जहाँ सुन जा दिल की दासतां

[सचिन देव बर्मन/लता मंगेशकर]

प्रीत सताए तेरी याद ना जाए तेरी

लाल कुंवर; 1952

प्रीत सताए तेरी याद ना जाए तेरी
दिल दे के ग़म ले लिया
ओ दिल दे के ग़म ले लिया
प्रीत सताए तेरी याद ना जाए तेरी
दिल दे के...
ओ दिल दे के ग़म ले लिया

ज़हर भरी ये कैसी बजी शहनाई
ठेस जिया पे लागी आँख भर आई
आ बलम तेरे ग़म की दुहाई

दिल दे के ग़म ले लिया
प्रीत सताए तेरी याद ना जाए तेरी
दिल दे के ग़म ले लिया
ओ दिल दे के...

रूठे नसीबों को कैसे मनाएँ
छोटा-सा दिल और लाखों बलाएँ
घुट के ग़मों से कहीं मर ही ना जाएँ
दिल दे के ग़म ले लिया
प्रीत सताए तेरी याद ना जाए तेरी
दिल दे के ग़म ले लिया
ओ दिल दे के...

[सचिन देव बर्मन/सुरैया]

निगाहें क्यों मिलाई थीं अगर यूँ छोड़ जाना था

लाल कुंवर; 1952

निगाहें क्यों मिलाई थीं अगर यूँ छोड़ जाना था
उम्मीदें क्यों जगाई थीं अगर दिल को जलाना था

ख़ुशी माँगी थी हमने ग़म से दामन भर दिया तूने
अरे ओ जाने वाले, हाय ये क्या कर दिया तूने

मुहब्बत की क़सम हमने तुझे ऐसा न जाना था
निगाहें क्यों मिलाई थीं अगर यूँ छोड़ जाना था

चले आओ तुम्हें इस दिल की आहें याद करती हैं
जो सूनी हो गईं तुम बिन वो राहें याद करती हैं

मिले क्यों थे अगर मिलना बिछड़ने का बहाना था
निगाहें क्यों मिलाई थीं अगर यूँ छोड़ जाना था

[सचिन देव बर्मन/सुरैया जमाल शेख (सुरैया)]

तुम जो मिले आरज़ू को दिल की राह मिल गई

लाल कुंवर; 1952

तुम जो मिले आरज़ू को दिल की राह मिल गई
एक आस मिल गई इक पनाह मिल गई

भोली-भाली धड़कनों का आज ढंग और है
ज़िन्दगी वही है ज़िन्दगी का रंग और है

अंग-अंग झूम उठा जब निगाह मिल गई
आज मेरी चूड़ियों के साज़ गुनगुना उठे

जाने कितने ख्वाब एक साथ मुस्कुरा उठे
बचपने से जिसकी चाह थी वो चाह मिल गई

[सचिन देव बर्मन/सुरैया जमाल शेख (सुरैया)]

बचके हमसे भला सरकार कहाँ जाओगे

लाल कुंवर; 1952

बचके हमसे भला सरकार कहाँ जाओगे
हमको साए की तरह साथ सदा पाओगे
बेरुखी हमसे जो बरतोगे तो पछताओगे
हाँ, हुस्न वाला हम सा न कहीं पाओगे
मुड़ कर इधर भी सरकार देख लो मेरी सरकार देख लो
आए हैं दिल को थाम के बीमार देख लो, मुड़कर इधर

मैं हूँ रावी की हसीना मेरा जलवा देखो, देखो देखो
मैं हूँ, मैं हूँ बंगाल का जादू
मेरा चलना देखो, देखो देखो मेरा चलना देखो
मैं हूँ गुजरात की पाखी
मैं हूँ गुजरात की पाखी कोई मेरा नखरा देखो, देखो देखो
मैं हूँ मेवाड़ से आया हुआ मेवा

हम देखने की चीज हैं सौ बार देख लो
मुड़ कर इधर को मेरी सरकार देख लो

हाथ अब थाम भी ले किसलिए शर्माता है
मैं वह मोती हूँ जो तक़दीर से हाथ आता है
घिर कर यह रूप की बरसात ना फिर आएगी
सजके परियों की ये बारात ना फिर आएगी
महका हुआ है हुस्न का दिलदार देख लो
मुड़कर इधर को मेरी...

[सचिन देव बर्मन/गीता दत्त, आशा भोसले]

आवाज देता है सोला का सिन

लाल कुंवर; 1952

आवाज देता है सोला का सिन
जीने की रातें हैं मरने के दिन
हाँ हो हो मरने के दिन
ओ मैं रूप की खिलती कली मस्ती भरी
ओ धरती पे हूँ आकाश की नीलम परी
आवाज देता है सोला का सिन
जीने की रातें हैं मरने के दिन
ओ आँखों में बस उल्फत का रस
अठलता थी प्रीत किसी की
हो मौक़ा ना खो जो हो सो हो लहरा के जी
आवाज देता है सोला का सिन
ओ नज़रों में तू सांसों में घुल बाँहों में आ आ
हो परवाह न कर दुनिया का डर
दिल पे ना ला दिल पे ना ला ला
आवाज देता है सोला का दिन
जीने की रातें हैं मरने के दिन

[सचिन देव बर्मन/आशा भोसले]

होये राजा जानी

लाल कुंवर; 1952

होये राजा जानी
राजा जानी लागा मोहे नैनवा का बाण रे
शब तो निहा गई मन में समा गई
ऐसा जादू करा तूने जिसमें मैं आ गई
छैल छबीले सैयाँ...छैल छबीले सैयाँ
वारी तोहपे जान रे...
राजा जानी लागा मोहे बाण रे
नन्ही सी जान मेरी फँस गई प्यार में
लुट गई मैं तो आके तेरे दरबार में
जिया मोरा हाय जिया मोरा छीन गई
तोहरी बांकी शान रे
राजा जानी लागा मोहे...
अँखियाँ मिला के जरा दिल का सलाम लेना
हम हैं ग़ुलाम तेरे राजा कोई काम लेना
पड़ूँ तोरे पईयाँ हाय पड़ूँ तोरे पईयां
हाय कहाँ मोरा मन रे, मन रे, मन रे
राजा जानी लागा मोहे...

[सचिन देव बर्मन/शमशाद बेगम]

आई हूँ मैं राजा तेरे द्वार

लाल कुंवर; 1952

आई हूँ मैं राजा तेरे द्वार
सवाली बनके राजा तेरे द्वार
हो तेरा चमन राजा फले और फूले
बढ़के नसीबा तेरा तारों को छू ले
खुशियों के झूले तेरी हर साँस झूले

लाई हूँ दुआओं के हाथ सवाली बनके
आई हूँ राजा तेरे द्वार सवाली बनके
ओ बेचैन होकर दिल के असर से
झोली पसारे निकली हूँ घर से
खाली ना जाऊँ राजा मैं तेरे दर से
लाई हूँ दुआओं के हाथ सवाली बनके
आई हूँ...
ओ गीत खुशी की यहाँ सबको मिली है
राजा तेरी नगरी की रीत यही है
तू भी सफी है तेरा दिल भी सफी है
प्रीत यही है, प्रीत यही है
लाई हूँ दुआओं के हाथ सवाली बनके
आई हूँ राजा तेरे द्वार सवाली बनके

[सचिन देव बर्मन/सुरैया]

दिल का भेद जान लो हो सके तो मान लो

लाल कुंवर; 1952

दिल का भेद जान लो हो सके तो मान लो
छोटी सी बात है ओये राजा
ओ रानी बोल बोल बोल
छोटी सी बात राजा बड़ी मजेदार है
इसके मजे पे सारी दुनिया निसार है
धड़कन है दाम और नाम इसका प्यार है
दिल का भेद जान लो हो सके तो मान लो
दिलफेंक बाबू मैं तो अलबेली हूर हूँ
पीपल की पत्ती हूँ मैं रेशम की डोर हूँ
दिलफेंक बाबू मैं तो अलबेली हूर हूँ
सब मुझ पर लट्टू हैं मैं जी से तोरी हूँ
छोटी सी बात है ओये राजा

दिल का भेद जान लो हो सके तो मान लो ओये राजा
छोटी सी बात है ओये राजा
ओ रानी बोल बोल बोल
आवाज देके ले लो दिल किसको चाहिए
ये कितने पत्थर की दिल किसको चाहिए
चंदा से मुखड़े का दिल किसको चाहिए
छोटी सी बात है ओये राजा
दिल का भेद जान लो हो सके तो मान लो

[सचिन देव बर्मन/आशा भोसले]

तेरा खयाल दिल से मिटाया नहीं अभी

दोराहा; 1952

तेरा ख़याल दिल से मिटाया नहीं अभी
बेदर्द मैंने तुझको भुलाया नहीं अभी
तेरा ख़याल दिल से...
बेदर्द मैंने तुझको...
कल तूने मुस्कुरा के जलाया था ख़ुद जिसे
जलाया था ख़ुद जिसे
सीने का वो चिराग बुझाया नहीं अभी
बेदर्द मैंने तुझको...
गर्दन को आज भी तेरी बाँहों की याद है
बाँहों की याद है
चौखट से तेरी सर को उठाया नहीं अभी
बेदर्द मैंने तुझको...
बेहोश होके जल्द तुझे होश आ गया
तुझे होश आ गया
मैं बदनसीब होश में आया अभी अभी
बेदर्द मैंने तुझको...

[अनिल बिस्वास/तलत महमूद]

मुहब्बत तर्क की मैंने, गिरेबाँ सी लिया मैंने

दोराहा; 1952

मुहब्बत तर्क की मैंने, गिरेबाँ सी लिया मैंने
ज़माने अब तो ख़ुश हो, ज़हर ये भी पी लिया मैंने

अभी ज़िन्दा हूँ लेकिन सोचता रहता हूँ ये दिल में
कि अब तक किस तमन्ना के सहारे जी लिया मैंने

तुझे अपना नहीं सकता मगर इतना भी क्या कम है
कि कुछ घड़ियाँ तेरे ख़्वाबों में खोकर जी लिया मैंने

बस अब तो मेरा दामन छोड़ दो बेकार उम्मीदो
बहुत दुख सह लिये मैंने, बहुत दिन जी लिया मैंने

[अनिल बिस्वास/तलत महमूद]

ऐ जज़्ब-ए-इश्क़ तेरा कब एतबार आए

अलिफ लैला; 1953

ऐ जज़्ब-ए-इश्क़ तेरा कब एतबार आए
वो आए और मुझ तक दीवाना वार आए

आहों को हमने दिल की तासीर सौंप दी है
देखें तो आज कैसे उनको करार आए

क्या दूर आसमां से तारे भी टूट आए
होंठों से जब मचल कर दिल की पुकार आए

ऐ लाला-ए-मुहब्बत अपना असर दिखा दे
वो आज दिल को थामे बेइख़्तियार आए

[श्याम सुन्दर]

बेबसी ये मेरा हाले-ज़ार देख तो ले

अलिफ लैला; 1953

बेबसी ये मेरा हाले-ज़ार देख तो ले
खड़ा हूँ देर से उम्मीदवार देख तो ले

ख़िज़ाँ ने लूट लिया दिल की आरज़ू का चमन
कहाँ है ऐ मेरी खोई बहार देख तो ले

बसी रहे तेरे महलों की चारदीवारी
न आ सके तो न आ एक बार देख तो ले

सहर क़रीब है और शम्अ बुझने वाली है
तड़प रहा है तेरा बेक़रार देख तो ले

[श्याम सुन्दर/तलत महमूद]

ख़ामोश क्यों हो तारो, उम्मीद के सहारो

अलिफ लैला; 1953

ब : ख़ामोश क्यों हो तारो, उम्मीद के सहारो
तुम ही उन्हें बुलाओ, तुम्हीं उन्हें पुकारो

अ : वीरान दिल की धड़कन आवाज़ दे रही है
तुम सामने तो आओ पर्दानशीं बहारो

ब : सचमुच मेरी दुआएँ क्या तुम को खींच लाईं
मेरे क़रीब आकर इक बार फिर पुकारो

अ : बेचैन आरज़ुएँ कब से तरस रही हैं
तुम दूर-दूर क्यों हो उल्फ़त की यादगारो

[श्याम सुन्दर/मोहम्मद रफ़ी, लता मंगेशकर]

बहार आई खिली कलियाँ हँसे तारे चले आओ

अलिफ लैला; 1953

बहार आई खिली कलियाँ हँसे तारे चले आओ
हमें जीने नहीं देते यह नज़्ज़ारे चले आओ

ज़बाँ पर आह बन-बनकर तुम्हारा नाम आता है
मुहब्बत में तुम्हीं जीते हमीं हारे चले आओ

कहीं ऐसा न हो दिल की लगी दिल ही को ले डूबे
बुझाए से नहीं बुझते ये अंगारे चले आओ

[श्याम सुन्दर/लता मंगेशकर]

क्या रात सुहानी है

अलिफ लैला; 1953

अ : क्या रात सुहानी है
आज ज़माने की
हर शै पे जवानी है

ब : अनमोल निशानी है
तू मेरी उल्फ़त में
ख़्वाबों की जवानी है

अ : कुछ कह दो निगाहों में
आज सिमट आओ
तरसी हुई बाँहों में

ब : हसरत है निगाहों में
दूरकहीं चल दूँ
छुप कर तेरी बाँहों में

अ : तक़दीर सँभल जाए
गर मेरे सीने पर
ये ज़ुल्फ़ मचल जाए

ब : ये रात न ढल जाए
सुबह के तारे की
नीयत न बदल जाए

अ, ब : क्या रात सुहानी है

[श्याम सुन्दर/मोहम्मद रफ़ी, लता मंगेशकर]

दिलों के शिकार को कटार लेके आई हूँ

अलिफ लैला; 1953

दिलों के शिकार को कटार लेके आई हूँ
आँखों में हुस्न का ख़ुमार लेके आई हूँ
आँख मिलाना ज़रा देखभाल के
मेरे पास आना दिल संभाल के
बाकी तस्वीर हूँ मैं उलझी ज़ंजीर हूँ मैं
बचना जी तीर हूँ मैं
दिलों के शिकार को कटार लेके आई हूँ
आँखों में हुस्न का खुमार लेके आई हूँ
हाथ बढ़ाओगे तो लुट ही जाओगे
आके मेरी गली बच ना पाओगे
आके मेरी गली बच ना पाओगे
आँखों में हुस्न का ख़ुमार लेके आई हूँ
दिलों के शिकार को कटार लेके आई हूँ

[श्याम सुन्दर/आशा भोसले]

उदास उदास फ़िज़ाओं में नूर छलकाओ

अलिफ लैला; 1953

उदास उदास फ़िज़ाओं में नूर छलकाओ
बुझे बुझे तारों को हँसके चमकाओ
ग़ुरूरे हुस्न सलामत ना राह दिखलाओ

रगब डूब गया खूने अब तो आओ
आना ही पड़ेगा आना ही पड़ेगा
सर इश्क़ के कदमों पे झुकाना ही पड़ेगा
आना ही पड़ेगा...
नग़मा मेरा हर साँस में रस घोल रहा है
इस साँस के पर्दे में ख़ुदा बोल रहा है...2
छेड़ा है अगर साज तो गाना ही पड़ेगा
सर इश्क़ के क़दमों पे झुकाना ही पड़ेगा
आना ही पड़ेगा...
टपकेगा लहू दर्द भरे राग से कब तक
खेलेगी तेरी मस्त अदा आग से कब तक...2
इस खेल में अब हाथ जलाना ही पड़ेगा...2
सर इश्क़ में कदमों पे झुकाना ही पड़ेगा...2
आना ही पड़ेगा...
उल्फ़त कभी दुनिया से डरेगी ना डरी है
पुरो की जवानी ने सदा मांग भरी है...2
हँसने के लिए जख़्म तो खाना ही पड़ेगा
सर इश्क़ के कदमों पे झुकाना ही पड़ेगा
आना ही पड़ेगा...

[श्याम सुन्दर/तलत महमूद]

दिल को दर्द बनाने वाले तेरी दूर बनाए

अलिफ लैला; 1953

दिल को दर्द बनाने वाले तेरी दूर बनाए
सुन पाए तो सुनता मेरी बेआवाज़ सदाएँ
हाय तुझको भुलाना मेरे बस में नहीं...2
हाय तुमको भुलाना मेरे बस में नहीं हाय...2
जो रोज तेरे पहलू में बस के...2
गम ले लिए हैं लाखों बरस के
गुजरा जमाना मेरे बस में नहीं हाय
तुझको भुलाना मेरे बस में नहीं हाय बस में नहीं
तेरी खुशी तू ग़म देता जा या दे जा जादू किए जा

लेकिन इस तक़दीर के मारे दिल को साथ लिए जा
आँखों में आँसू होंठों पे दम है
तेरा भी ग़म है अपना भी ग़म है
बिगड़ी बनाना मेरे बस में नहीं हाय
तुझको भुलाना मेरे बस में नहीं
मेरे बस में नहीं...हाय बस में नहीं

[श्याम सुन्दर/लता मंगेशकर]

रातें प्यार की बीत जाएँगी

अलिफ लैला; 1953

रातें प्यार की बीत जाएँगी
ये बहार फिर ना आएगी...2
दिल का दामन भर के देख ले
होना अभी करके देख ले कर के देख ले...2
चित्त उमंग भरी दिन सुहाने
खो ना जाएँ ये ज़माने
टल ना जाएँ फिर ये ज़माने ये जमाने
रातें प्यार की बीत जाएँगी
ये बहार फिर ना आएगी...2
फिर ना आएँगी रातें प्यार की
कल जो हो सो हो
अब तो झूम बादलों में चल
तारे चूम ले तारे चूम ले
बादलों में चल तारे चूम ले
चित्त उमंग भरी दिन सुहाने
खो ना जाएँ ये ज़माने
रातें प्यार की बीत जाएँगी
ये बहार फिर न आएगी
फिर ना आएँगी रातें प्यार की बीत जाएँगी
ये बहार...

[श्याम सुन्दर/आशा भोसले]

मेरे नग़मों में उन मस्ताना आँखों की कहानी है

अलिफ लैला; 1953

मेरे नग़मों में उन मस्ताना आँखों की कहानी है
मोहब्बत ही मोहब्बत है जवानी ही जवानी है
मेरे नग़मों में...
किसी के नाजनीं जलवे मेरी दुनिया पे छाए हैं...2
वो मेरी आरजू वो मेरी आरज़ू बनकर
मेरे दिल में समाए हैं मुझे अब उनके दिल में
आरजू अपनी जगानी है
मुहब्बत ही मुहब्बत हैं जवानी ही जवानी है
मेरे नग़मों में...
मुहब्बत मेरी दुनिया है मुहब्बत शायरी मेरी
मुहब्बत मेरा नग़मा है मुहब्बत ज़िन्दगी है
मुहब्बत के सहारे...2
एक नई दुनिया बसानी है
मुहब्बत ही मुहब्बत है जवानी ही जवानी है
चला हूँ लेके उस महफ़िल में अपने दिल का नज़राना...2
मेरी हस्ती है उनके प्यार का रंगीन अफ़साना
निगाहें चार करके आज आजमानी हैं
मुहब्बत ही मुहब्बत है जवानी ही जवानी है
मेरे नग़मों में मेरे नग़मों में उन मस्ताना आँखों की कहानी है
मुहब्बत ही मुहब्बत है जवानी ही जवानी है

[श्याम सुन्दर/तलत महमूद]

दिलों के शिकार को कटार लेके आई हूँ

अलिफ लैला; 1953

दिलों के शिकार को कटार लेके आई हूँ
आँखों में हुस्न का खुमार लेके आई हूँ...2
दिलों के शिकार को...
आँख मिलाना जरा देखभाल के

मेरे पास आना दिल संभाल के...2
बाकी तस्वीर हूँ मैं उलझी ज़ंजीर हूँ मैं
बचना जी तीर हूँ मैं
दिलों के शिकार को कटार लेके आई हूँ
आँखों में हुस्न का ख़ुमार लेके आई हूँ
दिलों के शिकार को...
हाथ बढ़ाओगे तो लुट ही जाओगे
आके मेरी गली बच ना पाओगे...2
दिलों के शिकार को कटार लेके आई हूँ
आँखों में हुस्न का ख़ुमार लेके आई हूँ

[श्याम सुन्दर/आशा भोसले]

भरम तेरी वफ़ाओं का मिटा देते तो क्या होता

अरमान; 1953

भरम तेरी वफ़ाओं का मिटा देते तो क्या होता
तेरे चेहरे से हम पर्दा उठा देते तो क्या होता

मुहब्बत भी तिजारत हो गई है इस ज़माने में
अगर ये राज़ दुनिया को बता देते तो क्या होता

तेरी उम्मीद पर जीने से हासिल कुछ नहीं लेकिन
अगर यूँ ही न दिल को आसरा देते तो क्या होता

[सचिन देव बर्मन/तलत महमूद]

चाहे कितना मुझे बुलाओ जी

अरमान; 1953

ब : चाहे कितना मुझे बुलाओ जी, नहीं बोलूँगी नहीं बोलूँगी
अ : बोल न बोल, ऐ जाने वाले सुन तो ले दीवानों की
अब नहीं देखी जाती हमसे, ये हालत अरमानों की

हुस्न के खिलते फूल हमेशा बेदर्दों के हाथ बिके
और चाहत के मतवालों को धूल मिली वीराने की

ब : चाहे कितना मुझे बुलाओ जी, नहीं बोलूँगी नहीं बोलूँगी
दिल के नाज़ुक जज़्बों पर भी राज है सोने चाँदी का
ये दुनिया क्या क़ीमत देगी सादा दिल इनसानों की
चाहे कितना मुझे तुम बुलाओ जी, नहीं बोलूँगी नहीं बोलूँगी

अ : बोल न बोल, ऐ जाने वाले सुन तो ले दीवानों की

[सचिन देव बर्मन/तलत महमूद, आशा भोसले]

चाहे कितना मुझे बुलाओ जी

अरमान; 1953

चाहे कितना मुझे बुलाओ जी
नहीं बोलूँगी नहीं बोलूँगी
तुम हो परदेशी क्या जाने किस दिन
छोड़ जाओ मुझे तुम अकेली
जिसका अंजाम हो आहें भरना
हम ना बूझेंगे ऐसी पहेली
दिल का दरवाजा ना खटखटाओ जी
नहीं बोलूँगी नहीं बोलूँगी
तुमने मेरी नज़र में समा के...2
मेरी रातों की निंदिया चुरा ली
देखते-देखते आरजू ने
एक बस्ती अनोखी बसा ली
मेरी दुनिया पे ऐसे ना छावो जी
नहीं बोलूँगी नहीं बोलूँगी
चाहे कितना मुझे तुम बुलाओ जी
नहीं बोलूँगी नहीं बोलूँगी
चाहे कितना...
मैं हूँ अल्हड़ सजन मैं ना जानूँ...2

ये लगाने निभाने की रस्में
क्या ख़बर कैसे चुपके ही चुपके
कर लिया तुमने दिल अपने बस में
धड़कनों को ना यूँ गुदगुदाओं जी
ओ चाहे कितना मुझे तुम बुलाओ जी
नहीं बोलूँगी नहीं बोलूँगी

[सचिन देव बर्मन/तलत महमूद, आशा भोसले]

मैं पंख लगा के उड़ जाऊँ

अरमान; 1953

मैं पंख लगा के उड़ जाऊँ
और फिर ना पलट के आऊँ
मैं पंख लगा के उड़ जाऊँ

न न ना न न ना
मैं पंख लगा के...
लहरों में झूलूँ...तारों को छू लूँ...लहरों में झूलूँ
अम्बर की छाती से लगकर सपनों में खो जाऊँ
अनजानी राहों में छुपकर अनजानी हो जाऊँ
और ख़ुद भी खोज ना पाऊँ
मैं पंख लगा के उड़ जाऊँ
और फिर ना पलट के आऊँ
लहरों में झूलूँ...तारों को छू लूँ...लहरों में झूलूँ
बदली बनकर वन वन घूमूँ बिजली बन मुस्काऊँ
झरनों की झालर में बैठी गीत सुहाने गाऊँ
दुनिया को नज़र ना आऊँ
मैं पंख लगा के उड़ जाऊँ
और फिर ना पलट के आऊँ
न न ना न न ना

[सचिन देव बर्मन/आशा भोसले]

जादू भरी ये फ़िज़ाएँ कहती हैं आजा

अरमान; 1953

जादू भरी ये फ़िज़ाएँ कहती हैं आजा
दिल में मचाये, सोचता है क्या
जादू भरी ये फ़िज़ाएँ...
देने वाले जीवन भी ये नज़ारे तेरे हैं
इस धरती के फूल गगन के तारे तेरे हैं
सोचता है क्या
जादू भरी ये फ़िज़ाएँ कहती हैं आजा
दिल में मचाये, सोचता है क्या
दुनिया और दुनिया के ग़म को ठोकर मार के जी
इस छोटी सी रात पे लाखों रातें वार के जी
सोचता है क्या...
जादू भरी ये फ़िज़ाएँ कहती हैं आजा
दिल में मचाये, सोचता है क्या
आ हा आ आहा
अरमानों के प्रीत महल में ख़ुद की सेज सजो
हौले से जो कुछ होता है
अपनी नींद ना खो, सोचता है क्या
जादू भरी ये फ़िज़ाएँ कहती हैं आजा
दिल में मचाये, सोचता है क्या
जादू भरी ये फ़िज़ाएँ...

[सचिन देव बर्मन/गीता दत्त]

क्रोध कपट के अँधियारे में जीवन ज्योत जगाए

अरमान; 1953

क्रोध कपट के अँधियारे में जीवन ज्योत जगाए जा...2
आते-जाते साँस की धुन पे हरि नाम गुण गाये जा...2
क्या ढूँढ़े बस्ती और वन में, प्रभु तेरा है तेरे मन में
दर-दर अलख जगाने वाले, भीतर खोज लगाए जा...2

क्रोध कपट के अँधियारे में जीवन ज्योत जगाए जा...
ये जीवन कर्मों की खेती जो कीजो सो ही फल देती
इस दुनिया में दान दिए जा, उस दुनिया में पाए जा
क्रोध कपट के अँधियारे में....
ये जग है दो दिन का ठिकाना जोगी रे तोहे दूर है जाना
तोड़ के मायाजाल के बंधन लौ ईश्वर से लगाए जा...2
क्रोध कपट के अँधियारे में जीवन ज्योत जगाए जा
आते-जाते साँस की धुन पे हरि नाम गुण गाये जा
क्रोध कपट के...

[सचिन देव बर्मन/मन्ना डे]

ये हँसी और ख़ुशी लाखों बरस यूँ ही आए

अरमान; 1953

ये हँसी और ख़ुशी लाखों बरस यूँ ही आए...3
नौजवानों तेरी गीत गाती रहे ज़िन्दगी नाज से मुस्कुराती रहे...2
तन बदन रूप से धूप चढ़ाती रहे
हर अदा जादू जगाती रहे
ये तेरा बांकपन सबके दिलों में समाए
ये हँसी ये ख़ुशी लाखों बरस यूँ ही आए
आरजू से चमन में बहार आ गई
हर ख़ुशी करके सोलह सिंगार आ गई...2
आज दिल के अरमान पूरे हुए
वो घड़ी जिसका था इंतज़ार आ गई
प्यार ने झूम के ख़ुशियाँ और मोती लुटाए
ये हँसी ये ख़ुशी लाखों बरस यूँ ही आए
धड़कनों का तराना बदलने को है
आज सारा ज़माना बदलने को है...2
ज़िन्दगी ने ली है नई करवटें
हर पुराना फ़साना बदलने को है
ये हवा ये फ़िज़ा ना जाने क्या रंग लाए
ये हँसी ये ख़ुशी लाखों बरस यूँ ही आए...

[सचिन देव बर्मन/गीता दत्त]

ये मौसम, ये हवा, ये रुत सुहानी फिर न आएगी

शोले; 1953

उमर खय्याम : ये मौसम, ये हवा, ये रुत सुहानी फिर न आएगी
अरे ओ जीने वाले ज़िन्दगानी फिर न आएगी
कोई हसरत न रख दिल में, ये दुनिया चार दिन की है
जवानी मौजे-दरिया है, जवानी फिर न आएगी

नृतकी : निगाहें मिला और इक जाम ले ले
जवानी के सर कोई इल्ज़ाम ले ले
गुनाहों के साये में पलती है जन्नत
हसीनों के हमराह चलती है जन्नत
हसीनों के पहलू में आराम ले ले

नृतकी : मचलती उमंगें कहीं सो न जाएँ
ये सुब्हें ये शामें यूँ ही खो न जाएँ
कोई सुबह ले ले कोई शाम ले ले
जवानी के सर कोई इल्ज़ाम ले ले

[धनीराम/गीता दत्त]

जाम थाम ले

शहंशाह; 1953

जाम थाम ले
सोचते ही सोचते न बीते सारी रात
सज के आई है शीशे की परी
ढूँढ़ के लाई है दिलों की ख़ुशी

जन्नत से क़ुदरत ने भेजा तेरे लिए इनाम
दुनिया के हर दुख का दारू[1] एक सुनहरी जाम

---

1. उपचार।

जाम थाम ले
सुबह दूर है रात की क़सम
दिल की मान ले मेरे सनम

मस्ती की इन घड़ियों में क्या सोच-समझ का काम
ज़ुल्फ़ों के साये में नादाँ कर भी ले आराम

जाम थाम ले...

[सचिन देव बर्मन/शमशाद बेगम]

नाज़ों के पले काँटों पे चलें ऐसा भी जहाँ में होता है

शहंशाह; 1953

नाज़ों के पले काँटों पे चलें ऐसा भी जहाँ में होता है
तक़दीर के ज़ालिम हाथों से दिल ख़ून के आँसू रोता है
नित जिन में चिराग़ाँ रहता था, ख़ाक उड़ती है उन ऐवानों में
मख़मल पे रखते थे जो क़दम, फिरते हैं वो रेगिस्तानों में
नाज़ों के पले...

चलने का सहारा कोई नहीं छुपने का ठिकाना कोई नहीं
इस हाल में काम आनेवाला अपना-बेगाना कोई नहीं
नाज़ों के पले...

दुनिया में किसी को भी अपनी क़िस्मत का लिखा मालूम नहीं
सामान हैं लाखों बरस के और कल का पता मालूम नहीं
नाज़ों के पले...

[सचिन देव बर्मन/तलत महमूद]

ले ले दिल को ले ले क़िस्मत के हैं ये मेल

शहंशाह; 1953

ले ले दिल को ले ले क़िस्मत के हैं ये मेल
क़िस्मत के हैं ये मेल दिल दे के ले ले ले ले

ये हुस्न ये जवानी ये आग और ये पानी
सब कुछ तेरे लिए है आ तेरी मेहरबानी

महका हुआ है गुलशन दो चार फूल चुन ले
ये बात है पते की ऐ मेरे यार सुन ले
दिल दे के ले ले ले ले क़िस्मत के हैं ये मेल

दुनिया का ग़म भुला दे दिल का सनम लेके
हो जा किसी पे सदक़े अल्लाह का नाम लेके

दिल दे के दिल को ले ले ले ले क़िस्मत के हैं ये मेल
ये आग और ये पानी सब कुछ तेरे लिए है
हाँ तेरी मेहरबानी दिल दे के दिल को ले ले ले
क़िस्मत के हैं ये मेल

[सचिन देव बर्मन/गीता दत्त]

ग़म क्यों हो जीनेवालों को जीते जी

शहंशाह; 1953

ग़म क्यों हो जीनेवालों को जीते जी
जीनेवालों को जीतेजी मरने का ग़म क्यों
शोख लबों पर आहें क्यों हों
आँखों में नम क्यों हो, ग़म क्यों हो

आज अगर गुलशन में कली खिलती है
तो कल मुरझाती है फिर खिलकर हँसती है
और हँसके चमन महकाती है
महकाती है, ग़म क्यों हो

कल का दिन किसने देखा है
आज का दिन हम खोएँ क्यों
जिन घड़ियों में हँस सकते हैं
उन घड़ियों में रोएँ क्यों, ग़म क्यों हो

गाए जा मस्ती के तराने
ठंडी आहें भरना क्या
मौत आई तो मर भी लेंगे

मौत से पहले मरना क्या
गम क्यों हो जीनेवालों को जीते जी

[सचिन देव बर्मन/लता मंगेशकर]

शाही की ज़ंजीरें तोड़ते चलो

शहंशाह; 1953

शाही की ज़ंजीरें तोड़ते चलो
सूनी कलाइयाँ मरोड़ते चलो

वादा करो तुम्हें जीना है तो
मरने की सौगन्ध खाकर उठो
ऊँचे महल लहरा उठें
गुस्से में यूँ तिलमिला कर उठो

शेरों के दल देखो आए निकल
मैदान में झंडा उठाए हुए
बढ़ने दो रण कटने दो तन
बाजू हैं ये आज़माये हुए
शाही की ज़ंजीरें तोड़ते चलो

ललकार के अपनी तलवार से
सदियों के बदले चुकाते चलो
बातें उठें जिससे उठें
उसके ही मुँह को जलाते चलो
शाही की ज़ंजीरें तोड़ते चलो

[सचिन देव बर्मन/मन्ना डे]

चाहत का ख़ज़ाना है तेरे लिए हो तेरे लिए

शहंशाह; 1953

चाहत का ख़ज़ाना है तेरे लिए हो तेरे लिए
ठोकर में ज़माना है तेरे लिए हो तेरे लिए

सारी दुनिया छोड़ के मैंने तुझसे नाता जोड़ा
प्यार का दामन हाथ में लेकर सबका दामन छोड़ा
ठोकर में जमाना है तेरे लिए...

दौलत क्या है इज़्ज़त क्या है दिलवालों के आगे
ये दुनिया कब तोड़ सकी है, प्यार के नाज़ुक धागे
ठोकर में ज़माना है तेरे लिए...

पास नहीं आते जलने से समाँ पे क्यूँ परवाने
या मैं जानूँ या तू जाने और कोई क्या जाने
हो और कोई क्या जाने
ठोकर में ज़माना है तेरे लिए....

[सचिन देव बर्मन/लता मंगेशकर]

आई बहारें लेके रातें ये प्यार की

शहंशाह; 1953

आई बहारें लेके रातें ये प्यार की
झूम उठीं शर्मीली कलियाँ मेरे गुलज़ार की

आज ना जाने यूँ ऐ दिल महफ़िल में फ़रमाया
सांसें सुलगतीं नग़मे फूटे रंग ख़ुशी का छाया रे हाँ छाया रे

आई बहारें लेके रातें ये प्यार की
झूम उठीं शर्मीली कलियाँ मेरे गुलज़ार की

आँखों ने आँखों से मिलकर फ़साने छेड़े
नए फ़साने छेड़े
अरमानों की सेज पे दिल ने शोख़ तराने छेड़े
आई बहारें लेके रातें ये प्यार की

अबकी सितारे फलक जमीं पर मोती बनकर बिखरे
इस पल ज़ुल्फ़ ने अंगड़ाई ली हुस्न के जलवे निखरे

आई बहारें लेके रातें ये प्यार की
झूम उठीं शर्मीली कलियाँ मेरे गुलज़ार की

[सचिन देव बर्मन/आशा भोसले]

ख़ाक हुआ दिल जलते जलते

शहंशाह; 1953

ख़ाक हुआ दिल जलते जलते
ढल गया सूरज ढलते ढलते
ख़ाक हुआ दिल
सूनी राहें बोझ उठाएँ

क्या जाने कब क्या मिल जाए
हार गई हाय चलते-चलते
ख़ाक हुआ दिल जलते-जलते

फूल चुने और काँटे पाए
प्यार के गुलशन रास न आए
चाहत मिटी हल्के हल्के
ख़ाक हुआ दिल जलते जलते

घिरे थे सितम के तूफ़ानों में
टूट गया दम वीरानों में
मौत तक पहुँचे चलते चलते
ख़ाक हुआ दिल जलते जलते

[सचिन देव बर्मन/लता मंगेशकर]

कोई राग छेड़ दबी आग छेड़

शहंशाह; 1953

कोई राग छेड़ दबी आग छेड़
कि यही है ज़िन्दगानी
कहीं है बहार कहीं है निसार
कोई माँग ले निशानी
कोई राग छेड़ कोई आग छेड़

अभी वक़्त मेहरबाँ है
अभी ज़िन्दगी जवाँ है

ये समाँ तेरा समाँ है
कोई राग छेड़ कोई आग छेड़

नित आहों के इशारे
ये खिले खिले नज़ारे
मुझे कह रहे हैं सारे
कोई राग छेड़ कोई आग छेड़

ज़रा दिल की सुन सुना ले
ज़रा ख़ुद को आज़मा ले
कोई आरजू लगा ले कोई राग छेड़
कोई राग छेड़ कोई आग छेड़

[सचिन देव बर्मन/आशा भोसले]

सुबह की मंज़िल दूर नहीं

बाबला; 1953

रात के राही थक मत जाना, सुबह की मंज़िल दूर नहीं

धरती के फैले आँगन में पल दो पल है रात का डेरा
ज़ुल्म का सीना चीर के देखो, झाँक रहा है नया सवेरा

ढलता दिन मजबूर सही, चढ़ता सूरज मजबूर नहीं

सदियों तक चुप रहनेवाले अब अपना हक़ लेके रहेंगे
जो करना है खुल के करेंगे, जो कहना है साफ़ कहेंगे

जीते जी घुट-घुटके मरना इस जुग का दस्तूर नहीं

टूटेंगी बोझल ज़ंजीरें, जागेंगी सोई तक़दीरें
लूट पे कब तक पहरा देंगी ज़ंग लगी ख़ूनीं शमशीरें

रह नहीं सकता इस दुनिया में जो सब को मंज़ूर नहीं

[सचिन देव बर्मन/लता मंगेशकर]

रात ख़ुशी की आई

बाबला; 1953

रात ख़ुशी की आई
आज दुनिया नई है नज़ारे नए
सीने में उमंगें मचलीं, होंटों पे तराने आए
हम जिनके लिए जीते थे, आख़िर वो ज़माने आए
उनकी आशाओं ने रूप धारे नए
रात ख़ुशी की आई

किरनों के सेहरे बुनती रात आई नसीबों वाली
धरती पे उजाला फैला अंबर पे सजी दीवाली
मेरे नैनों में चमके सितारे नए
रात ख़ुशी की आई

चलते हुए एक राही ने मंज़िल का इशारा पाया
मंजधारे में इक नैया ने माँझी का सहारा पाया
उनके तूफ़ाँ से उभरे किनारे नए
रात ख़ुशी की आई
आज दुनिया नई है नज़ारे नए

[सचिन देव बर्मन/लता मंगेशकर]

हमरे मुंडेर बोला कागा सखी री

बाबला; 1953

हमरे मुंडेर बोला कागा सखी री
बिछड़े बालम घर आएँगे
हमरे मुँडेर बोला...2
घूँघट में साँसें लहकेंगी
मोरी सूनी रतिया महकेगी
घूँघट में...
सखी बिरहा के ग़म सभी भूलेंगे हम

सुन के उनके कदम को
बिछड़े बलम घर आएँगे
हमरे मुंडेर बोला कागा सखी री
बिछड़े बलम घर आएँगे
जब वो आँगन में आएँगे
मोरे सपने सच हो जाएँगे
लेके मन में उमंग मैं तो
खेलूँगी रंग पिया प्यारे के संग
हो बिछड़े बलम घर आएँगे
हमरे मुंडेर बोला...
जब उन बाँहों में झूलूँगी
मैं जग के सब कुछ भूलूँगी
आज मैं हूँ मगन
मेरा मन है मगन
लेके जीवन का ढंग
हो बिछड़े बलम घर आएँगे
हमरे मुँडेर बोला कागा सखी री
बिछड़े बलम घर...

[सचिन देव बर्मन/राजकुमारी]

छाई कारी बदरिया बैरनिया हो राम

जीवन ज्योति; 1953

छाई कारी बदरिया बैरनिया हो राम
घन बदरा गगनवा झुकन लागी हो
मोरे सजना विदेसिया से ना आए हो
छाई कारी
झूलों पर गावन की रुत आई हो
रतियाँ जगावन की रुत आई हो
झूलों पर गावन
रतियाँ जगावन...
कछु खो के पावन की रुत आई हो...2

मोरे सजना विदेसिया से ना आए हो
छाई कारी
जावे कोई पी को लावे सखी
ईकले कछु नहीं भावे सखी...2
हाय पुरवा पवन जी जलावे सखी...2
मोरे साजन विदेसिया से ना आए हो
छाई कारी
छाई कारी बदरिया बैरनिया हो राम
घन बदरा गगनवा झुकन लागी हो
मोरे साजन विदेसिया से ना आए हो
छाई कारी बदरिया हो राम...

[सचिन देव बर्मन/लता मंगेशकर]

ओ लग गईं अँखियाँ तुम से मोरी

जीवन ज्योति; 1953

ओ लग गईं अँखियाँ तुम से मोरी
लग गईं अँखियाँ तुम से मोरी
लग गईं अँखियाँ...
ओ मोरे बालम ओ मेरे सनम
ओ मोरे साजन तुम से मोरी
लग गईं अँखियाँ हाय राम
शर्म खो ही गई लाज खो ही गई
हाय हाय रे राम हाय राम हाय हाय हाय राम
मैं तो दुनिया से ही आज खो ही गई
शर्म खो ही गई लाज खो ही गई
मैं तो दुनिया...
अहा हा हा ये कहानी नई जरा सुन लो भाई
सारी दुनिया से ही मैं तो खो गई
पर किसलिए ओ लग गईं अँखियाँ
ओ मोरे बालम ओ मोरे सनम
ओ मोरे साजन तुम से मोरी

लग गई अँखियाँ हाय राम
आज मेरी नज़र को चमक मिल गई
दिल को इक मीठी मीठी कसक मिल गई
ओ कसक मिल गई
ओ मोरे बालम ओ मोरे सनम
ओ मोरे साजन तुम से मोरी लग गईं
लग गईं अँखियाँ तुम से मोरी
मन के तारों में लहराई मस्ती की धुन
अनगिनत पायलें बज उठीं छुन छुनन छुन छुनन
मन के तारों में...2
ओ मोरे बालम ओ मोरे सनम
ओ मोरे साजन ओ...

[सचिन देव बर्मन/गीता दत्त, मोहम्मद रफ़ी]

सो जा रे सो जा मेरी अँखियों के तारे

जीवन ज्योति; 1953

सो जा रे सो जा मेरी अँखियों के तारे
मेरे राज दुलारे राज दुलारे
ओ तोहे सपनों की नगरी से निंदिया पुकारे
सो जा रे सो जा
परियों के बालक तारों के भेस में
तुझको बुलाने आए चँदा के देश में
चँदा के देश में सपनों का राज है
मेरे मुन्ने के लिए फूलों का ताज है
राज दुलारे
ओ तोहे सपनों की नगरी से निंदिया पुकारे
सो जा रे सो जा
भोर भये सब चंदा के गाँव से
लौट के आएगा तू नन्हे-मुन्ने पाँव से
गोदी में लेके तुझे माँ नहलाएगी
प्यारी-प्यारी अँखियों में कजरा लगाएगी

राजदुलारे ओ तोहे सपनों की
नगरी से निंदिया पुकारे
जब धीरे-धीरे तू तुतला के बोलेगा
मीठी-मीठी बतियों से जिया मेरा डोलेगा
छोटा सा गुड्डा मेरा स्कूल जाएगा
राजदुलारे ओ तोहे सपनों की नगरी से निंदिया पुकारे
दूल्हा बनेगा मेरा मुन्ना सा राजा
बाजेगा अंगना में खुशियों का बाजा
की दुलहन घूँघट में आएगी
रचाएगी, गरवा लगाएगी
सो जा रे सो जा मेरी अँखियों के तारे
मेरे राज दुलारे

[सचिन देव बर्मन/गीता दत्त, मोहम्मद रफ़ी]

तुम्हें दुलहन मिली हमें भाभी मिली

हमसफ़र; 1953

तुम्हें दुलहन मिली हमें भाभी मिली
तुम्हें दुलहन मिली...
तुम्हें जंगल में देख
हमें भाभी मिली
ओ भाभी चू चू...2
अपनी भाभी है क्या...2
एक तस्वीर है
नचाता गुनगुनाता हुआ
दूर है...
दूर है...
तब तो ये है कि दूल्हा की
तक़दीर है 2
अरे उल्फ़त की जिसकी जरा भी मिली
तुम्हें दुलहन मिली हमें भाभी मिली

क्या बताएँ तुम्हें
आज क्या मिल गया है...2
बेमज़ा ज़िन्दगी को मज़ा मिल गया है
प्यार को प्यार का आसरा मिल गया है...2
आज दिल के ख़ज़ाने की चाबी मिली...2
तुम्हें दुलहन मिली हमें भाभी मिली...2
तुम्हें जंगल में एक नूरजादी मिली
ओ तुम्हें दुलहन मिली
हमें भाभी मिली
तुम्हें दुलहन मिली हमें भाभी मिली

[अली अकबर खान/किशोर कुमार]

जाएँ तो जाएँ कहाँ

टैक्सी ड्राइवर; 1954

जाएँ तो जाएँ कहाँ
समझेगा कौन यहाँ, दर्द भरे दिल की ज़बाँ
जाएँ तो जाएँ कहाँ

मायूसियों[1] का मज्मा[2] है जी में
क्या रह गया है इस ज़िन्दगी में

रूह में ग़म दिल में धुआँ
जाएँ तो जाएँ कहाँ

उनका भी ग़म है, अपना भी ग़म है
अब दिल के बचने की उम्मीद कम है

एक कश्ती सौ तूफ़ाँ
जाएँ तो जाएँ कहाँ

[सचिन देव बर्मन/तलत महमूद]

---

1. निराशाओं, 2. भीड़।

दिल से मिला के दिल प्यार कीजिए

टैक्सी ड्राइवर; 1954

दिल से मिला के दिल प्यार कीजिए
कोई सुहाना इक़रार कीजिए
शर्माना कैसा घबराना कैसा
जीने से पहले मर जाना कैसा
फ़ासलों की छाँव में
रसभरी फ़िज़ाओं में
इस ज़िन्दगी को गुलज़ार कीजिए
दिल से मिला के दिल...

आती बहारें, जाती बहारें
कब से खड़ी हैं बाँधे क़तारें
छा रही है बेख़ुदी
कह रही है ज़िन्दगी
दिल की उमंगें बेदार कीजिए
दिल से मिला के दिल...
दिल से भुला के रुसवाइयों को
जन्नत बना ले तन्हाइयों को
आरज़ू जवान है
वक़्त मेह्रबान है
दिल खो न जाए हुशियार कीजिए
दिल से मिला के दिल...

[सचिन देव बर्मन/लता मंगेशकर]

ऐ मेरी ज़िन्दगी

टैक्सी ड्राइवर; 1954

ऐ मेरी ज़िन्दगी
आज रात झूम ले
आस्माँ को चूम ले

किसको पता है कल आए कि न आए
आज है दुनिया तेरी झूम ले ओ मतवाले

ये अनमोल ज़माने फिर नहीं आनेवाले
देख ये रुत कहीं बीत न जाए
ऐ मेरी ज़िन्दगी...

पल-पल कटती जाए साँस की नाज़ुक डोरी
जलते कमल बुझाए मौत की सीनाज़ोरी
अगले ही पल जाने क्या हो जाए
ऐ मेरी ज़िन्दगी...

आज ठहर ही न जाएँ ढलती रात के साये
कल किसने देखा है आए या न आए
आए भी तो जाने हमें पाए कि न पाए
ऐ मेरी ज़िन्दगी
आज रात झूम ले
आस्माँ को चूम ले

[सचिन देव बर्मन/लता मंगेशकर]

दिल जले तो जले

टैक्सी ड्राइवर; 1954

दिल जले तो जले
ग़म पले तो पले
किसी की न सुन, गाए जा

ओ जीने वाले आग से आग बुझा ले
जग की न सुन
प्यार की धुन
झूम के गा ले

ओ जीने वाले ये कलियाँ ये तारे
चुप हैं मगर
तकते इधर
कहते हैं सारे
दिल जले तो जले

ओ जीने वाले छेड़ हसीन तराने
बिछड़े जो अब
मिलना है कब
कोई न जाने
दिल जले तो जले

[सचिन देव बर्मन/लता मंगेशकर]

जाएँ तो जाएँ कहाँ

टैक्सी ड्राइवर; 1954

जाएँ तो जाएँ कहाँ
समझेगा कौन यहाँ, दर्द भरे दिल की ज़ुबाँ
जाएँ तो जाएँ कहाँ

ओ जाने वाले दामन छुड़ा के
मुश्किल है जीना तुझको भुला के
इससे तो है मौत आसाँ
जाएँ तो जाएँ कहाँ

सीने में शोले, साँसों में आहें
इस ज़िन्दगी से कैसे निबाहें
हर जज़्बा है वीराँ
जाएँ तो जाएँ कहाँ

समझेगा कौन यहाँ, दर्द भरे दिल की ज़बाँ
जाएँ तो जाएँ कहाँ

[सचिन देव बर्मन/लता मंगेशकर]

चाहे कोई ख़ुश हो चाहे गालियाँ हज़ार दे

टैक्सी ड्राइवर; 1954

चाहे कोई ख़ुश हो चाहे गालियाँ हज़ार दे
मस्त राम बनके ज़िन्दगी के दिन गुज़ार दे

पी के धाँदली करूँ तो मुझको जेल भेज दो
सूँघने में क्या है ये जवाब थानेदार दे

भाव अगर बढ़ा भी डाले सेठ या ग़म न कर
खाए जा मज़े के साथ जब तलक उधार दे

बाँटकर जो खाए उस पे अपने जानो-दिल लुटा
अरे, जो बचाए माल उसको जूतियों का हार दे

[सचिन देव बर्मन/किशोर कुमार, जॉनी वॉकर, कोरस]

ओ देखो माने नहीं

टैक्सी ड्राइवर; 1954

ओ देखो माने नहीं
देखो माने नहीं रूठी हसीना, न जाने क्या बात है
आए साजन के मुँह पे पसीना, न जाने क्या बात है
पूछो किस कारण हुई ये लड़ाई
इसका बालम होगा हरजाई
ओ हो ज़रा रुक जाएँ सुन लें सफ़ाई
कहती है गुरी मैं बाज आई माने नहीं
ओ देखो माने नहीं रूठी हसीना, ना जाने क्या बात है...2
काहे कोई उतरा है दिल से किसी के
आया होगा रात को पी के, क्या कहा पी के, हाँ
आया होगा रात को पी के
ऐसे कैसे बीतेंगे दिन ज़िन्दगी के
आहें भर कर आँसू पी के माने नहीं
ओ देखो माने....
देखो बेचारा साजन रोता है
अब पछताये क्या होता है
मिले दिल दिल से तो प्यार होता है माने नहीं
दिल मिलना तो मुश्किल होता है, माने नहीं

[सचिन देव बर्मन/आशा भोसले, जगमोहन]

जीने दो और जीओ, चढ़ती जवानी के दिन हैं

टैक्सी ड्राइवर; 1954

जीने दो और जीओ, चढ़ती जवानी के दिन हैं...2
फिर ऐसा समाँ मिलेगा कहाँ
फिर ऐसा समाँ मिलेगा कहाँ, यही ज़िन्दगानी के दिन हैं
मरना तो सबको है जी के भी देख ले...
चाहत का एक जाम पी के भी देख ले...2
ये हवा ये फ़िज़ा कहती है झूमें मजा ले...2
कोई फूल चुन, कोई ख़्वाब बुन, दिल का मुक़द्दर जगा ले
मरना तो सबको है जी के भी देख ले
चाहत का एक जाम पी के भी देख ले...2
ये हसीं ज़िन्दगी है इक रसीला तराना...2
न ले दिल में ग़म, ओ मेरे सनम
कि है ये ख़ुशी का ज़माना
मरना तो सबको है जी के भी देख ले
चाहत का एक जाम पी के भी देख ले...2

[सचिन देव बर्मन/आशा भोसले]

जाने वाले मेरे आँसू मेरी आहें ले जा

अंगारे; 1954

जाने वाले मेरे आँसू मेरी आहें ले जा
साथ अपने मेरी बेताब निगाहें ले जा

उस बस्ती को जाने वाले लेता जा पैग़ाम मेरा
दिल के मालिक को कह देना हसरत भरा सलाम मेरा
एक तरफ़ दुनिया के सदमे एक तरफ ग़म दूरी के
कौन सुने, किसको समझाऊँ, दुख अपनी मजबूरी के
मुमकिन हो तो ले जा अपने साथ दिले-नाकाम मेरा
मेरी ख़ताएँ, अपनी वफ़ाएँ, अब न कभी वो याद करें
कह देना अब मेरी ख़ातिर उमर न वो बर्बाद करें
छोड़ के अपने हाल पे मुझको, दिल से भुला दें नाम मेरा

[सचिन देव बर्मन/लता मंगेशकर]

गोरी के नैनों में निन्दिया भरी

अंगारे; 1954

अ : गोरी के नैनों में निन्दिया भरी
आ जा री सपनों की नीलम परी

ब : अरे ओ मेरे ज़ख़्मों की फिटकरी
आ भी जा क्यों देर इतनी करी

अ : बोली नीलम परी रूठ जाऊँगी मैं
ग़ुल जो किया तो न आऊँगी मैं
ख़ामोश रहने में है बेहतरी
आती हूँ आती हूँ दम लो ज़री

ब : तू हूर है और मैं लँगूर हूँ
उल्फ़त के हाथों से मजबूर हूँ
ग़ुस्सा न कर ओ मेरी बेसुरी
आ भी जा क्यों देर इतनी करी

अ : आती हूँ, आती हूँ दम लो ज़री

[सचिन देव बर्मन/शमशाद बेगम, किशोर कुमार]

डूब गए आकाश के तारे, जाके न तुम आए

अंगारे; 1954

डूब गए आकाश के तारे, जाके न तुम आए
तकते-तकते नैना हारे, जाके न तुम आए
डूब गईं बाग़ों से बहारें फैल गए पतझड़ के साए
लेकिन तुमको अपने वादे भूले से भी याद न आए
डूब गए आकाश के तारे

बहते-बहते चाँद की कश्ती दूर गगन में खोने लगी
आस की एक नन्ही-सी किरन थी, वो भी ओझल होने लगी
डूब गए आकाश के तारे

[सचिन देव बर्मन/तलत महमूद]

उन्हें खोकर दुखी दिल की दुआ से और क्या माँगूँ

अंगारे; 1954

उन्हें खोकर दुखी दिल की दुआ से और क्या माँगूँ
मैं हैराँ हूँ कि आज अपनी वफ़ा से और क्या माँगूँ

गिरेबाँ चाक है, आँखों में आँसू, लब पे आहें हैं
यही काफ़ी है दुनिया की हवा से और क्या माँगूँ

मेरी बर्बादियों की दास्ताँ उन तक पहुँच जाए
सिवा इसके मुहब्बत के ख़ुदा से और क्या माँगूँ

[सचिन देव बर्मन/लता मंगेशकर]

हे राजदुलारी बिटिया री

अंगारे; 1954

हे राजदुलारी बिटिया री तोहे मेरी
उम्र लग जाए जियो जियो जियो...2
मेरी सूनी दुनिया में तू चन्दा बनके आई
आई रे आई चन्दा बनके आई
नैन की ज्योति आस का मोती
दिल की ठंडक लाई
लाई रे लाई दिल की ठंडक लाई
राम करे रखवाली हो कभी
तुझपे आँच ना आए जियो जियो जियो
हे राजदुलारी बिटिया...2
हँस के लहके खिलके महके तेरा जीवन
डाली डाली रे डाली तेरा जीवन डाली
तुझको पाकर मैंने सारे जग की दौलत पा ली
पा ली पा ली रे पा ली जग की दौलत पा ली
राम करे रखवाली हो कभी

तुझ पे आँच ना आए जियो जियो जियो
हे राजदुलारी बिटिया री तोहे मेरी
उम्र लग जाए जियो....
आँख मिचौली खेल रहे हैं
सपने प्यारे प्यारे सपने प्यारे प्यारे
आज गले लग जा लग जा आज गले लग जा
प्यासी ममता तुझे पुकारे...3
राम करे रखवाली हो कभी
तुझ पे आँच ना आए जियो जियो जियो...

[सचिन देव बर्मन/लता मंगेशकर]

रूप की रानी आई प्यार की दौलत लाई

अंगारे; 1954

रूप की रानी आई प्यार की दौलत लाई
रे आओ दिलवालो ले लो ले लो
रूप की रानी आई...
लाई हूँ प्यार का सन्देशा लाई हूँ प्यार सन्देशा
मैं अल्हड़ और मस्तानी रे
आओ दिलवालो ले लो ले लो
रूप की रानी आई प्यार की दौलत लाई
रे आओ दिलवालो ले लो ले लो
नैनों से नैन मिला के...2
खुशियों से झोली भर लो झोली भर लो
झोली भर लो रे आओ दिलवालो ले लो ले लो
रूप की रानी आई प्यार की दौलत लाई
रे आओ दिलवालो ले लो ले लो
रूप की रानी...

[सचिन देव बर्मन/शमशाद बेगम]

प्यार भरी प्यार भरी

अंगारे; 1954

प्यार भरी प्यार भरी
धड़कनों के हार लेके आऊँगी तेरे लिए आज रात को...2
कहना दिले बेक़रार से बाहर ना हो इख़्तियार से...2
चैन लेके आऊँगी क़रार ले के आऊँगी
तेरे लिए आज रात को प्यार भरी धड़कनों के हार लेके आऊँगी
मस्ती की बाँहों में झूल के आऊँगी दुनिया को भूल के...2
रंग लेके आऊँगी निखार लेके आऊँगी
तेरे लिए आज रात को प्यार भरी
झपके ना आँख इंतज़ार की टूटे ना लय दिल के तार की...2
ज़िन्दगी का सोलहवाँ सिंगार लेके आऊँगी
तेरे लिए आज रात को प्यार भरी प्यार भरी
धड़कनों के हार लेके आऊँगी तेरे लिए
आज की रात प्यार भरी...

[सचिन देव बर्मन/लता मंगेशकर]

हो हो हो हो

अंगारे; 1954

हो हो हो हो
लिंग रिंग शिम्भा शंगरीला...2
मोरी बिंदिया आ
लिंग रिंग शिम्भा शंगरीला
ओ प्यार बुलाए तोहे
प्यार बुलाए तोहे कब से जगाए तोहे
पलक झपक मोरी चुप चुप क्यों है
चुप चुप क्यों है बोल ज़ुबां से चुप चुप क्यों है
बेझिझक ज़ुबां खोल चुप चुप क्यों है...2
ओ रात मुरादों वाली रात मुरादों वाली
लौट ना जाए ख़ाली

पलक झपक मोरी चुप चुप क्यों है
चुप चुप क्यों है बोल ज़ुबां से चुप चुप क्यों है
बेझिझक बोल ज़ुबां से चुप चुप क्यों है...2
ओ अपना बना ले पी को...2
पलक झपक मोरी चुप चुप क्यों है
चुप चुप क्यों है चुप चुप क्यों है...2
मितवा मितवा ओ मितवा...2

[सचिन देव बर्मन/आशा भोसले]

प्यार भरी धड़कनों के हार ले के आऊँगी

अंगारे; 1954

प्यार भरी धड़कनों के हार ले के आऊँगी तेरे लिए आज रात को
कहना दिले-बेक़रार से
बाहर न हो इख़्तियार से

चैन ले आऊँगी, क़रार ले के आऊँगी तेरे लिए आज रात को
मस्ती की बाँहों में झूल के
आऊँगी दुनिया को भूल के

रंग ले के आऊँगी, निखार ले के आऊँगी, तेरे लिए आज रात को
झपके न आँख इंतिज़ार की
टूटे न लय दिल के तार की

ज़िन्दगी का सोलहवाँ सिंघार लेके आऊँगी तेरे लिए आज रात को

[सचिन देव बर्मन/लता मंगेशकर]

मेरे खेवनहार क्यों मोहे छोड़ चले मंजधार

अंगारे; 1954

मेरे खेवनहार क्यों मोहे छोड़ चले मंजधार
उम्मीद की झोली में क्यों भर दिए अंगारे

मुँह मोड़ के दुनिया से ठुकरा के ज़माने को
आए थे मुहब्बत की तक़दीर बनाने को
उम्मीद की झोली में...

मजबूर थे पहले ही, नाशाद थे पहले ही
तेरी ही क़सम, हम तो बर्बाद थे पहले ही
उम्मीद की झोली में...

मर-मर के जिये अब तक हम तेरे सहारे पर
मालूम न था कश्ती डूबेगी किनारे पर
उम्मीद की झोली में क्यों भर दिए अंगारे

[सचिन देव बर्मन/लता मंगेशकर]

नज़र से दिल में समाने वाले, मेरी मुहब्बत तेरे लिए है

सावधान; 1954

नज़र से दिल में समाने वाले, मेरी मुहब्बत तेरे लिए है
वफ़ा की दुनिया में आने वाले, वफ़ा की दौलत तेरे लिए है

खड़ी हूँ मैं तेरे रास्ते में, जवाँ उम्मीदों के फूल लेकर
महक़ती ज़ुल्फ़ों, बहकती नज़रों की गर्म जन्नत तेरे लिए है

सिवा तेरी आरज़ू के इस दिल में कोई भी आरज़ू नहीं है
हर एक जज़्बा हर एक धड़कन हर एक हसरत तेरे लिए है

मेरे ख़यालों के नर्म पौधों से झाँककर मुस्कुराने वाले
हज़ार ख़्वाबों से जो सजी है वो एक हक़ीक़त तेरे लिए है

[वसन्त रामचन्द्रन/आशा भोसले]

झननन झननन बाजे मोरी झाँझन

सावधान; 1954

झननन झननन बाजे मोरी झाँझन
इतनी सी बात हाय समझे ना साजन...

मस्त पवन मोरी चुनरी उड़ाए
ज़ुल्फ़ों से खेले कभी मुँह चूम जाए
धक धक मोरे जी की धक धक मोरे जी की
धड़कन मोरे जी की जाने न जाए
झननन झननन बाजे मोरी झाँझन

जैसे कोई बदली तैरे हवाओं में
उड़ती फिरूँ मैं ऐसे सपनों के गाँव में
देखे जवानी हाय राम हाय राम
हाय देखे जवानी कहीं छुप गया बचपन
झननन झननन बाजे मोरी झाँझन
इतनी सी बात हाय समझे ना साजन

[वसंत रामचन्द्रन/आशा भोसले]

आज किसी के हाथों ने दिल के तारों को छेड़ दिया

सावधान; 1954

आज किसी के हाथों ने दिल के तारों को छेड़ दिया...2
गहरी नींद में सोये साज़ की झँकारों को छेड़ दिया

आज मेरी तनहाई अपने आप से भी शर्माने लगी
दिल की धड़कन नगमा बनकर होंठों पर लहराने लगी

जो साहिल को साथ बहा ले
उन धारों को छेड़ दिया
दिल के तारों को छेड़ दिया
आज किसी के हाथों ने दिल के तारों को छेड़ दिया

हर झोंके से मुझको उनके साथ की ख़ुशबू आती है
तन मन में एक ठंडी ठंडी आग बिखरती जाती है
जाने किसकी शोख़ नज़र ने अंगारों को छेड़ दिया
दिल के तारों को छेड़ दिया

[आशा भोसले, वसंत रामचन्द्रन]

किसको ख़बर थी, ऐसे भी दिन आएँगे

देवदास; 1955

किसको ख़बर थी, किसको यक़ीं था, ऐसे भी दिन आएँगे
हाय जीना भी मुश्किल होगा और मरने भी न पाएँगे

हम जैसे बर्बाद दिलों का जीना क्या और मरना क्या
आज तेरी महफ़िल से उठे कल दुनिया से उठ जाएँगे

[सचिन देव बर्मन/तलत महमूद]

वो न आएँगे पलटकर, उन्हें लाख हम बुलाएँ

देवदास; 1955

वो न आएँगे पलटकर, उन्हें लाख हम बुलाएँ
मेरी हसरतों से कह दो कि ये ख़्वाब भूल जाएँ

अगर इस जहाँ का मालिक कहीं मिल सके तो पूछें
मिलीं कौन-सी ख़ता पर हमें इस क़दर सज़ाएँ

तेरी बेरुख़ी के सद्क़े मेरी ज़िन्दगी की ख़ुशियाँ
तू अगर इसी में ख़ुश है तो ख़ुशी से कर जफ़ाएँ

[सचिन देव बर्मन/मुबारक बेगम]

जिसे तू क़ुबूल कर ले, वो अदा कहाँ से लाऊँ

देवदास; 1955

जिसे तू क़ुबूल कर ले, वो अदा कहाँ से लाऊँ
तेरे दिल को जो लुभा ले वो सदा कहाँ से लाऊँ

मैं वो फूल हूँ कि जिसको गया हर कोई मसल के
मेरी उम्र बह गई है मेरे आँसुओं में ढल के
जो बहार बन के बरसे, वो घटा कहाँ से लाऊँ

तुझे और की तमन्ना, मुझे तेरी आरज़ू है
तेरे दिल में ग़म ही ग़म हैं, मेरे दिल में तू ही तू है
जो दिलों को चैन दे दे, वो दवा कहाँ से लाऊँ

मेरी बेबसी है ज़ाहिर, मेरी आहे-बेअसर से
कभी मौत भी जो माँगी तो न पाई उसके दर से

जो मुराद लेके आए वो दुआ कहाँ से लाऊँ
तेरे दिल को जो लुभा ले, वो सदा कहाँ से लाऊँ

[सचिन देव बर्मन/लता मंगेशकर]

दिलदार के क़दमों में दिल डाल के नज़राना

देवदास; 1955

दिलदार के क़दमों में दिल डाल के नज़राना
महफ़िल से उठा और ये कहने लगा दीवाना
अब आगे तेरी मर्ज़ी
ओ मोरे सैयाँ ओ मोरे बलमा बेदर्दी
आगे तेरी मर्ज़ी
सजनवा आगे तेरी मर्ज़ी, पीहरवा आगे तेरी मर्ज़ी

न पूछ हमसे कि क्यों सोगवार बैठे हैं
तेरी अदाओं पे हम दिल को वार बैठे हैं
लबों पे जाम है और बेक़रार बैठे हैं
निगाह मिलने के उम्मीदवार बैठे हैं
अब आगे तेरी मर्ज़ी
ओ मोरे सैयाँ ओ मोरे बलमा बेदर्दी

सीने में मुहब्बत के जज़्बात का तूफ़ाँ है
जीने की भी हसरत है मरने का भी अरमाँ है
अब आगे तेरी मर्ज़ी
ओ मेरे सैयाँ ओ मोरे बलमा बेदर्दी
आगे तेरी मर्ज़ी ओ ज़ुल्मी आगे तेरी मर्ज़ी

[सचिन देव बर्मन/लता मंगेशकर]

आन मिलो आन मिलो श्याम साँवरे

देवदास; 1955

आन मिलो आन मिलो श्याम साँवरे, आन मिलो
ब्रज में अकेली राधे खोई-खोई फिरे

वृन्दावन की गलियन में तुम बिन जियरा ना लागे
निस दिन तुमरी बाट निहारे व्याकुल नैन अभागे
अबहीं ऐसी दशा है मन की का होई है फिर आगे
ब्रज में अकेली राधे रोई-रोई फिरे,
ओ कान्हा आन मिलो

आज न काहे जमुना तीरे मुरली मधुर बजाई
आज न काहे सखियों के संग हिल-मिल रास रचाई
हमरा आँगन छोड़ के तोहे कौन नगरिया भाई रे
ब्रज में अकेली राधे खोई-खोई फिरे
ओ कान्हा आन मिलो

अजहूँ जो न भेजे रे मोहन तैने कोई खबरिया
हो जई है ई ब्रज की बाला रो-रोकर बावरिया
धीर बँधा जा मुख दिखला जा नट नागर साँवरिया रे
ब्रज में अकेली राधे खोई-खोई फिरे
ओ कान्हा आन मिलो
आन मिलो आन मिलो श्याम साँवरे

[सचिन देव बर्मन/गीता दत्त, मन्ना डे]

मितवा लागी रे यह कैसी अनबुझ आग

देवदास; 1955

मितवा लागी रे यह कैसी अनबुझ आग
मितवा मितवा मितवा नहीं
आये लागी रे यह कैसी...

व्याकुल जियरा व्याकुल नैनाँ
इक इक चुप में सौ सौ बैनाँ
रह गए आँसू लुट गए राग
मितवा मितवा मितवा

[सचिन देव बर्मन/तलत महमूद]

साजन की हो गई गोरी

देवदास; 1955

साजन की हो गई गोरी
अब घर का आँगन बिदेस लागे रे

सूनी-सी लागें मायके की गलियाँ
भाए ना अब जी को बचपन की सखियाँ
नैनों में झूमें बेरी की लड़ियाँ
मन को लुभाएँ सजिया की कलियाँ
हर स्वाँस पी का संदेस लागे रे
साजन की हो गई गोरी

कुछ जागी-जागी कुछ सोई-सोई
बैठी है राधे सपनों में खोई
छेड़ा तो समझो रोई कि रोई
नाजुकतापन पे न ठेस लागे रे
साजन की हो गई गोरी

बढ़ती है पल-पल अग्नि लगन की
चिटके है नस-नस कोमल बदन की
हम जानते हैं सब उसके मन की
अब हो चुकी ये अपने सजन की
नैहर का जीवन क्लेस लागे रे
अब घर का आँगन बिदेस लागे रे
साजन की हो गई गोरी

[सचिन देव बर्मन/लता मंगेशकर]

ओ आने वाले रुक जा कोई दम

देवदास; 1955

ओ आने वाले रुक जा कोई दम
रस्ता घेरे हैं बाहर लाखों ग़म
ओ आने वाले

आ मैं तुझे आँखों में बसा लूँ
रंग भरे आँचल में छुपा लूँ
तुझ पे लुटा दूँ दिल-ओ-जान ओ नादान
शर्माने वाले
शर्माने वाले रुक जा कोई दम

निखरा हुआ है रात का जादू
बिखरी हुई है ज़ुल्फ़ की ख़ुशबू
दिल का इशारा दिल का इशारा पहचान मैं क़ुर्बान
ओ तड़पाने वाले
तड़पाने वाले रुक जा कोई दम

पायल की झंकार में खो जा
सपनों के संसार में खो जा
रह जा यहीं पे रह जा यहीं पे मेहमान कहा मान
ओ तरसाने वाले
तरसाने वाले रुक जा कोई दम
रस्ता घेरे हैं बाहर लाखों ग़म
आने वाले आने वाले

[सचिन देव बर्मन/लता मंगेशकर]

राही ओ राही

देवदास; 1955

राही ओ राही
मंज़िल की चाह में
राही के वास्ते

सुख के भी रास्ते
दुख के भी रास्ते

कहीं घनी छाँव है
कहीं कड़ी धूप है
यह भी एक रूप है
वो भी एक रूप है
मंज़िल की चाह में...

कई यहाँ खोएँगे
कई यहाँ पाएँगे
कई अभी जाएँगे
कई अभी आएँगे
मंज़िल की चाह में...

राही के वास्ते
सुख के भी रास्ते
दुख के भी रास्ते
मंज़िल की चाह में...

[सचिन देव बर्मन/मोहम्मद रफ़ी, कोरस]

ओ अलबेले पंछी तेरा दूर ठिकाना है

देवदास; 1955

ओ अलबेले पंछी तेरा दूर ठिकाना है
छोड़ी जो डाली इक बार वहाँ कब लौट के आना है
नील गगन है आँगन तेरा धनक है तेरा झूला
उजले पंखों की डोली में फिरे तू फूला-फूला

चंचल चाल, नज़र मतवाली, रूप सुहाना है
इस डाली से नीचे आके बात हमारी सुन ले
पास ही अपना घर है चलकर दाना-दुनका चुन ले

आज तुझे मेहमान बनाकर हँसना गाना है
जाना है तो आ तुझको हम फूलों संग सज़ा दें
माथे तिलक लगा दें पैरों में झाँझर पहना दें

फिर तू ख़ुशी से जाना तुझ को जहाँ भी जाना है
ओ अलबेले पंछी तेरा दूर ठिकाना है

[सचिन देव बर्मन/आशा भोसले, उषा मंगेशकर]

वो ना आएँगे पलट कर उन्हें लाख हम बुलाएँ

देवदास; 1955

वो ना आएँगे पलट कर उन्हें लाख हम बुलाएँ
वो ना आएँगे...

मेरी हसरतों से कह दो कि ये ख़्वाब भूल जाएँ
मेरी हसरतों से...

अगर इस जहाँ का मालिक कहीं मिल सके तो पूछें
मिली कौन सी ख़ता पर हमें इस कदर सज़ाएँ
मिली कौन सी...

वो ना आएँगे पलट कर उन्हें लाख हम बुलाएँ
तेरी बेरुख़ी के सदके

तेरी बेरुख़ी के सदके मेरी ज़िन्दगी की खुशियाँ
तू अगर इसी में ख़ुश है तो ख़ुशी से कर जफ़ाएँ
तू अगर...

वो ना आएँगे पलट कर उन्हें लाख हम बुलाएँ
मेरी हसरतों से कह दो कि ये ख़्वाब भूल जाएँ

[सचिन देव बर्मन/मुबारक बेगम]

जियूँगा जब तलक तेरे फ़साने याद आएँगे

चिंगारी; 1955

जियूँगा जब तलक तेरे फ़साने याद आएँगे
कसक बनकर मुहब्बत के तराने याद आएँगे

मुझे तो ज़िन्दगी भर अब तेरी यादों पे जीना है
तुझे भी क्या कभी गुज़रे ज़माने याद आएँगे

कहीं गूँजेगी शहनाई तो लेगा दर्द अँगड़ाई
हज़ारों ग़म तेरे ग़म के बहाने याद आएँगे

[मनोहर/तलत महमूद]

खोली शराब हमने जो माशूक़ के लिए

चिंगारी; 1955

अ : खोली शराब हमने जो माशूक़ के लिए
दो-चार गज़ तो काग भी मुँह से उछल गया

ब : वो देख उड़े काग, चढ़े झाग, भरे जाम
ऐ यार मुझे थाम, ऐ यार मुझे थाम
दूँगी तुझे होंटों में छुपाया हुआ इनाम
ऐ यार मुझे थाम, ऐ यार मुझे थाम

बोतल का नशा भी है जवानी का नशा भी
बहकी है मेरे साथ मेरी शोख़ अदा भी
हो जरा बेबाक, उठा ले कोई इल्ज़ाम
ऐ यार मुझे थाम, ऐ यार मुझे थाम

जीना है मेरी जान तो जीने का मज़ा ले
घबरा न ज़माने से, ज़माने की हवा ले
कहते हैं बुरा जिसको वो है सबसे भला काम
ऐ यार मुझे थाम, ऐ यार मुझे थाम

[रवि/आशा भोसले]

हर वक़्त तेरे हुस्न का होता है समाँ और

चिंगारी; 1955

हर वक़्त तेरे हुस्न का होता है समाँ[1] और
हर वक़्त मुझे चाहिए अन्दाज़े-बयाँ[2] और

फूलों-सा कभी नर्म है शोलों-सा कभी गर्म
मस्तानी अदाएँ कभी शोख़ी है कभी शर्म
हर सुबह गुमाँ और है हर रात गुमाँ और

मिलने नहीं पातीं तेरे जलवों से निगाहें
थकने नहीं पातीं तुझे लिपटा के ये बाँहें
छू लेने से होता है तेरा जिस्म जवाँ और

पलता है तेरे हुस्न का तूफ़ाने-बहाराँ
तू अपनी मिसाल आप है ऐ जाने-बहाराँ
दुनिया के हसीनों में नहीं तुझ-सा जवाँ और

[रवि/महेन्द्र कपूर]

तेरी कर्म कहानी, तेरी आत्मा भी जाने

चिंगारी; 1955

तेरी कर्म कहानी, तेरी आत्मा भी जाने परमात्मा भी जाने
कहाँ छुपेगा रे प्राणी तेरी आत्मा भी जाने परमात्मा भी जाने
कितने ही पर्दों में पाप कमाए तू
कितने ही जत्नों से भेद छुपाए तू
भले बुरे की कहानी, तेरी आत्मा भी जाने परमात्मा भी जाने
जग जिसे कहते हैं कर्मों की खेती है
जैसा कोई बोए उसे वैसा फल देती है
तूने बोया क्या था प्राणी, तेरी आत्मा भी जाने परमात्मा भी जाने
प्रभु के द्वारे तेरा आना ही बहुत है
बोल कि न बोल पछताना ही बहुत है

1. दृश्य, 2. वर्णन शैली।

जो है बिपदा सुनानी, तेरी आत्मा भी जाने परमात्मा भी जाने
कैसे-कैसे पतित महान बने जग में
कैसे-कैसे पापी गुणवान बने जग में
कौन वो मनुष्य है जो दुनिया में आया हो
फिर भी कभी न कोई पाप कमाया हो
जब ही तेरी आँख खुले तब ही सवेरा है
क्षमा करे सबको वो भगवान तेरा है
युगो-युगों की कहानी, तेरी आत्मा भी जाने परमात्मा भी जाने

[रवि/मन्ना डे]

मैं कौन हूँ, मैं क्या हूँ, इतना तो कभी पूछो

चिंगारी; 1955

ब : मैं कौन हूँ, मैं क्या हूँ, इतना तो कभी पूछो
अ : तुम जो भी हो मेरी हो, अब और न कुछ सोचो

ब : उठकर मेरी पलकों को झुकना ही न पड़ जाए
दो-चार क़दम चलकर रुकना ही न पड़ जाए
क्या सोच के तन्हा हूँ इतना तो कभी पूछो

अ : तुम जो भी हो मेरी हो, अब और न कुछ सोचो

ब : माना कि मुझे तुमने आँखों में बसाया है
जैसी भी हूँ, जो भी हूँ, सीने से लगाया है
पत्थर हूँ कि हीरा हूँ इतना तो कभी पूछो

अ : तुम जो भी हो मेरी हो अब और न कुछ सोचो

[रवि/महेन्द्र कपूर, आशा भोसले]

पिघली आग से साग़र भर ले

चिंगारी; 1955

पिघली आग से साग़र भर ले
कल मरना है, आज ही मर ले

होश का दामन जल जाने दे हर ज़ंजीर पिघल जाने दे
अब न कभी ये रात ढलेगी, अब न कभी जागेगा सवेरा
सोच है किसकी, फ़िक्र है किसकी, इस दुनिया में कौन है तेरा
कोई नहीं जो तेरी ख़बर ले
पिघली आग से साग़र भर ले

क़ुदरत अंधी, दुनिया बहरी
काले पड़ गए ख़्वाब सुनहरी
तोड़ भी दे उम्मीद का रिश्ता, छोड़ भी दे जज़्बात से लड़ना
आज नहीं तो कल समझेगा, मुश्किल है हालात से लड़ना
जो हालात कराएँ, कर ले
पिघली आग से साग़र भर ले

बन्द है नेकी[1] का दरवाज़ा
आप उठा ले अपना जनाज़ा[2]
कोई नहीं जो बोझ उठाए अपनी ज़िन्दा लाशों का
ख़त्म ही कर दे आज फ़साना इन बेदर्द तमाशों का
जाने-तमन्ना, जाँ से गुज़र ले
पिघली आग से साग़र भर ले

[रवि/आशा भोसले]

बनवारी ओ बनवारी

चिंगारी; 1955

बनवारी ओ बनवारी
मेरी बारी रे काहे को भूले बनवारी
जब-जब पीड़ पड़े दुखियन पर तुम्हीं ने बिपता टारी रे

मेरी बारी रे काहे को भूले बनवारी
गण का ज्योति जन्म की पापन पर परपुरषण की प्यारी
धर्म-कर्म के निकट न आई पाप किए अति भारी
इक तोते की राम रटन से तूने पार उतारी

1. भलाई, 2. अरथी।

मेरी बारी रे काहे को भूले बनवारी
द्रुपद सुता पांडव की नारी जुआ खेलकर हारी
भरी सभा में दुष्ट दुशासन खींचन लगा सारी
लुटती लाज बचाई जब वो दुखिया तुम्हें पुकारी

मेरी बारी रे काहे को भूले बनवारी
मीरा तेरे प्यार के कारण लोक लाज सब हारी
निर्लज कह राणा ने उसको भेजी नाग पिटारी
नाग फूल विष अमृत बन गया तेरी लीला न्यारी
मेरी बारी रे काहे को भूले बनवारी

[रवि/आशा भोसले, उषा मंगेशकर]

तू बोल न बोल बस रह मेरे कोल

चिंगारी; 1955

अ : तू बोल न बोल बस रह मेरे कोल
तेरी सीटी तेरे प्यार की खोल रही है पोल
सीटी मार के जो कहना है बोल के क्यों नहीं कहती
लाख छुपा ले चाहत को ये चीज़ छुपी नहीं रहती
भोली बनकर कब तक बलिये करेगी टाल-मटोल

ब : अरे बोल के उसको क्या कहना जो आँख की बात न समझे
पंख पखेरू समझे लेकिन मर्द की ज़ात न समझे
नैनों के पलड़े में बलिया दिल को दिल से तोल

अ : दिल को दिल से क्या तोलूँ दिल कर लिया तूने चोरी
चोर पकड़ना काम है अपना फँसेगी इक दिन गोरी

ब : चोर हूँ तो हथकड़ी डाल दे और ले चल कोतवाली
तू है थानेदार, मैं तुझसे कहाँ हूँ बचने वाली
तू जो सज़ा दिलाए यारा तोहफ़ा है अनमोल

अ : तू बोल न बोल, बस रह मेरे कोल

[रवि/महेन्द्र कपूर, आशा भोसले]

दिल की दुनिया में आके ना जाना

चिंगारी; 1955

दिल की दुनिया में आके ना जाना
तुझे मेरी कसम ना रुलाना
या रबा तेरी तेरी या रबा तेरी तेरी याद
या रबा...
दिल की दुनिया में आके न जाना
तुझे मेरी कसम ना रुलाना
या रबा...
तुझसे है ये ज़िन्दगी सुहानी
प्यार के गीतों में है रवानी
तेरा सिंगार तू है मौजो बहार तू है
जीने में है मज़ा
या रबा रबा...
या रबा रबा तेरी याद...
आजा प्यार के तराने गाएँ आ
आजा ऐसा एक जहाँ बसाएँ
चाँद का दीया हो जिसमें
तारे लोरियाँ सुनायें आ
सपनों में डोले में झूला झुलाए हमें वादे रबा
या रबा रबा...
या रबा... रबा...
भीगी भीगी रात ये नज़ारे
दिल की बात कहते हैं सितारे

[मनोहर/लता मंगेशकर]

आँखों में नूर भर दे

चिंगारी; 1955

आँखों में नूर भर दे
दिल में सुरूर भर दे

ओ मेरी दिलरुबा
ओ मेरी दिलरुबा
या रब्बा रब्बा...2

आरज़ू ये ही है मेरी जुस्तजू यही है
ना जा दिलवर ना जा अँखियों में आके
ओ मेरे दिलरुबा, मेरे दिल से ना जा
ना जा है ये दिल भी दुआ
है ये दिल की दुआ
या रब्बा रब्बा तेरी
या रबा रब्बा...

[मनोहर]

दिल भी मिट जाए तो उल्फ़त दिल से जाने की नहीं

मरीन ड्राइव; 1955

दिल भी मिट जाए तो उल्फ़त दिल से जाने की नहीं
ज़िन्दगी तेरी अमानत है ज़माने की नहीं

रातें जगा के सपने सजा के कलियाँ चुनी हैं तेरे हार के लिए
बैठे-बिठाए हमने तो हाय दुनिया लुटा दी तेरे प्यार के लिए

जबसे मिला है तेरा सहारा चमका है मेरे दिल का सितारा
तू जो भी दे वो हमको गवारा ख़ुशियाँ भी प्यारी ग़म भी है प्यारा

चाहे बना दे चाहे मिटा दे हम हैं निशाना तेरे वार के लिए
हो के बता दे ओ भोले-भाले मेरा जहाँ है तेरे हवाले

तू जिस पे जादू नज़रों का डाले सँभलेगा कैसे दिल वो सँभाले
सारी उमंगें सारी तरंगें मचली हुई हैं सरकार के लिए

जब से मिली हैं तुमसे निगाहें महकी हुई हैं सपनों की राहें
ले ले दुआएँ दे दे पनाहें बस में नहीं हैं बेताब बाँहें

दिल भी है तेरा जाँ भी है तेरी दोनों बने हैं दिलदार के लिए

[एन. दत्ता/आशा भोसले]

मुहब्बत यूँ भी होती है

मरीन ड्राइव; 1955

ब : मुहब्बत यूँ भी होती है
तबीअत यूँ भी आती है, मुसीबत यूँ भी होती है
जो मिलते हैं तो आपस में निगाहें तक नहीं मिलतीं
अगर चलते हैं तो क़दमों को राहें तक नहीं मिलतीं
मुहब्बत पहली-पहली हो तो हालत यूँ भी होती है
कई ऐसे भी मजनूँ हैं जो आहें भरते रहते हैं
कोई चाहे न चाहे आप यूँ ही मरते रहते हैं
समझते हैं कि लैलाओं में शुह्रत यूँ भी होती है

अ : जहाँ देखी भली सूरत, मचल जाते हैं दीवाने
उठाकर मुँह पहुँच जाते हैं सर पर जूतियाँ खाने
शरारत ही शरारत में हजामत यूँ भी होती है
तबीअत यूँ भी आती है, मुसीबत यूँ भी होती है

[एन. दत्ता/मोहम्मद रफ़ी, आशा भोसले]

अब वो करम करें कि सितम, मैं नशे में हूँ

मरीन ड्राइव; 1955

अब वो करम करें कि सितम, मैं नशे में हूँ
मुझको न कोई होश न ग़म, मैं नशे में हूँ

सीने से बोझ उनके ग़मों का उतार के
आया हूँ आज अपनी जवानी को हार के
कहते हैं डगमगाते क़दम, मैं नशे में हूँ

वो बेवफ़ा हैं, अब भी ये दिल मानता नहीं
कमबख़्त नासमझ है, उन्हें जानता नहीं
मैं आज तोड़ दूँगा भरम, मैं नशे में हूँ

फ़ुर्सत नहीं है रोने-रुलाने के वास्ते
आए न उनकी याद सताने के वास्ते
इस वक़्त दिल का दर्द है कम, मैं नशे में हूँ

[एन. दत्ता/मोहम्मद रफ़ी]

करम की भीक माँगी हमने तुझसे और सितम पाया

मरीन ड्राइव; 1955

अ : करम की भीक माँगी हमने तुझसे और सितम पाया
ख़ुशी लेने को आए तेरे दर पर और ग़म पाया
बता ऐ आस्माँ वाले तेरे बन्दे किधर जाएँ
वही बेदर्द दुनिया है जहाँ जाएँ जिधर जाएँ
जफ़ाओं पर जफ़ा, बेदाद पर बेदाद होती है
हमारी ज़िन्दगी क्या मौत भी बर्बाद होती है
हमें इतना तो बतला दे जिएँ हम या फिर मर जाएँ

ब : जिगर छलनी है और दिल ग़म के तीरों का निशाना है
हमारी ज़िन्दगी इक दर्द में डूबा फ़साना है
न जीने का ठिकाना है, न मरने का ठिकाना है
जो तेरे दर से ठुकराए गए, वो किसके घर जाएँ

अ : अरे ओ मुस्कुराकर मेरी हालत देखने वालो
कोई तो रहम फ़र्माओ मुसीबत देखने वालो
कहीं ऐसा न हो हम ठोकरें खा-खाके मर जाएँ
वही बेदर्द दुनिया है जहाँ जाएँ जिधर जाएँ

[एन. दत्ता/मोहम्मद रफ़ी, कोरस]

अजी तुम और हम

मरीन ड्राइव; 1955

अजी तुम और हम
हों साथ-साथ, और मस्त रात, दुनिया को मार दो बम
मैं मस्तियों की रानी, भरता है इश्क़ पानी

मेरा हुस्न देख, लाखों में एक, जी भर के देख बालम
अजी तुम और हम
हों साथ-साथ, और मस्त रात, दुनिया को मार दो बम
रंगीं बहार आई, पहलू में प्यार लाई
मिलने की शाम, आँखों में जाम, ज़रा दिल को थाम बालम
अजी तुम और हम
दम भर तो मेरा हो जा, ज़ुल्फ़ों के तले सो जा
नहीं मेरा प्यार, बिजली का तार, क्यों दूर-दूर ज़ालिम
अजी तुम और हम
हों साथ-साथ, और मस्त रात, दुनिया को मार दो बम

[एन. दत्ता/आशा भोसले]

अपने ख़यालों को समझा दीजिए

मरीन ड्राइव; 1955

अपने ख़यालों को समझा दीजिए
क्यूँ रातों को नींदें चुराने आते हैं
चुराने आते हैं...अपने ख़यालों को समझा दीजिए

आधी आधी रात तलक हम...2
तारे गिनते रहते हैं
आप हमें सपनों में आकर...2
ऐसी बातें कहते हैं

जिनको सुनते ही दिल के अरमान
शर्मीली दुलहन की तरह शर्माते हैं...क्यूँ शर्माते हैं
अपने ख़यालों को समझा दीजिए
क्यूँ रातों को...
देखो जी अनजान घरों में... देखो जी अनजान घरों में
यूँ बस जाना ठीक नहीं
किसी के दिल में चोरी-चोरी...2
प्यार जगाना ठीक नहीं...2
आँखों आँखों में जादू करके हो

आप हमी से हमको छीने जाते हैं
छीने जाते हैं
अपने ख़यालों को समझा दीजिए
क्यूँ रातों को नींदें चुराने आते हैं

[एन. दत्ता/लता मंगेशकर]

चुप है धरती चुप हैं चाँद-सितारे

हाउस नं. 44; 1955

चुप है धरती चुप हैं चाँद-सितारे
मेरे दिल की धड़कन तुझको पुकारे
खोए-खोए से ये मस्त नज़ारे
ठहरे-ठहरे से ये रंग के धारे
ढूँढ़ रहे हैं तुझको साथ हमारे

कोने-कोने मस्ती फैल रही है
बाँहें बनकर हस्ती फैल रही है
तुझ बिन डूबे दिल को कौन उभारे

निखरा-निखरा-सा है चाँद का जोबन
बिखरा-बिखरा-सा है नूर का दामन
आ जा मेरी तन्हाई के सहारे

[सचिन देव बर्मन/हेमन्त कुमार]

तेरी दुनिया में जीने से तो बेहतर है कि मर जाएँ

हाउस नं. 44; 1955

तेरी दुनिया में जीने से तो बेहतर है कि मर जाएँ
वही आँसू, वही आहें, वही ग़म हैं जिधर जाएँ

कोई तो ऐसा घर होता जहाँ से प्यार मिल जाता
वही बेगाने चेहरे हैं, जहाँ पहुँचे जिधर जाएँ

अरे ओ आस्माँ वाले बता इसमें बुरा क्या है
ख़ुशी के चार झोंके गर इधर से भी गुज़र जाएँ

[सचिन देव बर्मन/हेमन्त कुमार]

दम है बाक़ी तो ग़म नहीं

हाउस नं. 44; 1955

दम है बाक़ी तो ग़म नहीं
ऐश के रस्ते कम नहीं
आँख वो क्या दिल ही वो क्या
जो न करे कोई ख़ता
हाथ बढ़ा साज़ उठा
दुनिया का ग़म करे अपनी बला
दम है बाकी तो ग़म नहीं

कल के लिए आज न डर
दिल से मिटा ग़म का असर
सोच न कर आह न भर
आँखों में बसेरा कर, दिल में उतर
दम है बाक़ी तो ग़म नहीं

रुत है जवाँ वक़्त हसीं
जश्न रहे आज यहीं
कल का यक़ीं हमको नहीं
थम ही न जाए कहीं घूमती ज़मीं
दम है बाक़ी तो ग़म नहीं

[सचिन देव बर्मन/आशा भोसले]

ऊँचे सुर में गाए जा, मस्ती में लहराए जा

हाउस नं. 44; 1955

ऊँचे सुर में गाए जा, मस्ती में लहराए जा
दुनिया के बाज़ार में, अपना बैंड बजाए जा
दुनिया के बोझ को सर से उतार दे
चिन्ता के भूत को बन्दूक़ मार दे
क्यों भई मैंने ठीक कहा
हाँ-हाँ तुमने ठीक कहा
तब फिर मैंने ठीक कहा, ऊँचे सुर में गाए जा
दुनिया की गाड़ियाँ चलती हैं झूट पर
दुनिया को मार दे बाटे के बूट पर
क्यों भई मैंने ठीक कहा
हाँ-हाँ तुमने ठीक कहा
तब फिर मैंने ठीक कहा, ऊँचे सुर में गाए जा
दुनिया के फेर में पड़ना फ़ज़ूल है
ज़िन्दगी उसी की है जो कि डैम फ़ूल है
क्यों भई मैंने ठीक कहा
तुमने बिल्कुल ठीक कहा
हा-हा-हा-हा-हा-हा-हा
ऊँचे सुर में गाए जा, मस्ती में लहराए जा
दुनिया के बाज़ार में अपना बैंड बजाए जा

[सचिन देव बर्मन/किशोर कुमार]

तुम चलो हमारे साथ बलमा, डरियो ना

हाउस नं. 44; 1955

तुम चलो हमारे साथ बलमा, डरियो ना
आग लगे बंगले में हो बलमा, आग लगे बंगले में
ये नैना और ये होंठ फूल हैं छुरी नहीं
छुरी नहीं छुरी नहीं

दुनिया को हार के दिल की जीत बुरी नहीं
बुरी नहीं बुरी नहीं
हो भोले पिया तुम्हें मेरी कसम, कोई करियो न गम
तुम चलो हमारे साथ बलमा...2
चलो हमारे साथ हो बलमा डरियो ना ना
आग लगे बंगले में हो बलमा...
कर लो जी आँखें चार प्यार से डरो नहीं
डरो नहीं डरो नहीं
जीने के दिन हैं सरकार आज तुम मरो नहीं
मरो नहीं मरो नहीं
हो भोले पिया तुम्हें मेरी कसम, कोई करियो ना गम
तुम चलो...
ये हैं मस्ताने दिन-रात लौट के आएँगे ना
आएँगे ना...
और लौट के आ भी गए तो हमको पाएँगे ना
पाएँगे ना...
हो भोले पिया तुम चलो हमारे साथ...

[सचिन देव बर्मन/आशा भोसले]

पीछे पीछे आकर छू लो

हाउस नं. 44; 1955

पीछे पीछे आकर छू लो हमें पाकर छुप छुप जाना हो...3
देखो न बाबूजी दायें-बायें, पाँव कहीं उलझ न जाए...2
चाहत के रस्ते में फेर बड़े हैं
गिरोगे फिसल के चलना सँभल के छुप छुप जाना
पीछे पीछे आकर...
चोरी चोरी आके मोरे सैयाँ चूमो और थामो मोरी बैयाँ
जाओ जी तुम से दिलेर बड़े हैं
आए जो अकड़ के मारूँगी पकड़ के छुप छुप जाना
पीछे पीछे आकर...
झलक दिखा के तरसाऊँ पर कभी पकड़ी न जाऊँ...2
तुम जैसे मिट्टी के शेर बड़े हैं

हँस के मचल के हाथों से निकल के छुप छुप जाना
पीछे पीछे आकर...

[सचिन देव बर्मन/लता मंगेशकर, हेमन्त कुमार]

देख इधर ओ जादूगर

हाउस नं. 44; 1955

देख इधर ओ जादूगर...2
हमें घायल कर के चला है कहाँ
देख इधर ओ जादूगर...2
हमें घायल कर के चला है कहाँ
चला है कहाँ देख इधर ओ जादूगर
दिल पर डोरे डाल के तूने कर लिया हमको बस में
पहले ही मेल में खा बैठे हम मर मिटने की कसमें
तिरछी नज़र थी या ख़ंजर
हमें घायल करके चला है कहाँ
चला है कहाँ देख इधर ओ जादूगर
पल दो पल की हैं बहारें पल दो पल के मेले...2
क्या जीतेगा दिल की बाजी जो डर डर कर खेले
सोच न कर बाँके दिलवर
हमें घायल करके चला है कहाँ
चला है कहाँ देख इधर ओ जादूगर
ओ जादूगर...
अरे हमें घायल कर के चला है कहाँ

[सचिन देव बर्मन/आशा भोसले]

खुले गगन के नीचे पंछी घूमें डाली-डाली

मेहमान; 1955

खुले गगन के नीचे पंछी घूमें डाली-डाली
मैं क्या जानूँ उड़ना क्या है, मैं पिंजरे की पाली

शीशे के ताबूत में जैसे मछली माथा पटके
पत्थर के इस बन्दीघर में मेरी आत्मा भटके

गमले के इस फूल का जीवन, मेरी कथा सुनाए
इसके अन्दर खिले बेचारा इसी में मुर्झा जाए

[रवि/मीनू पुरुषोत्तम]

बस्ती-बस्ती पर्बत-पर्बत गाता जाए बंजारा

रेलवे प्लेटफ़ार्म; 1955

बस्ती-बस्ती पर्बत-पर्बत गाता जाए बंजारा
लेकर दिल का इकतारा

पल दो पल का साथ हमारा पल दो पल की यारी
आज रुके तो कल करनी है चलने की तैयारी

क़दम-क़दम पर होनी बैठी अपना जाल बिछाए
इस जीवन की राह में जाने कौन कहाँ रह जाए

धन-दौलत के पीछे क्यों है ये दुनिया दीवानी
यहाँ की दौलत यहीं रहेगी साथ नहीं ये जानी

सोने-चाँदी में तुलता हो जहाँ दिलों का प्यार
आँसू भी बेकार वहाँ पर आहें भी बेकार

दुनिया के बाज़ार में आख़िर चाहत भी ब्योपार बनी
तेरे दिल से उनके दिल तक चाँदी की दीवार बनी

हम जैसों के भाग में लिक्खा चाहत का वरदान नहीं
जिसने हमको जन्म दिया वो पत्थर है भगवान नहीं
बस्ती-बस्ती पर्बत-पर्बत गाता जाए बंजारा

[मदन मोहन/मोहम्मद रफ़ी]

चाँद मद्धम है आस्माँ चुप है

रेलवे प्लेटफ़ार्म; 1955

चाँद मद्धम है आस्माँ चुप है
नींद की गोद में जहाँ चुप है
दूर वादी में दूधिया बादल
झुक के पर्बत को प्यार करते हैं
दिल में नाकाम हसरतें लेकर
हम तेरा इंतज़ार करते हैं
चाँद मद्धम है...

इन बहारों के साये में आ जा
फिर मुहब्बत जवाँ रहे न रहे
ज़िन्दगी तेरे नामुरादों पर
कल तलक मेहरबाँ रहे न रहे
चाँद मद्धम है...

रोज़ की तरह आज भी तारे
सुबह की गर्द में न खो जाएँ
आ तेरे ग़म में जागती आँखें
कम से कम एक रात सो जाएँ
चाँद मद्धम है...

[मदन मोहन/मोहम्मद रफ़ी/लता मंगेशकर]

जिया खो गया ओ तेरा हो गया

रेलवे प्लेटफ़ार्म; 1955

जिया खो गया ओ तेरा हो गया, मैं कहूँ तो कहूँ कैसे
ग़ैर है फिर भी तू मुझको अपना लगे
तेरी हर बात चाहत का सपना लगे
जिया खो गया...

उठते-उठते झुकीं, झुकते-झुकते उठीं और टकरा गईं दो निगाहें
फूल से खिल गए, दिल से दिल मिल गए जैसे मिलती हैं मंज़िल से राहें
जिया खो गया...

मुझको अपने से भी लाज आने लगी
मैं अकेले में छुप-छुप के गाने लगी
जिया खो गया...

[मदन मोहन/लता मंगेशकर]

देख तेरे भगवान की हालत क्या हो गई इनसान

रेलवे प्लेटफ़ार्म; 1955

मज़दूर : देख तेरे भगवान की हालत क्या हो गई इनसान
कितना बदल गया भगवान
भूखों के घर में फेरा न डाले सेठों का हो मेहमान
कितना बदल गया भगवान
उन्हीं की पूजा प्रभु को प्यारी
जिनके घर लक्ष्मी की सवारी
जिनका धंधा चोर बाज़ारी
हमको दे भूख और बेकारी, उनको दे वरदान
कितना बदल गया भगवान

सेठ : सुनकर इस पापी को तानो
बदल न लीजो अपने ठिकानो
हे भगवान हे भगवान
म्हारो थारो प्रेम पुरानो
हम हैं थैले तुम हो ख़ज़ानो

भरते रहियो दास की झोली देते रहियो दान
तुम्हारी जय-जय हो भगवान, तुम्हारी जय-जय हो भगवान

क़लन्दर : कितना बदल गया भगवान
कितना बदल गया भगवान
धन वाले हैं बड़े मछन्दर

सोने के बनवाएँ मन्दिर
भगवान रहते इनके अन्दर
खरी-खरी कहता है क़लन्दर

बन बैठा है इस दुनिया में धर्म से धन बलवान
कितना बदल गया भगवान
भूखों के घर में फेरा न डाले सेठों का हो मेहमान
कितना बदल गया भगवान

सेठ : जय भगवान जय भगवान
जय भगवान जय भगवान

[मदन मोहन/एस.डी.बातिश, मोहम्मद रफ़ी, मनमोहन कृष्ण]

अँधेर नगरी चौपट राजा हो

रेलवे प्लेटफ़ार्म; 1955

अँधेर नगरी चौपट राजा हो
जिस मोल भाजी उस मोल खाजा

राजाजी ने कुछ हाथी और कुछ घोड़े हैं पाले
इन्हें ना कोई फ़िक्र ना चिंता ये हैं महलों वाले

इनके राज में पड़ गए हमको अपनी जान के लाले
दोनों हाथों लुट रहे हैं काले धँधों वाले
जिस मोल भाजी उस मोल खाजा

कष्ट ना हो तो श्रीमान जी अर्ज सुनो इक मोरी
कौन जगर से आए हो तुम कौन जात है तोरी
इनका दोष ना पूछो भैया इनकी जात ना पूछो
कैसे कटते हैं इन लोगों के दिन-रात न पूछो
किसी कौम या किसी देश के हों ये रहने वाले
इन जैसों की नस्ल एक है गोरे हों या काले
बाहर से है रूप अलग पर अन्दर से इक जैसा
जात है सोना बाल है चाँदी धर्म है इनका पैसा

म्हारी तो सुनो भाई म्हारी तो सुनो
कालो धँधों जो करतो हो उसका सत्यानाश
मैं हूँ सारे जग का सेवक मैं हूँ सबका दास
दाम लेकर पानी ले लो जिसको लगी हो प्यास
मैं ना पूरी तलूं तो बोलो खाओगे काई घास
हर माल सस्ता हर माल ताजा हर माल ताजा
भाग यहाँ से और किसी पे डाल ये अपना जाल
जान चुके पहचान चुके हम हर इक तेरी चाल
पानी बेच के पुण्य कमाये वाह रे माँ का लाल
अँधेर नगरी चौपट राजा

सुनो हमारी बात ओ बंधु छोड़ो ये तकरार
इस संसार में हर वस्तु का होता है व्यापार

आटा दाल और चावल बेचें सारे साहूकार
जड़ी बूटियाँ शरबत बेचें वैद्य हाकिम रवतार
बल बेचे बलवान जगत में सर बेचे सरदार
अमन की रक्षक कौम बेचे जहरीले हथियार
हाँ तो फिर मैंने तो पानी बेचा तो क्यूँ इतना हाहाकार
अँधेर नगरी चौपट राजा

[मदन मोहन/एस.डी. बातीश, मोहम्मद रफ़ी, मनमोहन कृष्ण, आशा भोसले]

सखी री तोरी डोलिया उठाएँगे कहार

रेलवे प्लेटफ़ार्म; 1955

सखी री तोरी डोलिया उठाएँगे कहार
तोरे सैयाँ खड़े हैं द्वार सखी री तोरी डोलिया उठाएँगे कहार

आज तेरे सपनों का दूल्हा लाया तेरी बारात
लाज भरे घूँघट से हटा दे मेहंदी वाले हाथ
सजकर हो तैयार तोरी डोलिया उठाएँगे कहार
सखी री तोरी डोलिया उठाएँगे कहार

तू जिनकी थी उनकी हो गई मिल गई तुझे मुराद
हम बेगाने ठहरे हमको कौन करेगा याद
दीजो हमें बिसार तोरी डोलिया उठाएँगे कहार
तोरे सैयाँ खड़े हैं द्वार सखी री तोरी डोलिया उठाएँगे कहार

[मदन मोहन/लता मंगेशकर, मोहम्मद रफ़ी]

सोने चाँदी में तुलता हो जहाँ दिलों का प्यार

रेलवे प्लेटफ़ार्म; 1955

सोने चाँदी में तुलता हो जहाँ दिलों का प्यार
आँसू भी बेकार वहाँ पर आहें भी बेकार

बस्ती बस्ती पर्वत पर्वत गाता जाए बंजारा
लेकर दिल का इकतारा

दुनिया के बाजार में आखिर चाहत भी व्यापार बनी
तेरे दिल से उनके दिल तक चाँदी की दीवार बनी
बस्ती बस्ती पर्वत पर्वत गाता जाये बंजारा

हम जैसों के भाग्य में लिखा चाहत का वरदान नहीं
जिसने हमको जन्म दिया वो पत्थर है भगवान नहीं
बस्ती बस्ती पर्वत पर्वत गाता जाए बंजारा

[मदन मोहन/मोहम्मद रफ़ी]

भजो राम भजो राम भजो राम

रेलवे प्लेटफ़ार्म; 1955

भजो राम भजो राम भजो राम
मोरी बाँह पकड़ लो राम
राम राम राम राम

सब मतवारी तोरी सुरतिया प्यारी तोरी
भा गई मोरे जी को राम

दुनिया से खो गई मैं तो बेसुध हो गई मैं तो
मन में बसा के तोहे राम राम
भजो राम भजो राम भजो राम
मोरी बाँह पकड़ लो राम

प्रीत की मारी हूँ मैं एक दुखियारी हूँ मैं
अंखियाँ ना फेरो मुझसे राम
राह दिखा दो मोहे इतना बता दो मोहे
कौन गली तेरो धाम
कौन गली तेरो धाम

मस्त शाम है ग़म हराम है झूम झूम कर जी
ये मोहब्बतों की रातें ये चाँदनी की बातें
कहीं खो ना जाएँ गुम हो ना जाएँ
जरा कर ले दिल की बातें
गम को भूल जा आँखों में झूल जा, झूम झूम कर जी

[मदन मोहन/आशा भोसले, एस.डी. बातीश]

जाते हो तो जाओ पर जाओगे कहाँ

मिलाप; 1955

जाते हो तो जाओ पर जाओगे कहाँ
बाबूजी तुम ऐसा दिल पाओगे कहाँ

आए हैं दूर से, मिलने हुज़ूर से
हमका सज़ा न दो जी दिल के क़ुसूर से
आधी है रात अभी
बाक़ी है बात अभी
छोड़ो ना साथ अभी
बाबूजी जाते हो कहाँ
जाते हो तो जाओ पर जाओगे कहाँ

दिल तुम पे वार के दुनिया को हार के
बैठे हैं देर से जी रस्ते में प्यार के

थोड़ी-सी राह दे दो
सीने में राह दे दो
दिल को पनाह दे दो
बाबूजी जाते हो कहाँ
जाते हो तो जाओ पर जाओगे कहाँ

[एन. दत्ता/गीता दत्त]

चाहे भी जो दिल जाना न वहाँ

मिलाप; 1955

चाहे भी जो दिल जाना न वहाँ
हम तुमसे मिले थे जहाँ
ख़ाक उड़ेगी वहाँ

सीने में सुलगते ग़म लेकर फिरना न अँधेरी रातों में
जो भूल से हमने कह दी थीं, आना न कभी उन बातों में
सब यूँ ही था बयाँ

क्या तुमने किया, क्या हमने किया, ये बात न दिल में दुहराना
पहले भी पराए थे हम-तुम, अब फिर से पराए बन जाना
ठुकरा के दिलो-जाँ
चाहे भी जो दिल जाना न वहाँ
हम तुमसे मिले थे जहाँ
ख़ाक उड़ेगी वहाँ

[एन. दत्ता/गीता दत्त]

ये बहारों का समाँ, चाँद-तारों का समाँ

मिलाप; 1955

ये बहारों का समाँ, चाँद-तारों का समाँ
खो न जाए, आ भी जा

आस्माँ से रंग बनकर बह रही है चाँदनी
बेज़ुबानी की ज़बाँ से कह रही है चाँदनी
जागती रुत नागहाँ[1], सो न जाए, आ भी जा

रात के हमराह ढलती जा रही है ज़िन्दगी
शम्अ की सूरत पिघलती जा रही है ज़िन्दगी
रौशनी बुझकर धुआँ हो न जाए, आ भी जा

आ ज़रा हँसकर निगाहों में निगाहें डाल दे
देर की तरसी हुई बाँहों में बाँहें डाल दे
हसरतों का कारवाँ खो न जाए, आ भी जा

[एन. दत्ता/लता मंगेशकर]

चाँद-तारों का समाँ खो न जाए, आ भी जा

मिलाप; 1955

ये बहारों का समाँ, चाँद-तारों का समाँ
खो न जाए, आ भी जा

ज़िन्दगानी दर्द बन जाए कहीं ऐसा न हो
साँस आहे-सर्द[2] बन जाए कहीं ऐसा न हो
दिल तड़पकर नागहाँ सो न जाए आ भी जा

क्या हुआ क्यों इस तरह तूने निगाहें फेर लीं
मेरी राहों की तरफ़ से अपनी राहें फेर लीं
ज़िन्दगी कारवाँ खो न जाए आ भी जा

[एन. दत्ता/हेमन्त कुमार]

बचना ज़रा ये ज़माना है बुरा

मिलाप; 1955

ब : बचना ज़रा ये ज़माना है बुरा
कभी मेरी गली में न आना

1. अचानक, 2. ठंडी आह।

मेरी गली में आने वाले, हो जाते हैं ग़म के हवाले
इन राहों से जो भी गुज़रे, सोच-समझकर दिल को उछाले
बड़े-बड़े दिल यहाँ बने हैं निशाना
बचना ज़रा ये ज़माना है बुरा

अ : चुपके-चुपके नैन लड़ाना, नैन लड़ाके दिल को लुभाना
दिल को लुभाकर पास बुलाना, पास बुलाकर ख़ुद घबराना

ख़ुद घबराकर आँख चुराना, आँख चुराकर दिल को जलाना
दिल को जलाकर होश भुलाना, होश भुलाकर मजनूँ बनाना
इन लैलाओं का है खेल पुराना
बचना ज़रा ये ज़माना है बुरा

ब : शोख़ी समझे शर्मो-हया को, दावत समझें नाज़ो अदा को
इन दीवानों का क्या कहना, आप बुलाएँ अपनी क़ज़ा को
और फिर माँगे हमसे हर्जाना
बचना ज़रा ये ज़माना है बुरा
कभी मेरी गली में न आना

[एन. दत्ता/मोहम्मद रफ़ी, गीता दत्त और कोरस]

पिया खुल के ना नैन मिलाए रे

मिलाप; 1955

पिया खुल के ना नैन मिलाए रे
जीया तरस-तरस रह जाए रे
कोई कैसे इसे समझाये रे...2
जीया तरस-तरस रह जाए रे
झूमती घटा भी कहे
सर्द हवा भी कहे
कर ले तू कहीं प्यार
ये मौसम की अदा भी कहे
दिल की सदा भी कहे
यूँ ही सावन बीत न जाए रे...2
जीया तरस-तरस रह जाए रे

पिया खुल के ना नैन मिलाए रे
जीया तरस-तरस...
दिल भी है प्यार भी है
हम है बहार भी है
थोड़ा-सा तेरी आँख में
चाहत का इकरार भी है
थोड़ा इनकार भी है
काहे बनती बात गँवाए रे
जीया तरस-तरस रह जाए रे
सैयाँ खुल के ना नैन मिलाए रे
जीया तरस-तरस...
दिल में अरमान भी है
मौसम जवान भी है
ज़ुल्फ़ों की घनी छाँव में
जीने का सामान भी है...2
मरना आसान भी है
वहीं जियेगा जो मर जाए रे
वही जियेगा जो मर जाए रे
जीया तरस-तरस रह जाए रे
सैयाँ खुल के ना नैन मिलाए रे...
जीया तरस-तरस रह जाए रे

[एन. दत्ता/आशा भोसले]

हम से भी कर लो कभी-कभी तो

मिलाप; 1955

हम से भी कर लो कभी-कभी तो
मीठी-मीठी दो बातें...2
मैं बहार का शोख़ फूल हूँ
अक्ल मर मिटे ऐसी भूल हूँ...2
धुली धुली हैं, घुली घुली हैं रातें
कभी कभी तो मीठी मीठी दो बातें
हमसे भी कर लो

मीठी मीठी दो बातें
चुप हो किसलिए बात तो करो
हँस ना पाओ तो आह ही भरो
चुप हो किसलिए...2
धुली हैं धुली हैं...
घुली-घुली हैं रातें
कभी कभी तो मीठी
मीठी दो बातें
हम से भी कर लो
कभी-कभी तो दो बातें
दिल को प्यार से भर के देख लो
ये हसीं भूल करके देख लो
दिल को प्यार से...
ये हसीं भूल कर...
घुली-घुली हैं रातें
कभी कभी तो मीठी
मीठी दो बातें
हमसे भी कर लो...2

[एन. दत्ता/गीता दत्त]

दर्द का साज़ भी है

मिलाप; 1955

दर्द का साज़ भी है
दिल की आवाज़ भी है...2
छेड़ वो राग कि जो आग लगा दे
दर्द का साज़ भी है...
छेड़ वो राग कि जो आग लगा दे
बहुत सर्द हैं ज़िन्दगी की फ़िज़ाएँ...2
बहुत तेज हैं आज ज़ालिम हवाएँ
कहीं रास्तों के दीये बुझ ना जाएँ...2
मेरी मंज़िल से ज़रा मुझको सदा दे...2
दर्द का साज़ भी है

दिल की आवाज भी है
छेड़ वो राग कि जो आग लगा दे
दर्द का साज़ भी है...
मुहब्बत के सदमों से दो-चार होकर...2
जमाने के रस्मों से बेज़ार होकर
तेरे पास आए हैं लाचार होकर...2
हम को जीने की कोई राह दिखा दे...2
दर्द का साज़ भी है
छेड़ वो राग कि जो आग लगा दे
कई ख्वाब जागे कई सो गए हैं...2
ना पूछो कि हम क्या से क्या हो गए हैं
उन्हें ढूँढ़ते ढूँढ़ते कहीं खो गए हैं
हमको उनसे ना सही
हमसे मिला दे...2
दर्द का साज़ भी है
दिल की आवाज़ भी
छेड़ वो राग कि जो आग लगा दे
दर्द का साज़ भी है...

[एन. दत्ता/लता मंगेशकर]

सुरमई रात है, सितारे हैं

जोरू का भाई; 1955

सुरमई रात है, सितारे हैं
आज दोनों जहाँ हमारे हैं
सुबह का इंतिज़ार कौन करे

फिर ये रुत, ये समाँ[1] मिले न मिले
आरज़ू का चमन खिले न खिले
वक़्त का एतिबार कौन करे

1. दृश्य।

ले भी लो हमको अपनी बाँहों में
रूह बेचैन है निगाहों में
इल्तिजा[1] बार-बार कौन करे

[जयदेव/लता मंगेशकर]

सुरमई रात ढलती जाती है

जोरू का भाई; 1955

सुरमई रात ढलती जाती है
रूह ग़म से पिघलती जाती है
तेरी ज़ुल्फ़ों से प्यार कौन करे
अब तेरा इंतज़ार कौन करे

तुमको अपना बना के देख लिया...2
एक बार आजमा के देख लिया...2

बार-बार एतबार कौन करे...2
अब तेरा इंतज़ार कौन करे

ऐ दिल-ए-जार सोगवार ना हो...2
उनकी चाहत में बेक़रार ना हो
हाय, बदनसीबों से प्यार कौन करे...2
अब तेरा इंतज़ार कौन करे

[जयदेव/तलत महमूद]

साजन बिन नींद ना आवे

मुनीम जी; 1955

साजन बिन नींद ना आवे
साजन बिन...
विरह सतावे उन बिन मोहे कुछ ना भावे

1. प्रार्थना।

कैसे कहूँ मैं कैसे कहूँ मैं कैसे कहूँ मैं
साजन बिन नींद न आवे
करके थोड़े दिन की प्रीत
मन से रूठे मन के मीत...2
दुख के स्वप्न दुख के गीत
कैसे कहूँ मैं कैसे कहूँ मैं कैसे कहूँ मैं
साजन बिन नींद ना आवे
तन को फूँके मन की याद
मन को फूँके विरह राग...2
अपने-अपने सब के भार
कैसे कहूँ मैं कैसे कहूँ मैं कैसे कहूँ मैं
साजन बिन नींद ना आवे...2
विरह सतावे उन बिन मोहे कुछ ना भावे
कैसे कहूँ मैं...
साजन बिन नींद ना आवे...

[सचिन देव बर्मन/लता मंगेशकर]

हम हो हम हो हम हो

मुनीम जी; 1955

हम हो हम हो हम हो
अरे ओ एक तरफ हसीं जलवे हैं
एक तरफ जवानी
ज़िन्दगी है ज़िन्दा रब्बा...4
एक है फ़साना तेरा एक मेरी कहानी
ज़िन्दगी है ज़िन्दा रब्बा...4
हे ये हे ये ये हे
ज़िन्दगी है ज़िन्दा आओ ज़िन्दगी से खेलें
आओ ज़िन्दगी से खेलें...2
अरे ओ ये खुशी की रातें जाके
फिर नहीं आनीं
ज़िन्दगी है ज़िन्दा रब्बा...4

ज़िन्दगी है ज़िन्दा रब्बा...4
हे ये हे ये ये हे
सोने जैसे हैं ये दिन तो चाँदी जैसी रातें
हाय हाय चाँदी जैसी रातें
आँखों के इशारों में है लाखों की सौगातें
हाय हाय लाखों की सौगातें
हाय हाय चाँदी जैसी रातें
अरे ओ जाने वाले मेहमानों से
माँग ले निशानी
ज़िन्दगी है ज़िन्दा रब्बा...4
दिल्लगी में क्या रखा है
दिल लगाके देखो
ऐजी दिल लगाके देखो
दूर जाके क्या पाओगे
पास आके देखो
अरे दिल उसी के काम आएगा
जिसने दिल की मानी
ज़िन्दगी है ज़िन्दा रब्बा...4

[सचिन देव बर्मन/गीता दत्त]

आँख खुलते ही तुम छुप गए हो कहाँ

मुनीम जी; 1955

आँख खुलते ही तुम छुप गए हो कहाँ
तुम अभी थे यहाँ

मेरे पहलू में तारों ने देखा तुम्हें
भीगें-भीगे नज़ारों ने देखा तुम्हें
तुमको देखा किए ये ज़मीं आसमाँ
तुम अभी थे यहाँ

अभी साँसों की ख़ुशबू हवाओं में है
अभी क़दमों की आहट फ़िज़ाओं में है

अभी शाख़ों में हैं उँगलियों के निशाँ
तुम अभी थे यहाँ

तुम जुदा होके भी मेरी राहों में हो
गर्म अश्कों में हो सर्द आहों में हो
चाँदनी में झलकती हैं परछाइयाँ
तुम अभी थे यहाँ

[सचिन देव बर्मन/लता मंगेशकर]

जीवन के सफ़र में राही

मुनीम जी; 1955

जीवन के सफ़र में राही
मिलते हैं बिछड़ जाने को
और दे जाते हैं यादें
तन्हाई में तड़पाने को

ये रूप की दौलत वाले
कब सुनते हैं दिल के नाले
तक़दीर ने बेचैन कर डाला
उनके किसी दीवाने को

जो उनकी नज़र से खेले
दुख पाए मुसीबत झेले
फिरते हैं ये सब अलबेले
दिल लेके मुकर जाने को

दिल लेके दग़ा देते हैं
इक रोग लगा देते हैं
हँस-हँस के जाँ देते हैं
ये हुस्न के परवाने को

[सचिन देव बर्मन/किशोर कुमार]

दिल की उमंगें हैं जवाँ

मुनीम जी; 1955

अ, ब : दिल की उमंगें हैं जवाँ
रंग में डूबा है समाँ
मैंने तुम्हें जीत लिया
हार के दोनों जहाँ

ब : सदियों पुरानी ज़मीं
है आज इतनी हसीं
आता नहीं है यक़ीं
होता नहीं है बयाँ
दिल की उमंगें हैं जवाँ

भीगे नज़ारों से कहो
जाती फुहारों से कहो
जाती बहारों से कहो
रुक जाएँ आज यहाँ
दिल की उमंगें हैं जवाँ

ब : बेचैन तन्हाइयाँ
लेती हैं अँगड़ाइयाँ
जाती हैं जाने कहाँ

अ, ब : दिल की उमंगें हैं जवाँ
रंग में डूबा है समाँ

[सचिन देव बर्मन/हेमन्त कुमार, आशा भोसले]

एक नज़र बस एक नज़र, जाने-तमन्ना देख इधर

मुनीम जी; 1955

एक नज़र बस एक नज़र, जाने-तमन्ना देख इधर
कुछ तो बता ऐ जाने-वफ़ा, तेरी अदा शर्माती है क्यों
हँस के लिपटती थी जो गले से, अब वो नज़र कतराती है क्यों

पहले लगाना फिर तरसाना ठीक नहीं मेरे दिलबर
एक नज़र बस एक नज़र...

हम भी हैं तेरे दीवाने, दिल भी है तेरा दीवाना
रूह के सोए तार जगाके, छेड़ दे ऐसा अफ़्साना
दोनों जहाँ से हम खो जाएँ, कुछ भी रहे न अपनी ख़बर
एक नज़र बस एक नज़र...

[सचिन देव बर्मन/लता मंगेशकर]

मैंने चाँद और सितारों की तमन्ना की थी

चन्द्रकान्ता; 1956

मैंने चाँद और सितारों की तमन्ना की थी
मुझको रातों की सियाही के सिवा कुछ न मिला

मैं वो नग़मा हूँ जिसे प्यार की महफ़िल न मिली
वो मुसाफ़िर हूँ जिसे कोई भी मंज़िल न मिली
ज़ख़्म पाए हैं, बहारों की तमन्ना की थी
मैंने चाँद और सितारों की तमन्ना की थी

किसी गेसू, किसी आँचल का सहारा भी नहीं
रास्ते में कोई धुँदला-सा सितारा भी नहीं
मेरी नज़रों ने नज़ारों की तमन्ना की थी
मैंने चाँद और सितारों की तमन्ना की थी

दिल में नाकाम उम्मीदों के बसेरे पाए
रौशनी लेने को निकला तो अँधेरे पाए
रंग और नूर की धारों की तमन्ना की थी
मैंने चाँद और सितारों की तमन्ना की थी

मेरी राहों से जुदा हो गईं राहें उनकी
आज बदली नज़र आती हैं निगाहें उनकी
जिनसे इस दिल ने सहारों की तमन्ना की थी
मैंने चाँद और सितारों की तमन्ना की थी

प्यार माँगा तो सिसकते हुए अरमान मिले
चैन चाहा तो उमडते हुए तूफ़ान मिले
डूबते दिल ने किनारों की तमन्ना की थी
मैंने चाँद और सितारों की तमन्ना की थी

[एन. दत्ता/मोहम्मद रफ़ी]

दुखी मन मेरे, सुन मेरा कहना

फ़ंटूश; 1956

दुखी मन मेरे, सुन मेरा कहना
जहाँ नहीं चैना वहाँ नहीं रहना

दर्द हमारा कोई ना जाने
अपनी ग़रज़ के सब हैं दीवाने
किस के आगे रोना रोएँ
देश पराया लोग बेगाने
दुखी मन मेरे...

लाख यहाँ झोली फैला ले
कुछ नहीं देंगे इस जग वाले
पत्थर के दिल मोम न होंगे
चाहे जितना नीर बहा ले
दुखी मन मेरे...

अपने लिए कब हैं ये मेले
हम हैं हर एक मेले में अकेले
क्या पाएगा इसमें रहकर
जो दुनिया जीवन से खेले
दुखी मन मेरे, सुन मेरा कहना
जहाँ नहीं चैना वहाँ नहीं रहना

[सचिन देव बर्मन/किशोर कुमार]

वो देखें तो उनकी इनायत, न देखें तो रोना क्या

फ़ंटूश; 1956

अ : वो देखें तो उनकी इनायत, न देखें तो रोना क्या
जो दिल ग़ैर का हो, उसका होना क्या और न होना क्या

ब : इश्क़ दिलों का मेल है प्यारे, ये नज़रों का खेल नहीं
जब तक दो दिल एक न हो लें, दिल की लगी का रोना क्या

अ : इश्क़ की बाज़ी सीधी बाज़ी, दिल जीतो और दिल हारो
इस सौदे में ओ दिलवालो, पाना क्या और खोना क्या

[सचिन देव बर्मन/किशोर कुमार, आशा भोसले]

देने वाला जब भी देता पूरा छप्पर फाड़ के देता

फ़ंटूश; 1956

देने वाला जब भी देता पूरा छप्पर फाड़ के देता
नंग-धड़ंग-मलंग जनों को दूरबीन से ताड़ के देता
न देखे वो गोरा-काला न देसी-परदेसी
जब चाहे सोने से भर दे फटे टाट की खेसी
ऐश उड़ाना फ़र्ज़ है उसका जिसको तूम-तराड़ के देता
जिस पर उसको प्यार आ जाता, उसकी जेबें झाड़ के देता
टाटा जब भी दे मिलकर बोलो लाओ-लाओ
अपने बाबा का माल समझकर खाओ-खाओ

तेरा दाता मुझ पर मेह्रबान है
मेरे मुँह में चाँदी की ज़बान है
मेरे हाथ में सोने की कमान है
जो भी मेरे आगे आएगा
मुफ़्त में जूते खाके जाएगा
जिसको देना चाहे दाता बंद किवाड़ उखाड़ के देता
अपना भी गर इस जहाँ में कोई सहारा होता
रातों की ख़ामोशियों में क्यों दिल हमारा रोता

देने वाला जब भी देता पूरा छप्पड़ फाड़ के देता
वाह रे ऊपर वाले तेरे खेल निराले
गधों को हलवा बाँटे, भैसों को शाल-दुशाले
बुरों के मुँह में शक्कर और भलों के मुँह-सर काले
वा रे ऊपर वाले अहा-अहा, अहा-अहा

[सचिन देव बर्मन/किशोर कुमार, कोरस]

ऐ मेरी टोपी पलट के आ

फ़ंटूश; 1956

ऐ मेरी टोपी पलट के आ
न अपने फ़ंटूश को सता

ऐ मेरी दिलबर, इधर नज़र कर, न जा बिछड़कर, न जा न जा

ऐ मेरी हमजोली
तू भी ग़ैर की हो ली
तू भी दे गई धक्का
औरों के संग घूमे
इठलाए और झूमे
देखूँ मैं भौचक्का

मेरी टोपी मेरी टोपी मेरी टोपी
ऐ मेरे दिलबर, इधर नज़र कर, न जा बिछड़कर, न जा न जा

देखे जिसे अकेली
उससे करे अठखेली
राह में रास रचाए
मोटा पेट दबाए
गँजे सर को छुपाए
छेड़े और छुप जाए

मेरी टोपी मेरी टोपी मेरी टोपी
ऐ मेरे दिलबर, इधर नज़र कर, न जा बिछड़कर, न जा न जा
ऐ मेरी टोपी पलट के आ

[सचिन देव बर्मन/किशोर कुमार और कोरस]

ये कूचे ये नीलामघर दिलकशी में

प्यासा; 1957

ये कूचे ये नीलामघर दिलकशी में
ये लुटते हुए कारवाँ ज़िन्दगी के
कहाँ हैं, कहाँ हैं, मुहाफ़िज़[1] ख़ुदी[2] के
जिन्हें नाज़[3] है हिन्द पर वो कहाँ हैं
कहाँ हैं, कहाँ हैं, कहाँ हैं

ये पुरपेच गलियाँ, ये बदनाम बाज़ार
ये गुमनाम राही, ये सिक्कों की झनकार
ये इजिस्म के सौदे, ये सौदों पे तकरार
जिन्हें नाज़ है हिन्द पर वो कहाँ हैं
कहाँ हैं, कहाँ हैं, कहाँ हैं

ये सदियों से बेख़्वाब सहमी-सी गलियाँ
ये मसली हुई अधखिली ज़र्द कलियाँ
ये बिकती हुई खोखली रंगरलियाँ
जिन्हें नाज़ है हिन्द पर वो कहाँ हैं
कहाँ हैं, कहाँ हैं, कहाँ हैं

ये उजले दरीचों में पायल की छन-छन
थकी-हारी साँसों पे तबलों की धन-धन
ये बेरूह कमरों में खाँसी की ठन-ठन
जिन्हें नाज़ है हिन्द पर वो कहाँ हैं
कहाँ हैं, कहाँ हैं, कहाँ हैं

ये फूलों के गजरे, ये पीकों के छींटे
ये बेबाक नज़रें, ये गुस्ताख़[4] फ़िक़रे[5]
ये ढलके बदन और ये बीमार चेहरे
जिन्हें नाज़ है हिन्द पर वो कहाँ हैं
कहाँ हैं, कहाँ हैं, कहाँ हैं

---

1. रक्षक, 2. अहंकार, 3. गर्व, 4. अशिष्ट, 5. वाक्य।

यहाँ पीर[1] भी आ चुके हैं, जवाँ भी
तनोमन्द बेटे भी, अब्बा मियाँ भी
ये बीवी भी है, और बहन भी है, माँ भी
जिन्हें नाज़ है हिन्द पर वो कहाँ हैं
कहाँ हैं, कहाँ हैं, कहाँ हैं

मदद चाहती है ये हव्वा की बेटी
यशोधा की हमजिंस[2] राधा की बेटी
पयम्बर[3] की उम्मत[4], ज़ुलेख़ा की बेटी
जिन्हें नाज़ है हिन्द पर वो कहाँ हैं
कहाँ हैं, कहाँ हैं, कहाँ हैं

ज़रा मुल्क के रहबरों को बुलाओ
ये कूचे, ये गलियाँ, ये मंज़र दिखाओ
जिन्हें नाज़ है हिन्द पर उनको लाओ
जिन्हें नाज़ है हिन्द पर वो कहाँ हैं
कहाँ हैं, कहाँ हैं, कहाँ हैं

[सचिन देव बर्मन/मोहम्मद रफ़ी]

ये महलों, ये तख़्तों, ये ताजों की दुनिया

प्यासा; 1957

ये महलों, ये तख़्तों, ये ताजों की दुनिया
ये इंसाँ के दुश्मन समाजों की दुनिया
ये दौलत के भूके रिवाजों की दुनिया
ये दुनिया अगर मिल भी जाए तो क्या है?

हर इक जिस्म घायल, हर इक रूह प्यासी
निगाहों में उलझन, दिलों में उदासी
ये दुनिया है या आलमे-बदहवासी
ये दुनिया अगर मिल भी जाए तो क्या है?

1. बूढ़ा, 2. सजातीय, 3. पैग़म्बर, अवतार, 4. समुदाय।

यहाँ एक खिलौना है इंसाँ की हस्ती
ये बस्ती है मुर्दा-परस्तों की बस्ती
यहाँ पर तो जीवन से है मौत सस्ती
ये दुनिया अगर मिल भी जाए तो क्या है?

जवानी भटकती है बदकार बनकर
जवाँ जिस्म सजते हैं बाज़ार बनकर
यहाँ प्यार होता है ब्योपार बनकर
ये दुनिया अगर मिल भी जाए तो क्या है?

ये दुनिया जहाँ आदमी कुछ नहीं है
वफ़ा कुछ नहीं, दोस्ती कुछ नहीं है
जहाँ प्यार की क़द्र ही कुछ नहीं है
ये दुनिया अगर मिल भी जाए तो क्या है?

जला दो इसे फूँक डालो ये दुनिया
मेरे सामने से हटा लो ये दुनिया
तुम्हारी है तुम ही सँभालो ये दुनिया
ये दुनिया अगर मिल भी जाए तो क्या है?

[सचिन देव बर्मन/मोहम्मद रफ़ी]

हम आपकी आँखों में इस दिल को बसा दें तो

प्यासा; 1957

अ : हम आपकी आँखों में इस दिल को बसा दें तो?
ब : हम मूँद के पलकों को इस दिल को सज़ा दें तो?

अ : इन ज़ुल्फ़ों में गूँधेंगे हम फूल मुहब्बत के
ब : ज़ुल्फ़ों को झटककर हम ये फूल गिरा दें तो?

अ : हम आपको ख़्वाबों में ला-ला के सताएँगे
ब : हम आपकी आँखों से नींदें ही उड़ा दें तो?

अ : हम आपके क़दमों पर गिर जाएँगे ग़श खाकर
ब : इस पर भी न हम अपने आँचल की हवा दें तो?

[सचिन देव बर्मन/मोहम्मद रफ़ी, गीता दत्त]

जाने क्या तूने कही

प्यासा; 1957

जाने क्या तूने कही
जाने क्या मैंने सुनी
बात कुछ बन ही गई

सनसनाहट-सी हुई
थरथराहट-सी हुई
जाग उठे ख़्वाब कई
बात कुछ बन ही गई

नैन झुक-झुक के उठे
पाँव रुक रुक के उठे
हो गई चाल नई
बात कुछ बन ही गई

ज़ुल्फ़ शाने पे मुड़ी
एक ख़ुशबू-सी उड़ी
खुल गए राज़ कई
बात कुछ बन ही गई
जाने क्या तूने कही

[सचिन देव बर्मन/गीता दत्त]

जाने वो कैसे लोग थे जिनके प्यार को प्यार मिला

प्यासा; 1957

जाने वो कैसे लोग थे जिनके प्यार को प्यार मिला
हमने तो जब कलियाँ माँगीं, काँटों का हार मिला

ख़ुशियों की मंज़िल ढूँढ़ी तो ग़म की गर्द[1] मिली
चाहत के नग़मे चाहे तो आहे-सर्द[2] मिली
दिल के बोझ को दूना कर गया जो ग़मख़्वार[3] मिला

1.धूल, 2. ठंडी आह, 3. दुख का साथी।

बिछड़ गया हर साथी देकर पल-दो पल का साथ
किसको फ़ुर्सत है जो थामे दीवानों का हाथ
हमको अपना साया तक अक्सर बेज़ार मिला

इसको ही जीना कहते हैं तो हम यूँ ही जी लेंगे
उफ़ न करेंगे, लब सी लेंगे, आँसू पी लेंगे
ग़म से अब घबराना कैसा, ग़म सौ बार मिला

[सचिन देव बर्मन/हेमन्त कुमार]

आज सजन मोहे अंग लगा लो जनम सफल हो जाए

प्यासा; 1957

आज सजन मोहे अंग लगा लो जनम सफल हो जाए
हृदय की पीड़ा, देह की अगनी, सब शीतल हो जाए

किए लाख जतन, मोरे मन की तपन, मोरे तन की जलन नहीं जाए
कैसी लागी ये लगन, कैसी जागी ये अगन, जिया धीर धरन नहीं पाए
प्रेम सुधा इतनी बरसा दो, जग जल-थल हो जाए
आज सजन मोहे अंग लगा लो जनम सफल हो जाए

कई जुगों से हैं जागे, मोरे नैन अभागे, कहीं जिया नहीं लागे बिन तोरे
सुख देखे नहीं आगे, दुख पीछे-पीछे भागे, जग सूना-सूना लागे बिन तोरे
प्रेम सुधा इतनी बरसा दो, जग जल-थल हो जाए
आज सजन मोहे अंग लगा लो जनम सफल हो जाए

मोहे अपना बना लो, मोरी बाँह पकड़ लो, मैं हूँ जनम-जनम की दासी
मोरी प्यास बुझा दो मनहर गिरधर, मैं हूँ अन्तर घट तक प्यासी
प्रेम सुधा इतनी बरसा दो, जग जल-थल हो जाए
आज सजन मोहे अंग लगा लो जनम सफल हो जाए

[सचिन देव बर्मन/गीता दत्त]

रुत फिरी पर दिन हमारे फिरे ना फिरे ना

प्यासा; 1957

रुत फिरी पर दिन हमारे फिरे ना फिरे ना
धरती पे रंग छाया दुनिया के भाग जागे

लेकिन वही अँधेरा अब तक है अपने आगे
रुत फिरी पर दिन हमारे फिरे ना फिरे ना

पहुँची न अपनी नैया अब तक किसी किनारे
कोई नहीं जो हमको अपनी तरफ़ पुकारे

इस पार कुछ नहीं है उस पार कुछ नहीं है
अपने लिए सिवाय मंजधार कुछ नहीं है

रुत फिरी पर दिन हमारे फिरे ना फिरे ना

[सचिन देव बर्मन/गीता दत्त]

ग़म इस क़दर बढ़े कि मैं घबरा के पी गया

प्यासा; 1957

ग़म इस क़दर बढ़े कि मैं घबरा के पी गया
इस दिल की बेबसी पे तरस खाके पी गया

ठुकरा रहा था मुझको बड़ी देर से जहाँ
मैं आज सब जहान को ठुकरा के पी गया

[सचिन देव बर्मन/मोहम्मद रफ़ी]

ये हँसते हुए फूल, ये महका हुआ गुलशन

प्यासा; 1957

ये हँसते हुए फूल, ये महका हुआ गुलशन
ये रंग में और नूर में डूबी हुई राहें

ये फूलों का रस पीके मचलते हुए भँवरे
मैं दूँ भी तो क्या दूँ तुम्हें ऐ शोख़ नज़ारो
ले-दे के मेरे पास कुछ आँसू हैं कुछ आहें

[सचिन देव बर्मन/मोहम्मद रफ़ी]

सर जो तेरा चकराए या दिल डूबा जाए

प्यासा; 1957

सर जो तेरा चकराए या दिल डूबा जाए
आजा प्यारे पास हमारे काहे घबराए
तेल मेरा है मुश्की, गंज रहे न ख़ुश्की
जिसके सर पर हाथ फिरा दूँ चमके क़िस्मत उसकी
सुन-सुन-सुन अरे बेटा सुन
इस चंपी में बड़े-बड़े गुन
लाख दुखों की एक दवा है क्यों न आज़माए
काहे घबराए काहे घबराए
प्यार का होवे झगड़ा या बिज़नेस का हो रगड़ा
सब लफ़ड़ों का बोझ हटे जब पड़े हाथ इक तगड़ा
सुन-सुन-सुन अरे बेटा सुन
इस चंपी में बड़े-बड़े गुन
लाख दुखों की एक दवा है क्यों न आज़माए
काहे घबराए काहे घबराए
नौकर हो या मालिक, लीडर हो या पब्लिक
अपने आगे सभी झुके हैं क्या राजा क्या सैनिक
सुन-सुन-सुन अरे बेटा सुन
इस चंपी में बड़े-बड़े गुन
लाख दुखों की एक दवा है क्यों न आज़माए
काहे घबराए काहे घबराए

[सचिन देव बर्मन/मोहम्मद रफ़ी, जॉनी वॉकर]

हम चले तो साथ हमारा साया भी ना दे

प्यासा; 1957

हम चले तो साथ हमारा साया भी ना दे
तुम चलो जमीं चले आसमाँ चले
जब हम रुके तो साथ रुके शामे बेकसी
जब तुम रुको बहार रुके चाँदनी रुके

ये हँसता हुआ फूल ये महका हुआ गुलशन
ये रंग और नूर में डूबे रहे

ये फूलों का रस पीके मचलते हुए भँवरे
मैं दूँ भी तो क्या दूँ ऐ शोख नज़ारो
ले दे के मेरे पास कुछ आँसू हैं कुछ आहें

ओ आसमाँ वाले कभी तो निगाह कर
अब तक ये ज़ुल्म सहते रहे ख़ामोशी से हम
तंग आ चुके हैं कशमकश ज़िन्दगी से हम

मायूसी-ए मक-ए-मुहब्बत ना पूछिए
अपनों से पेश आइए है बेगानगी से हम

भाई कोई ख़ुशी का गीत सुनाओ
अगर कभी मिले ज़िन्दगी की इत्तेफ़ाक से
पूछेंगे अपना हाल तेरी बेबसी से हम
तंग आ चुके हैं कशमकश ज़िन्दगी से हम

[सचिन देव बर्मन/मोहम्मद रफ़ी]

तंग आ चुके हैं कशमकशे ज़िन्दगी से हम

प्यासा; 1957

तंग आ चुके हैं कशमकशे ज़िन्दगी से हम
ठुकरा ना दें जहाँ को कहीं बेदिली से हम

हम ग़मजदा हैं लाएँ कहाँ से ख़ुशी के गीत
देंगे वही जो पाएँगे इस जिन्दगी से हम

उभरेंगे एक बार अभी दिल के बलबले
माना कि दब गए हैं गमे ज़िन्दगी से हम

लो आज हमने तोड़ दिया रिश्ता-ए-उम्मीद
लो अब कभी गिला ना करेंगे किसी से हम

[सचिन देव बर्मन, मोहम्मद रफ़ी]

माँग के साथ तुम्हारा, मैंने माँग लिया संसार

नया दौर; 1957

अ : माँग के साथ तुम्हारा, मैंने माँग लिया संसार
ब : माँग के साथ तुम्हारा, मैंने माँग लिया संसार
दिल कहे दिलदार मिला, हम कहें हमें प्यार मिला

अ : प्यार मिला हमें यार मिला इक नया संसार मिला
ब : आस मिली अरमान मिला

अ : जीने का सामान मिला
अ, ब : मिल गया एक सहारा
माँग के साथ तुम्हारा, मैंने माँग लिया संसार

अ : दिल जवाँ और रुत हसीं, चल यूँ ही चल दें कहीं
ब : तू चाहे ले चल कहीं, तुझपे है मुझको यक़ीं

अ : जान भी तू है, दिल भी तू ही
ब : राह भी तू, मंज़िल भी तू ही

अ, ब : और तू ही आस का तारा
माँग के साथ तुम्हारा, मैंने माँग लिया संसार

[ओ.पी. नैयर/मोहम्मद रफ़ी, आशा भोसले]

उड़ें जब-जब ज़ुल्फ़ें तेरी, कुँआरियों का दिल मचले

नया दौर; 1957

ब : उड़ें जब-जब ज़ुल्फ़ें तेरी, कुँआरियों का दिल मचले
अ : हों जब ऐसे चिकने चेहरे, तो कैसे न नज़र फिसले

ब : रुत प्यार करने की आई कि बेरियों के बेर पक गए
अ : कभी डाल इधर भी फेरा कि तक-तक नैन थक गए

ब : उस गाँव पे स्वर्ग भी सदक़े कि जहाँ मेरा यार बसता
अ : पानी लेने के बहाने आ जा कि तेरा-मेरा एक रस्ता
तुझे चाँद के बहाने देखूँ, तू छत पे आ जा गोरिये

ब : अभी छेड़ेंगे गली के लड़के कि चाँद बैरी छुप जाने दे

अ : तेरी चाल है नागन जैसी री जोगी तुझे ले जाएँगे
ब : जाएँ कहीं भी मगर हम सजना ये दिल तुझे दे जाएँगे

[ओ.पी. नैयर/मोहम्मद रफ़ी, आशा भोसले]

इक दीवाना आते-जाते हमसे छेड़ करे

नया दौर; 1957

इक दीवाना आते-जाते हमसे छेड़ करे
सखी री वो क्या माँगे
जब भी मेरे पास से गुज़रे ठंडी साँस भरे
सखी री वो क्या माँगे
दिन देखे न रात वो
पकड़े मेरा हाथ वो
कभी शर्माऊँ मैं
कभी घबराऊँ मैं
समझ न पाऊँ मैं
सखी री वो क्या माँगे
इक दिवाना आते-जाते हमसे छेड़ करे

टीलों के रुख़सार से
मुझे पुकारे प्यार से
रस्ते में रुक-रुक
मुड़-मुड़ झुक-झुक
देख मुझे टुक-टुक
सखी रे वो क्या माँगे
इक दीवाना आते-जाते हमसे छेड़ करे
सखी री वो क्या माँगे

[ओ.पी. नैयर/आशा भोसले, शमशाद बेगम]
(यह गाना सेंसर के कारण फ़िल्म में नहीं था)

रेशमी शलवार कुर्ता जाली का

नया दौर; 1957

अ : रेशमी शलवार कुर्ता जाली का
रूप सहा नहीं जाए नख़रे वाली का

ब : जा रे पीछा छोड़ मुझ मतवाली का
काहे ढूँडे रास्ता कोतवाली का

अ : जब-जब तुझको देखूँ मेरे दिल में छुटें फुलझड़ियाँ
करूँगा तेरा पीछा चाहे लग जाएँ हथकड़ियाँ
क्या है कोतवाली का

ब : मैं हूँ इज़्ज़त वाली, मुझे समझ न ऐसी-वैसी
बड़े-बड़ों की मैंने कर दी है ऐसी-तैसी
तू है किस थाली का

अ : रूप तेरे का लटका, मेरे दिल को दे गया झटका
रंग भरे हाथों से ज़रा खोल दे पट घूँघट का
दिल है दिल वाली का

ब : काहे ढूँडे रास्ता कोतवाली का

[ओ.पी. नैयर/आशा भोसले, शमशाद बेगम]

आना है तो आ, राह में कुछ फेर नहीं है

नया दौर; 1957

आना है तो आ, राह में कुछ फेर नहीं है
भगवान के घर देर है, अँधेर नहीं है

जब तुझसे न सुलझें तेरे उलझे हुए धंदे
भगवान के इंसाफ़ पे सब छोड़ दे बंदे

ख़ुद ही तेरी मुश्किल को वो आसान करेगा
जो तू नहीं कर पाया, वो भगवान करेगा

कहने की ज़रूरत नहीं आना ही बहुत है
इस दर पे तेरा सीस झुकाना ही बहुत है

जो कुछ है तेरे दिल में सभी उसको ख़बर है
बंदे तेरे हर हाल पे मालिक की नज़र है

बिन माँगे ही मिलती हैं यहाँ मन की मुरादें
दिल साफ़ हो जिनका वो यहाँ आके सदा दें

मिलता है जहाँ न्याय, वो दरबार यही है
संसार की सबसे बड़ी सरकार यही है

[ओ.पी. नैयर/मोहम्मद रफ़ी]

साथी हाथ बढ़ाना

नया दौर; 1957

साथी हाथ बढ़ाना
एक अकेला थक जाएगा, मिलकर बोझ उठाना
साथी हाथ बढ़ाना

हम मेहनत वालों ने जब भी मिलकर क़दम बढ़ाया
सागर ने रस्ता छोड़ा, पर्बत ने सीस झुकाया

फ़ौलादी हैं सीने अपने, फ़ौलादी हैं बाँहें
हम चाहें तो पैदा कर दें, चट्टानों में राहें
साथी हाथ बढ़ाना

मेहनत अपने लेख की रेखा, मेहनत से क्या डरना
कल ग़ैरों की ख़ातिर की, आज अपनी ख़ातिर करना
अपना दुख भी एक है साथी, अपना सुख भी एक
अपनी मंज़िल सच की मंज़िल अपना रस्ता नेक
साथी हाथ बढ़ाना

एक से एक मिले तो क़तरा[1] बन जाता है दरिया
एक से एक मिले तो ज़र्रा[2] बन जाता है सहा
एक से एक मिले तो राई बन सकती है पर्बत
एक से एक मिले तो इंसाँ बस में कर ले क़िस्मत
साथी हाथ बढ़ाना

माटी से हम लाल निकालें, मोती लाएँ जल से
जो कुछ इस दुनिया में बना है, बना हमारे बल से
कब तक मेहनत के पैरों में दौलत की ज़ंजीरें
हाथ बढ़ाकर छीन लो अपने ख़्वाबों की ताबीरें[3]
साथी हाथ बढ़ाना

[ओ.पी. नैयर/मोहम्मद रफ़ी]

ये देश है वीर जवानों का

नया दौर; 1957

ये देश है वीर जवानों का
अलबेलों का मस्तानों का
इस देश का यारों क्या कहना
ये देश है दुनिया का गहना

यहाँ चौड़ी छाती वीरों की
यहाँ गोरी शक्लें हीरों की

---

1. बूँद, 2. कण, 3. स्वप्न फल।

यहाँ गाते हैं राँझे मस्ती में
मचती हैं धूमें बस्ती में

पेड़ों पे बहारें झूलों की
राहों में क़तारें फूलों की
यहाँ हँसता है सावन बालों में
खिलती हैं कलियाँ गालों में

कहीं दंगल शोख़ जवानों के
कहीं करतब तीर-कमानों के
यहाँ नित-नित मेले सजते हैं
नित ढोल और ताशे बजते हैं

दिलबर[1] के लिए दिलदार[2] हैं हम
दुश्मन के लिए तलवार हैं हम
मैदाँ में अगर हम डट जाएँ
मुश्किल है कि पीछे हट जाएँ

[ओ.पी. नैयर/मोहम्मद रफ़ी, एस. बलबीर]

दिल लेके दग़ा देंगे

नया दौर; 1957

दिल लेके दग़ा देंगे
यार हैं मतलब के
ये देंगे तो क्या देंगे

दुनिया को दिखा देंगे
यारों के पसीने पर
हम ख़ून बहा देंगे

[ओ.पी. नैयर/मोहम्मद रफ़ी]

---

1. माशूक़, 2. प्यारा।

मैं बम्बई का बाबू, नाम मेरा अनजाना

नया दौर; 1957

मैं बम्बई का बाबू, नाम मेरा अनजाना
इंगलिश धुन में गाऊँ, मैं हिन्दुस्तानी गाना
ये दुनिया है उसकी जो दुनिया से खेले
सख़्ती हो या नर्मी हँसते-हँसते झेले
सुन लो अजी सुन लो ये जादू का तराना
मैं बम्बई का बाबू...

कुछ हैं दौलत वाले कुछ हैं ताक़त वाले
अस्ली वाले वो हैं जो हैं हिम्मत वाले
सुन लो अजी सुन लो ये जादू का तराना
मैं बम्बई का बाबू...

आया हूँ मैं बंधु रूस और चीन में जाऊँ
काम की बात बता दी मैंने कॉमेडी गाना गाऊँ
सुन लो अजी सुन लो ये जादू का तराना
मैं बम्बई का बाबू...

[ओ.पी. नैयर/मोहम्मद रफ़ी]

फिर न कीजे मेरी गुस्ताख़ निगाही का गिला

फिर सुबह होगी; 1958

अ : फिर न कीजे मेरी गुस्ताख़ निगाही का गिला
देखिए आपने फिर प्यार से देखा मुझको

ब : मैं कहाँ तक न निगाहों को पलटने देती
आपके दिल ने कई बार पुकारा मुझको

अ : इस क़दर प्यार से देखो न हमारी जानिब
दिल अगर और मचल जाए तो मुश्किल होगी

ब : तुम जहाँ मेरी तरफ़ देख के रुक जाओगे
वही मंज़िल मेरी तक़दीर की मंज़िल होगी

अ : देखिए आपने फिर प्यार से देखा मुझको

ब : आपके दिल ने कई बार पुकारा मुझको

अ : एक यूँ ही नज़र दिल को जो छू लेती है
कितने अरमान जगाती है तुम्हें क्या मालूम

ब : रूह बेचैन है क़दमों से लिपटने के लिए
तुमको हर साँस बुलाती है तुम्हें क्या मालूम

अ : देखिए आपने फिर प्यार से देखा मुझको

ब : आपके दिल ने कई बार पुकारा मुझको

अ : हर नज़र आपकी जज़्बात को उकसाती है
मैं अगर हाथ पकड़ लूँ तो ख़फ़ा मत होना

ब : मेरी दुनिया-ए-मुहब्बत है तुम्हारे दम से
मेरी दुनिया-ए-मुहब्बत से जुदा मत होना

अ : देखिए आपने फिर प्यार से देखा मुझको

ब : आपके दिल ने कई बार पुकारा मुझको

[खय्याम/मुकेश, आशा भोसले]

वो सुबह कभी तो आएगी

फिर सुबह होगी; 1958

वो सुबह कभी तो आएगी
इन काली सदियों के सर से, जब रात का आँचल ढलकेगा
जब दुख के बादल पिघलेंगे, जब सुख का सागर छलकेगा
जब अम्बर झूम के नाचेगा, जब धरती नग़मे गाएगी
वो सुबह कभी तो आएगी

जिस सुबह की ख़ातिर जुग-जुग से, हम सब मर-मर कर जीते हैं
जिस सुबह से अमृत की धुन में हम ज़हर के प्याले पीते हैं
इन भूकी प्यासी रूहों पर इक दिन तो करम[1] फ़रमाएगी
वो सुबह कभी तो आएगी

1. कृपा, दया।

माना कि अभी तेरे-मेरे अरमानों की क़ीमत कुछ भी नहीं
मिट्टी का भी है कुछ मोल मगर इनसानों की क़ीमत कुछ भी नहीं
इनसानों की इज़्ज़त जब झूटे सिक्कों में न तोली जाएगी
वो सुबह कभी तो आएगी

दौलत के लिए जब औरत की इस्मत[1] को न बेचा जाएगा
चाहत को न कुचला जाएगा, ग़ैरत को न बेचा जाएगा
अपनी काली करतूतों पर जब ये दुनिया शर्माएगी
वो सुबह कभी तो आएगी

बीतेंगे कभी तो दिन आख़िर ये भूक और बेकारी के
टूटेंगे कभी तो बुत आख़िर दौलत की इजारादारी[2] के
जब एक अनोखी दुनिया की बुनियाद उठाई जाएगी
वो सुबह कभी तो आएगी

मजबूर बुढ़ापा जब सूनी राहों की धूल न फाँकेगा
मासूम लड़कपन जब गन्दी गलियों में भीक न माँगेगा
हक़ माँगने वालों को जिस दिन सूली न दिखाई जाएगी
वो सुबह कभी तो आएगी

फ़ाक़ों[3] की चिताओं पर जिस दिन इंसाँ न जलाए जाएँगे
सीनों के दहकते दोज़ख़[4] में अरमाँ न जलाए जाएँगे
ये नरक से भी गन्दी दुनिया, जब स्वर्ग बनाई जाएगी
वो सुबह कभी तो आएगी

वो सुबह हमीं से आएगी

जब धरती करवट बदलेगी, जब क़ैद से क़ैदी छूटेंगे
जब पाप घरौंदे फूटेंगे, जब ज़ुल्म के बन्धन टूटेंगे
उस सुबह को हम ही लाएँगे, वो सुबह हमीं से आएगी
वो सुबह हमीं से आएगी

मन्हूस[5] समाजी ढाँचों में जब ज़ुल्म न पाले जाएँगे
जब हाथ न काटे जाएँगे, जब सर न उछाले जाएँगे
जेलों के बिना जब दुनिया की सरकार चलाई जाएगी
वो सुबह हमीं से आएगी

---

1. सतीत्व, 2. ठेकेदारी, 3. निराहार, 4. नरक, 5. अकल्याणकारी।

संसार के सारे मेहनतकश खेतों से मिलों से निकलेंगे
बेघर, बेदर, बेबस इंसाँ तारीक बिलों से निकलेंगे
दुनिया अम्न और ख़ुशहाली के फूलों से सजाई जाएगी
वो सुबह हमीं से आएगी

[खय्याम/मुकेश, आशा भोसले]

फिरते थे जो बड़े ही सिकन्दर बने हुए

फिर सुबह होगी; 1958

अ : फिरते थे जो बड़े ही सिकन्दर बने हुए
बैठे हैं उनके दर पे कबूतर बने हुए
जिस प्यार में ये हाल हो उस प्यार से तौबा

ब : जो बोर करे यार को उस यार से तौबा

अ : हमने भी ये सोचा था कभी प्यार करेंगे
छुप-छुपके किसी शोख़ हसीना पे मरेंगे
देखा जो अज़ीज़ों को मुहब्बत में तड़पते
दिल कहने लगा हम तो मुहब्बत से डरेंगे
उन नर्गिसी आँखों के छुपे वार से तौबा

ब : तुम जैसों की नज़रें न हसीनों से लड़ेंगी
गर लड़ भी गईं अपने ही क़दमों में गड़ेंगी
भूले से किसी शोख़ पे दिल फेंक न देना
झड़ जाएँगे सब बाल वो बेभाव पड़ेंगी
तुम जैसों को जो पड़ती है उस मार से तौबा
दिल जिनका जवाँ है वो सदा इश्क़ करेंगे

अ : जो इश्क़ करेंगे वो सदा आह भरेंगे

ब : जो दूर से देखेंगे वो जल-जल के मरेंगे

अ : जल-जल के मरेंगे तो कोई फ़िक्र नहीं है
माशूक़ के क़दमों पे मगर सर न धरेंगे

ब : सरकार से तौबा मेरी सरकार से तौबा

[खय्याम/मोहम्मद रफ़ी, मुकेश]

आस्माँ पे है ख़ुदा और ज़मीं पे हम

फिर सुबह होगी; 1958

आस्माँ पे है ख़ुदा और ज़मीं पे हम
आज कल वो इस तरफ़ देखता है कम

आजकल किसी को वो टोकता नहीं
चाहे कुछ भी कीजिए रोकता नहीं
हो रही है लूट-मार, फट रहे हैं बम
आस्माँ पे है ख़ुदा और ज़मीं पे हम

किसको भेजे वो यहाँ ख़ाक छानने
इस तमाम भीड़ का हाल जानने
आदमी हैं बेशुमार, देवता हैं कम
आस्माँ पे है ख़ुदा और ज़मीं पे हम

इतनी दूर से अगर देखता भी हो
तेरे-मेरे वास्ते क्या करेगा वो
ज़िन्दगी है अपने-अपने बाज़ुओं का दम
आस्माँ पे है ख़ुदा और ज़मीं पे हम

[ख़य्याम/मुकेश]

चीन-ओ-अरब हमारा, हिन्दोस्ताँ हमारा

फिर सुबह होगी; 1958

चीन-ओ-अरब हमारा, हिन्दोस्ताँ हमारा
रहने को घर नही है, सारा जहाँ[1] हमारा
चीन-ओ-अरब हमारा ...

खोली भी छिन गई है, बेन्चें भी छिन गई हैं
सड़कों पे घूमता है अब कारवाँ हमारा
जेबें हैं अपनी ख़ाली, क्यों देता वरना गाली
वो सन्तरी हमारा, वो पासबाँ[2] हमारा
चीन-ओ-अरब हमारा ...

---

1. जहान का लघु, संसार, 2. निरीक्षक।

जितनी भी बिल्डिंगें थीं, सेठों ने बाँट ली हैं
फ़ुटपाथ बम्बई के हैं आशियाँ हमारा
सोने को हम कलन्दर, आते हैं बोरी बन्दर
हर एक खोली यहाँ है राज़दाँ[1] हमारा
चीन-ओ-अरब हमारा ...

तालीम है अधूरी, मिलती नहीं मजूरी
मालूम क्या किसीको, दर्द-ए-निहाँ[2] हमारा
चीन-ओ-अरब हमारा ...

पतला है हाल-ए-अपना, लेकिन लहू है गाढ़ा
फ़ौलाद से बना है, हर नौजवाँ हमारा
मिल-जुलके इस वतन को, ऐसा सजायेंगे हम
हैरत से मुँह तकेगा सारा जहाँ हमारा
चीन-ओ-अरब हमारा ...

[खय्याम/मुकेश]

दो बूँदें सावन की हाय दो बूँदें सावन की

फिर सुबह होगी; 1958

दो बूँदें सावन की हाय दो बूँदें सावन की
एक सागर की सीप में टपके और मोती बन जाए
दूजी गन्दे जल में गिरकर अपना आप गँवाए
किसको मुजरिम समझे कोई किसको दोष लगाए

दो कलियाँ गुलशन की हाय दो कलियाँ गुलशन की
एक सेहरे के बीच गुँथे और मन ही मन इतराए
एक अर्थी की भेंट चढ़े और धूलि में मिल जाए
किसको मुजरिम समझे कोई किसको दोष लगाए
दो बूँदें सावन की हाय दो बूँदें सावन की हाय

दो कलियाँ गुलशन की हाय
दो कलियाँ गुलशन की

1. भेद जाननेवाला, 2. छिपा हुआ दुख।

एक सेहरे के बीच गुँथी
और मन ही मन इतराई
एक अर्थी की भेंट चढ़ी और
धूली में मिल जाए
किसको मुजरिम समझे कोई किसको दोष लगाए

दो सखियाँ बचपन की हाय दो सखियाँ बचपन की
एक सिंहासन पर बैठे और रूपमति कहलाए
दूजी अपने रूप के कारण गलियों में बिक जाए
किसको मुजरिम समझे कोई किसको दोष लगाए

[खय्याम/आशा भोसले]

सबकी हो खैर बाबा सबका भला

फिर सुबह होगी; 1958

सबकी हो खैर बाबा सबका भला
दे दे भूखे पेट को रोटी का टुकड़ा
हो जाने वाले लेता जा गरीब की दुआ
दे दे भूखे पेट की रोटी का टुकड़ा

जान की भी खैर तेरे माल की भी खैर
लाडली की खैर तेरे लाल की भी खैर
हमारे पास है ही क्या दुआओं के सिवा
सबकी हो खैर बाबा...

राज चाहिए ना हमें ताज चाहिए
पापों के सताए हैं अनाज चाहिए
दिला दे कोई पैसा या पुराना कपड़ा
सबकी हो खैर बाबा...

खड़े हैं भिखारी बने तेरे सामने
वैसे तो बनाया था हमें भी राम ने
जो भाग ही बुरे तो किसी से क्या गिला हाय
सबकी हो खैर बाबा...

[खय्याम/मोहम्मद रफ़ी, चांदबाला]

मौत कभी भी मिल सकती है लेकिन जीवन कल न मिलेगा

सोने की चिड़िया; 1958

मौत कभी भी मिल सकती है लेकिन जीवन कल न मिलेगा
मरने वाले सोच समझ ले फिर तुझको ये पल न मिलेगा

कौन-सा ऐसा दिल है जहाँ में जिसको ग़म का रोग नहीं
कौन-सा ऐसा घर है जिसमें सुख ही सुख है सोग नहीं

जो हल[1] दुनिया भर को मिला है, क्यों तुझको वो हल न मिलेगा
मरने वाले सोच समझ ले फिर तुझको ये पल न मिलेगा

इस जीवन में कितने ही दुख हों लेकिन सुख की आस तो है
दिल में कोई अरमान बसा है, आँख में कोई प्यास तो है

जीवन ने ये फल दिया है, मौत से ये भी फल न मिलेगा
मरने वाले सोच समझ ले, फिर तुझको ये पल न मिलेगा

[ओ.पी. नैयर/मोहम्मद रफ़ी]

रात भर का है मेह्माँ अँधेरा किसके रोके रुका है सवेरा

सोने की चिड़िया; 1958

मौत कभी भी मिल सकती है लेकिन जीवन कल न मिलेगा
मरनेवाले सोच-समझ ले फिर तुझको ये पल न मिलेगा

रात भर का है मेह्माँ अँधेरा
किसके रोके रुका है सवेरा

रात जितनी भी संगीन[2] होगी
सुबह उतनी ही रंगीन होगी
ग़म न कर गर है बादल घनेरा
किसके रोके रुका है सवेरा

---

1. समाधान, 2. कठोर।

लब पे शिक्वा[1] न ला, अश्क[2] पी ले
जिस तरह भी हो कुछ देर जी ले
अब उखड़ने को है ग़म का डेरा
किसके रोके रुका है सवेरा

यूँ ही दुनिया में आकर न जाना
सिर्फ़ आँसू बहाकर न जाना
मुस्कुराहट पे भी हक़ है तेरा
किसके रोके रुका है सवेरा

[ओ.पी. नैयर/मोहम्मद रफ़ी]

रात जितनी भी संगीन होगी सुबह उतनी ही रंगीन होगी

सोने की चिड़िया; 1958

अ : रात भर का है मेहमाँ अँधेरा
किसके रोके रुका है सवेरा
आ कोई मिलके तद्बीर सोचें
सुख के सपनों की ताबीर सोचें
जो तेरा है वही ग़म है मेरा

ब : रात जितनी भी संगीन होगी
सुबह उतनी ही रंगीन होगी

अ, ब : ग़म न कर गर है बादल घनेरा

[ओ.पी. नैयर/मोहम्मद रफ़ी, आशा भोसले]

प्यार पर बस तो नहीं है मेरा लेकिन फिर भी

सोने की चिड़िया; 1958

प्यार पर बस तो नहीं है मेरा लेकिन फिर भी
तू बता दे कि तुझे प्यार करूँ या न करूँ

---

1. शिकायत, 2. आँसू।

मेरे ख़्वाबों के झरोकों को सजाने वाली
तेरे ख़्वाबों में कहीं मेरा गुज़र है कि नहीं

पूछकर अपनी निगाहों से बता दे मुझको
मेरी रातों के मुक़द्दर में सहर है कि नहीं
प्यार पर बस तो नहीं...

कहीं ऐसा न हो पाँव मेरे थर्रा जाएँ
और तेरी मरमरी बाँहों का सहारा न मिले

अश्क बहते रहें ख़ामोश सियह रातों में
और तेरे रेशमी आँचल का किनारा न मिले
प्यार पर बस तो नहीं...

[ओ.पी. नैयर/तलत महमूद, आशा भोसले]

बेकस की तबाही के सामान हज़ारों हैं

सोने की चिड़िया; 1958

बेकस की तबाही के सामान हज़ारों हैं
दीपक तो अकेला है, तूफ़ान हज़ारों हैं
बर्बाद किया हमको, लाचार किया हमको
दुख-दर्द-जलन-आँसू, क्या-क्या न दिया हमको
भगवान तेरे हम पर एहसान हज़ारों हैं
सूरत से तो इंसाँ हैं, दुश्मन हैं मुहब्बत के
सब चोर हैं, डाकू हैं, माँ-बहनों की इज़्ज़त के
कहने को ज़माने में इनसान हज़ारों हैं
हमदर्द नहीं मिलता फिर आए जहाँ भर में
मोती की तरह प्यासे, रोते हैं समन्दर में
अपना ही नहीं कोई, अंजान हज़ारों हैं

[ओ.पी. नैयर/आशा भोसले]

सच बता तू मुझपे फ़िदा क्यूँ हुआ और कैसे हुआ

सोने की चिड़िया; 1958

सच बता तू मुझपे फ़िदा क्यूँ हुआ और कैसे हुआ
मार गई तेरी बांकी अदा यूँ हुआ और ऐसे हुआ

नाज़नीं मैं ही नहीं हैं यहाँ लाखों हसीं
मुझसे ही तुझे प्यार क्यूँ हुआ दिल पे नज़रों का वार क्यूँ हुआ
मार गई तेरी बांकी अदा यूँ हुआ और ऐसे हुआ
सच बता तू मुझपे फ़िदा क्यूँ हुआ कैसे हुआ

चाँद सी सूरत तेरी मोहनी मूरत तेरी
तेरी धुन मुझे बेसबब नहीं और जलवों में ये ग़ज़ब नहीं
सच बता तू मुझपे फ़िदा और क्यूँ हुआ और कैसे हुआ

शुक्रिया ऐ मेहरबां मिल गए मुझे दो जहाँ
बेसहारा थीं तुम नहीं मुझे आज दुनिया का ग़म नहीं मुझे
मार गई तेरी बांकी अदा

[ओ.पी. नैयर/तलत महमूद, आशा भोसले]

सैयाँ जब से लड़ी हैं तोसे अँखियाँ

सोने की चिड़िया; 1958

सैयाँ जब से लड़ी हैं तोसे अँखियाँ
हाय निंदिया ना आए सारी रात

गैर है तू पर अपना लागे
कुंवारी प्रीत का सपना लागे
ओ मतवाले दिल तेरे हवाले
हो जब से लड़ी हैं तोसे अँखियाँ
निंदिया ना आए सारी रात

सांस में खुशबू घुलती जाए
ज़ुल्फ़ मचल कर खुलती जाए
रंग नया है अरे ढंग नया है

हो जबसे लड़ी हैं तोसे अँखियाँ
हाय निंदिया ना आए सारी रात

आज मैं अपने वश में नहीं हूँ
पाँव कहीं है और मैं कहीं हूँ
मन लहराए तन पिघला जाए
हो जब से लड़ी हैं तोसे अँखियाँ
निंदिया ना आए सारी रात

[ओ.पी. नैयर/आशा भोसले]

छुक छुक छुक छुक रेल चले

सोने की चिड़िया; 1958

छुक छुक छुक छुक रेल चले
चुन्नू मुन्नू आए तो ये खेल चले
पीपनी बजे जोर से घर की छत उड़े शोर से

लाडो की मंगनी रचाए बड़ी शान से
गुडो को ब्याहे ओ दाढ़ी वाले खान से
रेशम का सूट हो मखमल का बूट हो
छुक छुक छुक छुक रेल चले
चुन्नू मुन्नू आए तो ये खेल चले
पीपनी बजे जोर से घर की छत उड़े शोर से
राजा के हाथी पे पप्पू गया घूमने
दीदी पुकारा जो हाथी लगा झूमने
हाथी कमाल का मम्मी के लाल का
छुक छुक छुक छुक रेल चले
पीपनी बजे जोर से घर की छत उड़े शोर से

बिल्ले को घर पे बुलावा दिया मोर ने
बिल्ले की मूंछें चुरा ली किसी चोर ने
रोता है बिल्ला हाय दावत में कैसे जाएँ
छुक छुक छुक छुक रेल चले

[ओ.पी. नैयर/आशा भोसले]

कहो जी तुम क्या-क्या ख़रीदोगे

साधना; 1958

कहो जी तुम क्या-क्या ख़रीदोगे
सुनो जी तुम क्या-क्या ख़रीदोगे
यहाँ तो हर चीज़ बिकती है

ये बलखाती हुईं ज़ुल्फ़ें, ये लहराते हुए बाज़ू
ये होंटों की जवाँ मस्ती, ये आँखों का हसीं जादू
अदाओं के ख़ज़ाने, जवानी के तराने, बहारों के ज़माने
कहो जी तुम क्या-क्या ख़रीदोगे

तड़पती शोख़ियाँ दे दूँ मचलता बाँकपन दे दूँ
अगर तुम इक कली माँगो तो मैं सारा चमन दे दूँ
ये मस्ती के घेरे, ये महके अँधेरे, ये रंगीन डेरे
कहो जी तुम क्या-क्या ख़रीदोगे

मुहब्बत बेचती हूँ मैं, शराफ़त बेचती हूँ मैं
न हो ग़ैरत तो ले जाओ कि ग़ैरत बेचती हूँ मैं
निगाहें तो मिलाओ, अदाएँ न दिखाओ, यहाँ न शर्माओ
कहो जी तुम क्या-क्या ख़रीदोगे

[एन. दत्ता/लता मंगेशकर]

औरत ने जनम दिया मर्दों को, मर्दों ने उसे बाज़ार दिया

साधना; 1958

औरत ने जनम दिया मर्दों को, मर्दों ने उसे बाज़ार दिया
जब जी चाहा मसला-कुचला, जब जी चाहा धुत्कार दिया

तुलती है कहीं दीनारों में, बिकती है कहीं बाज़ारों में
नंगी नचवाई जाती है ऐयाशों के दरबारों में
ये वो बेइज़्ज़त चीज़ है जो बँट जाती है इज़्ज़तदारों में
औरत ने जनम दिया मर्दों को, मर्दों ने उसे बाज़ार दिया

मर्दों के लिए हर ज़ुल्म रवा[1], औरत के लिए रोना भी ख़ता[2]
मर्दों के लिए हर ऐश का हक़, औरत के लिए जीना भी सज़ा
मर्दों के लिए लाखों सेजें, औरत के लिए बस एक चिता
औरत ने जनम दिया मर्दों को, मर्दों ने उसे बाज़ार दिया

जिन सीनों ने उनको दूध दिया, उन सीनों का ब्योपार किया
जिस कोख में उनका जिस्म ढला, उस कोख का कारोबार किया
जिस तन से उगे कोंपल बनकर, उस तन को ज़लीलो-ख़्वार[3] किया

संसार की हर इक बेशर्मी ग़ुर्बत[4] की गोद में पलती है
चकलों ही में आकर रुकती है, फ़ाक़ों से जो राह निकलती है
मर्दों की हवस है जो अक्सर औरत के पाप में ढलती है
औरत ने जनम दिया मर्दों को, मर्दों ने उसे बाज़ार दिया

औरत संसार की क़िस्मत है फिर भी तक़दीर की हेटी है
अवतार पयम्बर जनती है फिर भी शैतान की बेटी है
ये वो बदक़िस्मत माँ है जो बेटों की सेज पर लेटी है
औरत ने जनम दिया मर्दों को, मर्दों ने उसे बाज़ार दिया

[एन. दत्ता/लता मंगेशकर]

तोरा मनवा क्यों घबराए रे

साधना; 1958

तोरा मनवा क्यों घबराए रे
लाखों दीन दुखियारे प्राणी, जग में मुक्ति पाए रे
रामजी के द्वार से

बन्द हुआ ये द्वार कभी ना, जुग कितने ही बीते
सब द्वारों पर हारने वाले इस द्वारे पर जीते
लाखों पतित लाखों पतिताएँ, पावन होकर आए रे
रामजी के द्वार से
तोरा मनवा क्यों घबराए रे

---

1. उचित, 2. अपराध, पाप, 3. अपमानित, 4. निर्धनता।

हम मूरख जो काज बिगाड़ें, राम ओ काज सँवारे
हो महानंदा हो कि अहिल्या सबको पार उतारें
जो कंकर चरणों को छू ले, वो हीरा हो जाए रे
राम जी के द्वार से
तोरा मनवा क्यों घबराए रे

[एन. दत्ता/गीता दत्त, कोरस]

आज क्यों हमसे पर्दा है

साधना; 1958

आज क्यों हमसे पर्दा है?
तेरा हर रंग हमने देखा है
तेरा हर ढंग हमने देखा है
हाथ खेले हैं तेरी ज़ुल्फ़ों से
आँख वाक़िफ़ है तेरे जलवों से
तुझको हर तरह आज़माया है
पा के खोया है, खो के पाया है
अँखड़ियों का बयाँ समझते हैं
धड़कनों की ज़बाँ समझते हैं
चूड़ियों की खनक से वाक़िफ़ हैं
छागलों की छनक से वाक़िफ़ हैं
नाज़ो-अन्दाज़ जानते हैं हम
तेरा हर राज़ जानते हैं हम

आज क्यों हम से पर्दा है
मुँह छुपाने से फ़ायदा क्या है
दिल दुखाने से फ़ायदा क्या है
उलझी-उलझी लटें सँवार के आ
हुस्न को और भी निखार के आ
नर्म गालों में बिजलियाँ लेकर
शोख़ आँखों में तितलियाँ लेकर
आ भी जा अब अदा से लहराती

एक दुल्हन की तरह शर्माती
तू नहीं है तो रात सूनी है
इश्क़ की कायनात सूनी है
मरने वालों की ज़िन्दगी तू है
इस अँधेरे की रौशनी तू है
आज क्यों हमसे पर्दा है?

आ तेरा इंतिज़ार कब से है
हर नज़र बेक़रार कब से है
शम्अ रह-रह के झिलमिलाती है
साँस तारों की डूबी जाती है
तू अगर मेहबान हो जाए
हर तमन्ना जवान हो जाए
आ भी जा अब कि रात जाती है
एक आशिक़ की बात जाती है
ख़ैर हो तेरी ज़िन्दगानी की
भीक दे दे हमें जवानी की
तुझे पे सौ जान से फ़िदा हैं हम
एक मुद्दत के आश्ना हैं हम
आज क्यों हमसे पर्दा है?

[एन. दत्ता/मोहम्मद रफ़ी, एस. बलबीर, कोरस]

जो हम में है वो मतवाली अदा सब में नहीं होती

साधना; 1958

जो हम में है वो मतवाली अदा सब में नहीं होती
मुहब्बत सब में होती है वफ़ा सब में नहीं होती

ऐसे वैसे ठिकानों पे जाना बुरा है
बचके रहना मेरी जाँ, ज़माना बुरा है

ज़ुल्फ़ लहराए तो ज़ंजीर भी बन जाती है
आँख शर्माए तो इक तीर भी बन जाती है

दिल लुभाने को जो दिलदार बना करते हैं
दिल चुराकर वही तलवार बना करते हैं
ये वो महफ़िल है जहाँ प्यार भी लुट जाता है
दिल तो क्या चीज़ है घर-बार भी लुट जाता है
इसलिए तो कहती हूँ...
ऐसे-वैसे ठिकानों पे जाना बुरा है

तक के हँसते हैं तो मस्ताना बना देते हैं
और हँस के तकते हैं तो दीवाना बना देते हैं
कोई नग़्मों में कोई साज़ में खो जाता है
उनसे जो बचता है वो नाज़ में खो जाता है
यूँ तो गर उनसे लिपट जाती हैं बाँहें उनकी
इसलिए तो कहती हूँ...
ऐसे-वैसे ठिकानों पे जाना बुरा है

हम सितम ढाते हैं, बेदाद किया करते हैं
दिल लिया करते हैं और दर्द दिया करते हैं
दूर रहना हो तो महफ़िल मेरी आबाद करो
वर्ना जाओ जी किसी और को बर्बाद करो
आज जाओगे तो कल लौट के फिर आओगे
हम-सा माशूक़ न दुनिया में कहीं पाओगे
इसलिए तो कहती हूँ...
ऐसे-वैसे ठिकानों पे जाना बुरा है

[एन. दत्ता/लता मंगेशकर]

सँभल ऐ दिल, तड़पने और तड़पाने से क्या होगा

साधना; 1958

ब : सँभल ऐ दिल, तड़पने और तड़पाने से क्या होगा?
जहाँ बसना नहीं मुम्किन, वहाँ जाने से क्या होगा?

अ : चले आओ कि अब मुँह फेरकर जाने से क्या होगा?
जो तुम पर मर मिटा, उस दिल को तड़पाने से क्या होगा?

ब : हमें संसार में अपना बनाना कौन चाहेगा?
ये मसले फूल सेजों पर सज़ाना कौन चाहेगा?
तमन्नाओं को झूटे ख़्वाब दिखलाने से क्या होगा?

अ : तुम्हें देखा, तुम्हें चाहा, तुम्हें पूजा है इस दिल ने
जो सच पूछो तो पहली बार कुछ माँगा है इस दिल ने
समझते-बूझते अनजान बन जाने से क्या होगा?

ब : जिन्हें मिलती हैं ख़ुशियाँ वो मुक़द्दर और होते हैं
जो दिल में घर बनाते हैं वो दिलबर और होते हैं
उम्मीदों को खिलौने देके बहाने से क्या होगा?

अ : बहुत दिन से थी दिल में अब ज़बाँ तक बात पहुँची है
ब : वहीं तक इसको रहने दो जहाँ तक बात पहुँची है
अ : जो दिल की आख़िरी हद है वहाँ तक बात पहुँची है
ब : जिसे खोना यक़ीनी है उसे पाने से क्या होगा

[एन. दत्ता/मोहम्मद रफ़ी, लता मंगेशकर]

तंग आ चुके हैं कश्मकशे ज़िन्दगी से हम

लाइट हाउस; 1958

तंग आ चुके हैं कश्मकशे ज़िन्दगी से हम
ठुकरा न दें जहाँ को कहीं बेदिली से हम

लो, आज हमने तोड़ दिया रिश्तए-उम्मीद
लो, अब कभी गिला न करेंगे किसी से हम

गर ज़िन्दगी में मिल गए फिर इत्तिफ़ाक से
पूछेंगे अपना हाल तेरी बेबसी से हम

ओ आस्मान वाले! कभी तो निगाह कर
कब तक ये ज़ुल्म सहते रहें ख़ामुशी से हम

[एन. दत्ता/आशा भोसले]

तू काला मैं गोरी बलम तोरी मोरी

लाइट हाउस; 1958

ब : तू काला मैं गोरी बलम तोरी मोरी
भला अब कैसे जमेगी

अ : जैसे चाँद चकोरी, पतंग और डोरी
सदा अब ऐसे जमेगी

ब : मैं अलबेली नार नवेली आई हूँ कोसों चलके
अंग-अंग से मस्ती टपके नैनन से मदिरा छलके
चलते राही रुक जाएँ जब आँचल मोरा ढलके
मुझसे आँख मिलाना हो तो आना रूप बदल के
भला अब कैसे जमेगी

अ : ये दुनिया और दुनिया वाले सब के सब हैं पाजी
दिल वालों के बीच में यूँ ही बन जाते हैं क़ाज़ी
न खेलें न खेलने दें, बेकार बिगाड़ें बाज़ी
उन सबको चूल्हे में डालो, तुम राज़ी हम राज़ी
सदा अब ऐसे जमेगी

ब : रुन-झुन मोरा कंगना बाजे, छुन-छुन पायल बोले
इस पायल की छनन-छनन पर लाखों का दिल डोले
जहाँ भी जाऊँ दिल वालों का जमघट पीछे होले
कुछ शर्मा के कुछ घबरा के दिल मोरा यूँ बोले
भला अब कैसे जमेगी

अ : सदा अब ऐसे जमेगी

[एन. दत्ता/मोहम्मद रफ़ी, आशा भोसले]

आ आ आ छोरी आ आ आ

लाइट हाउस; 1958

आ आ आ छोरी आ आ आ
छोरी आ आ आ छोरी आ

जा जा जा छोरा जा जा जा
छोरा जा जा जा छोरा जा

रुक छोरी रुक सर पे ना झुक
अच्छे नहीं ये बहाने
अरे तक ज़रा तक जल्दी से बक
कहता है क्या वो दीवाने
आ आ आ छोरी आ आ
छोरी आ आ आ छोरी आ
अरे जा जा जा छोरा जा जा
छोरा जा जा जा छोरा जा

होश करो तुम होश हुए गुम
देखा जो मुखड़ा तुम्हारा
आशिकों की सुन छोड़ मेरी धुन
ऐसे ही कर ले गुजारा
आ आ आ छोरी आ आ आ
छोरी आ आ आ छोरी आ
अरे जा जा जा छोरा जा जा जा ...2
मैंने कहा आ, मैंने कहा जा
मिलकर बना आजा
मैंने कहा हाँ मैंने कहा ना
मैंने सुना हाँ हाँ
छोरी आ आ आ छोरी आ
अरे जा जा जा छोरा जा जा
छोरा जा....

[एन. दत्ता/गीता दत्त]

हो किस जगह जाएँ

लाइट हाउस; 1958

हो किस जगह जाएँ
किसको दिखलाएँ

ज़ख़्म-ए-दिल अपना ज़ख़्म-ए-दिल अपना
हो ओ ओ
सारे जग में अपना कोई नहीं
ओ सारे जग में...
सुख क्या दुख का सपना कोई नहीं
हो किस जगह जाएँ
किसको दिखलाएँ
ज़ख़्मे दिल अपना ज़ख़्म-ए-दिल अपना
हो ओ ओ
दिल के अरमां पूरे हो न सके
आ आ आ आ
दिल के अरमां पूरे हो न सके
हँसना कैसा खुल के रो न सके
हो किस जगह जाएँ
किसको दिखलाएँ
ज़ख़्म-ए-दिल अपना
ज़ख़्म-ए-दिल अपना
हो ओ ओ

[एन. दत्ता/आशा भोसले]

नैनों से नैना लागे वो क्या कहेंगे आगे

लाइट हाउस; 1958

नैनों से नैना लागे वो क्या कहेंगे आगे
मैं जान गई रे
मैं जान गई जान गई, जान गई रे
नैनों से नैना लागे...
मैं जान गई रे
मैं जान गई रे...2

हवाओं ने छेड़ा बहारों का तराना
जवानी ने पाया अदाओं का ख़ज़ाना...2

साजन का बहाना मैं जान गई रे
नैनों से नैना लागे वो क्या कहेंगे आगे
मैं जान गई रे...
मैं जान गई रे...
नैनों से नैना लागे...
मुझे आज दुनिया दुलहन जैसी लागे
जो सूरत मैं देखूँ सजन जैसी लागे...2
क्या है दिल लगाना मैं जान गई रे
नैनों से नैना लागे वो क्या कहेंगे आगे
मैं जान गई रे
मैं जान गई रे... मैं जान गई रे...
नैनों से नैना लागे
महकती हैं साँसें थिरकते हैं पाँव
पड़ी मेरे तन पे जो सैयाँ जी की छाँव...2
ख़ुशी का तराना मैं जान गई रे
नैनों से नैना लागे वो क्या कहेंगे आगे
मैं जान गई रे
मैं जान गई रे...2

[एन. दत्ता/आशा भोसले]

देख इधर ऐ हसीना जून का है महीना

12 ओ क्लॉक; 1958

देख इधर ऐ हसीना जून का है महीना
डाल ज़ुल्फ़ों का साया आ रहा है पसीना
देख इधर ऐ हसीना...
डाल ज़ुल्फ़ों का साया...

सुन ले कभी दिल की सदा ओ नाजनी जी ना जला...2
बीमारे ग़म हूँ शफ़ा मुझको दे दामन से अपने हवा मुझको दे...2

होए मैं हूँ मैडम मरीना
ओरे फटफटी दूर से बात करना

पास आना कभी ना
मैं हूँ मैडम मरीना
लाखों ही जब आहें भरें तुम ही कहो हम क्या करें...2
किस किसके दिल की ख़बर कोई ले
किस किस में ग़म का असर कोई ले...
हाय देख इधर ऐ हसीना जून का है महीना
डाल दे ज़ुल्फ़ों का साया आ रहा है पसीना
देख इधर ऐ हसीना...
मुद्दत से हूँ बरबाद मैं शीरीं है तू फ़रहाद मैं...2
ये ना समझना कि घर जाऊँगा मैं
तेरी चौखट पे मर जाऊँगा
हो ये न समझना कि घर जाऊँगा मैं
तेरी चौखट पर...
हाय मैं हूँ मैडम मरीना
ओरे फटफटी
दूर से बात करना पास न आना कभी
देख इधर ओ हसीना...

[ओ.पी. नैयर/गीता दत्त, मोहम्मद रफ़ी]

सैयाँ तेरी अँखियों में दिल खो गया

12 ओ क्लॉक; 1958

सैयाँ तेरी अँखियों में दिल खो गया
सैयाँ तेरी अँखियों में...
दिल खो गया जी मेरा दिल खो गया
सैयाँ तेरी अँखियों में दिल खो गया...

हाय रे काहे मैं तोहे ताक के हँसी
ताक के हँसी तो तेरे जाल में फँसी
हाये रे काहे मैं तोहे...2
ताक के हँसी तो...
नज़रें चुराना मुश्किल हो गया

नज़रें चुराना मुश्किल....
दिल खो गया जी मेरा दिल खो गया
सैयाँ तेरी अँखियों में...2

तीर तूने फेंका ऐसा चलते हुए
सह गई मैं तो हाथ मलते हुए...2
ख़ुद को बचाना मुश्किल हो गया...2
दिल खो गया जी मेरा दिल खो गया...2
सैयाँ तेरी अँखियों में दिल खो गया...2

निंदिया ना आए मोहे कल ना पड़े
जब से ये नैना तोरे नैनों से लड़े...2
रतिया बिताना मुश्किल हो गया...2
दिल खो गया जी मेरा दिल खो गया...2
सैयाँ तोरी अँखियों में दिल खो गया...2

[ओ.पी. नैयर/शमशाद बेगम]

तेरे प्यार का आसरा चाहता हूँ

धूल का फूल; 1959

अ : तेरे प्यार का आसरा चाहता हूँ
वफ़ा कर रहा हूँ, वफ़ा चाहता हूँ

ब : हसीनों से अह्दे-वफ़ा चाहते हो
बड़े नासमझ हो ये क्या चाहते हो

अ : तेरे नर्म बालों में तारे सजा के
तेरे शोख़ क़दमों में कलियाँ बिछा के
मुहब्बत का छोटा-सा मन्दिर बना के
तुझे रात-दिन पूजना चाहता हूँ
वफ़ा कर रहा हूँ, वफ़ा चाहता हूँ

ब : ज़रा सोच लो दिल लगाने से पहले
कि खोना भी पड़ता है पाने से पहले

इजाज़त तो ले लो ज़माने से पहले
कि तुम हुस्न को पूजना चाहते हो
बड़े नासमझ हो ये क्या चाहते हो

अ : कहाँ तक जियें तेरी उल्फ़त के मारे
गुज़रती नहीं ज़िन्दगी बिन सहारे
बहुत हो चुके दूर रहकर इशारे
तुझे पास से देखना चाहता हूँ
वफ़ा कर रहा हूँ वफ़ा चाहता हूँ

ब : मुहब्बत की दुश्मन है सारी ख़ुदाई
मुहब्बत की तक़दीर में है जुदाई
जो सुनते नहीं हैं दिलों की दुहाई
उन्ही से मुझे माँगना चाहते हो
बड़े नासमझ हो ये क्या चाहते हो

अ : दुपट्टे के कोने को मुँह में दबा के
ज़रा देख लो इस तरफ़ मुस्कुरा के
मुझे लूट लो मेरे नज़दीक आके
कि मैं मौत से खेलना चाहता हूँ

ब : ग़लत सारे वादे ग़लत सारी क़समें
निभेंगी यहाँ कैसे उल्फ़त की रस्में
यहाँ ज़िन्दगी है रिवाजों के बस में
रिवाजों को तुम तोड़ना चाहते हो
बड़े नासमझ हो ये क्या चाहते हो

अ : रिवाजों की पर्वा न रस्मों का डर है
तेरी आँख के फ़ैसले पे नज़र है
बला से अगर रास्ता पुरख़तर है
मैं इस हाथ को थामना चाहता हूँ
वफ़ा कर रहा हूँ वफ़ा चाहता हूँ
तेरे प्यार का आसरा चाहता हूँ

[एन. दत्ता/महेन्द्र कपूर, लता मंगेशकर]

धड़कने लगे दिल के तारों की दुनिया

धूल का फूल; 1959

ब : धड़कने लगे दिल के तारों की दुनिया, जो तुम मुस्कुरा दो
अ : सँवर जाए हम बेक़रारों की दुनिया, जो तुम मुस्कुरा दो

जो तुम मुस्कुरा दो बहारें हँसें
सितारों की उजली क़तारें हँसें

ब : जो तुम मुस्कुरा दो नज़ारे हँसें
जवाँ धड़कनों के इशारे हँसें

धड़कने लगे दिल के तारों की दुनिया, जो तुम मुस्कुरा दो

अ : हवा में है ख़ुशबू की अँगड़ाइयाँ
ये आँखों पे ज़ुल्फ़ों की परछाइयाँ

ब : ये मस्ती के धारे उबलते हुए
ये सीनों में तूफ़ाँ मचलते हुए

धड़कने लगे दिल के तारों की दुनिया, जो तुम मुस्कुरा दो

अ : ये बोझल घटाएँ बरसती हुईं
ये बेचैन रूहें तरसती हुईं

ब : ये साँसों से शोले निकलते हुए
बदन आँच खाकर पिघलते हुए

धड़कने लगे दिल के तारों की दुनिया, जो तुम मुस्कुरा दो

[एन. दत्ता/महेन्द्र कपूर, आशा भोसले]

झुकती घटा गाती हवा सपने जगाए

धूल का फूल; 1959

ब : झुकती घटा गाती हवा सपने जगाए
नन्हा-सा दिल मेरा मचल-मचल जाए
महके हुए बहके हुए मस्त नज़ारे

निखरे हुए बिखरे हुए रंग के धारे
आज गगन होके मगन हमको बुलाए

अ : रवाँ है छोटी-सी कश्ती हवाओं के रुख़ पर
नदी के साज़ पे मल्लाह गीत गाता है
तुम्हारा जिस्म हर इक लहर के झकोले से
मेरी शरीर निगाहों में झूल जाता है[1]

ब : जिस्म मेरा जाँ भी मेरी तेरे लिए है
प्यार भरी दुनिया सजी तेरे लिए है
आँखों पे हैं छाये तेरे जल्वों के साये[2]
झुकती घटा गाती हवा सपने जगाए

[एन. दत्ता/महेन्द्र कपूर, आशा भोसले]

अपनी ख़ातिर जीना है, अपनी ख़ातिर मरना है

धूल का फूल; 1959

अपनी ख़ातिर जीना है, अपनी ख़ातिर मरना है
होने दो जो होता है अपने को क्या करना है

जिनको जग की चिन्ता है वो जग का दुख झेलेंगे
हम सड़कों पे नाचेंगे, फ़ुटपाथों पर खेलेंगे

उनकों आहें भरने दो जिनको आहें भरना है
प्यार की भिक्षा माँगी तो लोगों ने धुत्कार दिया

आख़िर हमने दुनिया को बूट की नोक पे मार दिया
यूँ ही उम्र गुज़रनी थी यूँ ही उम्र गुज़रनी है

अपने जैसे बेफ़िक्रे और नहीं इस बस्ती में
दुनिया ग़म में डूबी है हम डूबे हैं मस्ती में

जीना है तो जीना है मरना है तो मरना है

[एन. दत्ता/महेन्द्र कपूर, कोरस]

---

1. सेंसर बोर्ड की आपत्ति से पहले यह पंक्ति ग्रामोफोन रिकॉर्ड और नज़्म 'परछाइयाँ' में इस तरह थी—मेरी खुली हुई बाँहों में झूल जाता है।
2. यह पंक्ति भी सेंसर बोर्ड की आपत्ति से पहले इस तरह थी—होंटों पे हैं छाये तेरे होंटों के साये।

वफ़ा के नाम पे कितने गुनाह होते हैं

धूल का फूल; 1959

वफ़ा के नाम पे कितने गुनाह होते हैं
गर उससे पूछे कोई जो तबाह होते हैं

दामन में दाग़ लगा बैठे, हम प्यार में धोका खा बैठे

छोटी-सी भूल जवानी की जो तुमको याद न आएगी
इस भूल के ताने दे-देकर दुनिया हमको तड़पाएगी

उठते ही नज़र झुक जाएगी, आज ऐसी ठोकर खा बैठे

चाहत के लिए जो रस्मों को ठुकरा के गुज़रने वाले थे
जो साथ ही जीने वाले थे, जो साथ ही मरने वाले थे

तूफ़ाँ के हवाले करके हमें, ख़ुद दूर किनारे जा बैठे

लो आज मेरी मजबूर वफ़ा, बदनाम कहानी बनने लगी
जो प्रेम निशानी पाई थी वो पाप निशानी बनने लगी

दुख देके मुझे जीवन भर का, वो सुख की सेज सजा बैठे

[एन. दत्ता/मोहम्मद रफ़ी]

तू मेरे प्यार का फूल है कि मेरी भूल है

धूल का फूल; 1959

तू मेरे प्यार का फूल है कि मेरी भूल है
कुछ कह नहीं सकती
पर किसी का किया तू भरे
ये सह नहीं सकती

मेरी बदनामी तेरे साथ चलेगी
सुन-सुन ताने मेरी कोख जलेगी
काँटों भरे हैं सब रास्ते तेरे वास्ते

जीवन की डगर में
कौन बनेगा तेरा आसरा
बेदर्द नगर में?

पूछेगा कोई तो किसे बाप कहेगा
जग तुझे फेंका हुआ पाप कहेगा
बन के रहेगी शर्मिन्दगी तेरी ज़िन्दगी
जब तक तू जिएगा
आज पिलाऊँगी तुझे दूध मैं
कल ज़हर पिएगा!

[एन. दत्ता/लता मंगेशकर]

तू हिन्दू बनेगा न मुसलमान बनेगा

धूल का फूल; 1959

तू हिन्दू बनेगा न मुसलमान बनेगा
इनसान की औलाद है, इनसान बनेगा

अच्छा है अभी तक तेरा कुछ नाम नहीं है
तुझको किसी मज़हब से कोई काम नहीं है
जिस इल्म ने इनसानों को तक़्सीम किया है
उस इल्म का तुझ पर कोई इल्ज़ाम नहीं है

तू बदले हुए वक़्त की पहचान बनेगा
इनसान की औलाद है, इनसान बनेगा

मालिक ने हर इनसान को इनसान बनाया
हमने उसे हिन्दू या मुसलमान बनाया
क़ुदरत ने तो बख़्शी थी हमें एक ही धरती
हमने कहीं भारत, कहीं ईरान बनाया

जो तोड़ दे हर बंध को तूफ़ान बनेगा
इनसान की औलाद है इनसान बनेगा

नफ़रत जो सिखाए वो धरम तेरा नहीं है
इंसाँ को जो रौंदे वो क़दम तेरा नहीं है

क़ुरआन न हो जिसमें वो मन्दिर नहीं तेरा
गीता न हो जिसमें वो हरम तेरा नहीं है

तू अम्न का और सुल्ह का अरमान बनेगा
इनसान की औलाद है इनसान बनेगा

[एन. दत्ता/मोहम्मद रफ़ी]

कासे कहूँ मन की बात

धूल का फूल; 1959

कासे कहूँ मन की बात
हाँ कासे कहूँ मन की बात
बैरी बालमवा दुखिया
कर गए सुख को ले गए साथ
कासे कहूँ मन की बात
हाँ कासे कहूँ मन की बात

हर आहट पे आँख लगाए
हर आहट पे आँख लगाए
आ..
हर आहट पे आँख लगाए
बैठी रही मैं सेज सज़ाए
हर आहट पे आँख लगाए
बैठी रही मैं सेज सज़ाए
बेदर्दी ने रैन बिताई
सौतनिया के साथ

कासे कहूँ मन की बात
हाँ कासे कहूँ मन की बात

प्रीत भी झूठी मीट भी झूठे
प्रीत भी झूठी मीट भी झूठे
आ..
प्रीत भी झूठी मीट भी झूठे

ठेस लगी और सपने टूटे
प्रीत भी झूठी मीट भी झूठे
ठेस लगी और सपने टूटे
नैनं जल में डूब के रह
गई मधुर मिलन की रात

कासे कहूँ मन की बात
हाँ कासे कहूँ मन की बात
बैरी बालमवा दुखिया
कर गए सुख को ले गए साथ
कासे कहूँ मन की बात
कासे कहूँ मन की बात
कासे कहूँ मन की बात

[एन. दत्ता/सुधा मल्होत्रा]

जब मैं कहती हूँ कि किस रोज़ हुज़ूर आएँगे

चार दिल चार राहें; 1959

जब मैं क़हती हूँ कि किस रोज़ हुज़ूर आएँगे
दिल ये कहता है कि इक दिन वो ज़रूर आएँगे
इंतिज़ार और अभी, और अभी, और अभी

साँझ की लाली सुलग-सुलगकर बन गई काली धूल
आए न बालम बेदर्दी, मैं चुनती रह गई फूल
इंतिज़ार और अभी, और अभी, और अभी

रैन गई, बोझिल अँखियन में चुभने लागे तारे
देस में मैं परदेसन हो गई जब से पिया सिधारे
इंतिज़ार और अभी, और अभी, और अभी

भोर भई पर कोई न आया, सूनी सेज सज़ाने
तारे डूबे, दीपक बुझ गए, राख हुए परवाने
इंतिज़ार और अभी, और अभी, और अभी

[अनिल बिस्वास/लता मंगेशकर]

कोई दिल की चाहत से मजबूर है

चार दिल चार राहें; 1959

कोई दिल की चाहत से मजबूर है
जो भी है वो ज़रूरत से मजबूर है
कोई माने न माने मगर जाने-मन
कुछ तुम्हें चाहिए, कुछ हमें चाहिए

छुप के तकते हो क्यों सामने आओजी
हम तुम्हारे हैं हमसे न शर्माओ जी
ये न समझो कि हम को ख़बर कुछ नहीं
सब इधर ही इधर है उधर कुछ नहीं

तुम भी बेचैन हो हम भी बेताब हैं
जब से आँखें मिलीं दोनों बेख़्वाब हैं
इश्क़ और मुश्क छुपते नहीं हैं कभी
इस हक़ीक़त से वाक़िफ़ हैं हम-तुम सभी

अपने दिल की लगी को छुपाते हो क्यों
ये मुहब्बत की घड़ियाँ गँवाते हो क्यों
प्यास बुझती नहीं है नज़ारे बिना
उम्र कटती नहीं है सहारे बिना

कोई माने न माने मगर जाने-मन
कुछ तुम्हें चाहिए कुछ हमें चाहिए

[अनिल बिस्वास/लता मंगेशकर]

साँझ की लाली बन गई काली धूल

चार दिल चार राहें; 1959

साँझ की लाली सुलग-सुलग कर बन गई काली धूल
आए न बालम बेदर्दी, मैं चुनती रह गई फूल

रैन भई, बोझल अँखियन में चुभने लागे तारे
देस में मैं परदेसन हो गई, जब से पिया सिधारे

पिछले पहर जब ओस पड़ी और ठंडी पवन चली
हर करवट अँगारे बुझ गए, सूनी सेज जली

दीप बुझे, सन्नाटा टूटा, बाजा भोर का संख
बैरन पवन उड़ाकर ले गई, परवानों के पंख

[अनिल बिस्वास/लता मंगेशकर]

साथी रे साथी रे

चार दिल चार राहें; 1959

साथी रे साथी रे
क़दम क़दम से, दिल से दिल मिला रहे हैं हम
वतन में एक नया चमन खिला रहे हैं हम

साथी रे साथी रे
हम आज नींव रख रहे हैं इस निज़ाम की
बिके न ज़िन्दगी जहाँ किसी ग़ुलाम की
लुटें न मेहनतें पिसे हुए अवाम की
न भर सके तिजोरियाँ कोई हराम की
हर इक ऊँच-नीच को मिटा रहे हैं हम
क़दम क़दम से, दिल से दिल मिला रहे हैं हम

साथी रे साथी रे
बिदेसी लूट की जगह हो देसी लूट क्यों
सफ़ेद झूट की जगह हो सियाह झूट क्यों
वतन सभी का है तो फिर वतन में फूट क्यों
समाज दुश्मनों को मिल रही है छूट क्यों
खुली सभा में ये सवाल उठा रहे हैं हम
क़दम क़दम से, दिल से दिल मिला रहे हैं हम

साथी रे साथी रे
हमारे बाज़ुओं में आँधियों का ज़ोर है
हमारी धड़कनों में बादलों का शोर है
हमारे हाथ में वतन की बागडोर है
न बचके जा सकेंगे जिनके दिल में चोर है

सुनो कि अपना फ़ैसला सुना रहे हैं हम
क़दम क़दम से, दिल से दिल मिला रहे हैं हम

साथी रे साथी रे
उठा लिया है अब समाजवाद का निशाँ
अलग-अलग न होंगी अब हमारी खेतियाँ
चलेंगी सबके वास्ते मिलों की चर्ख़ियाँ
ज़मीं से आसमाँ तलक उठेंगी चिमनियाँ
कहा था जो वो करके अब दिखा रहे हैं हम
क़दम क़दम से, दिल से दिल मिला रहे हैं हम

साथी रे साथी रे
उठें वो नौजवान जिनको प्यार चाहिए
बढ़ें वो दुल्हनें जिन्हें सिंघार चाहिए
चलें वो गुलिस्ताँ जिन्हें निखार चाहिए
सुनें वो बस्तियाँ जिन्हें बहार चाहिए
कि ज़िन्दगी को उसका हक़ दिला रहे हैं हम
क़दम क़दम से, दिल से दिल मिला रहे हैं हम

साथी रे साथी रे
ये रास्ता सुनहरी मंज़िलों को जाएगा
ये रास्ता ख़ुशी की बस्तियाँ बसाएगा
बिछड़ गए थे जो उन्हें क़रीब लाएगा
ये रास्ता वो है जो दिल से दिल को मिलाएगा
कि अब तमाम फ़ासले मिटा रहे हैं हम
क़दम क़दम से, दिल से दिल मिला रहे हैं हम
वतन में इक नया चमन खिला रहे हैं हम

[अनिल बिस्वास/मुकेश, महेन्द्र कपूर, मन्ना डे, गीता दत्त, मीना कपूर]

नहीं किया तो कर के देख

चार दिल चार राहें; 1959

नहीं किया तो कर के देख़ तू भी किसी पे मर के देख
हुस्न के बिखरे फूलों से दिल की झोली भर के देख

कौन तुझे क्या कहता है क्यों उसका ग़म सहता है
कुत्ते भौंकते रहते हैं क़ाफ़िला चलता रहता है
कभी अपने मन की करके देख

रीतें रस्में तोड़ भी दे दिल को अकेला छोड़ भी दे
दुनिया दिल की दुश्मन है दुनिया का मुँह मोड़ भी दे
कुछ तो अनोखा करके देख

एक रहता है दौलत का दूसरा ऐशो-इशरत का
तीसरा झूटी इज़्ज़त का चौथा सच्ची उल्फ़त का
इस रस्ते से गुज़र के देख

[अनिल बिस्वास/मुकेश]

इन उजले महलों के तले

भाई बहन; 1959

इन उजले महलों के तले
हम गन्दी गलियों में पले

सौ-सौ बोझे मन पे लिये
मैल और माटी तन पे लिये
दुख सहते, ग़म खाते रहे
फिर भी हँसते-गाते रहे
हम दीपक तूफ़ाँ में जले
हम गन्दी गलियों में पले

दुनिया ने ठुकराया हमें
रस्तों ने अपनाया हमें
सड़कें माँ, सड़कें ही पिता
सड़कें घर, सड़कें ही चिता
क्यों आए, क्या करके चले
हम गन्दी गलियों में पले

दिल में खटका कुछ भी नहीं
हमको परवा कुछ भी नहीं

चाहो तो नाकारा कहो
चाहो तो आवारा कहो
हम ही बुरे, तुम सब हो भले
हम गन्दी गलियों में पले

[एन. दत्ता/आशा भोसले]

उठ जाएँगे जहाँ से हम यूँ ही रोते-रोते

भाई बहन; 1959

उठ जाएँगे जहाँ से हम यूँ ही रोते-रोते
फूलों की आरज़ू में काँटों पे सोते-सोते

बिगड़ा हर एक साथी टूटा हर एक सपना
इतने बड़े जहाँ में कोई बना न अपना
सौ ज़ख़्म पाए दिल ने एक ज़ख़्म धोते-धोते

लाखों ही ग़म उठाए, लाखों ही ज़ुल्म झेले
दुनिया ख़ुशी से खेली, हम आँसुओं से खेले
हर आस मिट गई है बर्बाद होते-होते

मुँह तक रहे हैं कब से बेदर्द ज़िन्दगी का
हम वो हैं जिनके सर पे साया नहीं किसी का
ख़ुद से भी खो न जाएँ दुनिया से खोते-खोते

[एन. दत्ता/सुधा मल्होत्रा]

मेरे नदीम मेरे हमसफ़र उदास न हो

भाई बहन; 1959

मेरे नदीम मेरे हमसफ़र उदास न हो
कठिन सही तेरी मंज़िल मगर उदास न हो

हर इक तलाश के रास्ते में मुश्किलें हैं मगर
हर इक तलाश मुरादों के फूल लाती है
हज़ार चाँद सितारों का ख़ून होता है
तो एक सुबह फ़िज़ाओं में मुस्कुराती है
मेरे नदीम मेरे हमसफ़र उदास न हो

क़दम-क़दम पे चट्टानें खड़ी रहें लेकिन
जो चल निकलते हैं दरिया तो फिर नहीं रुकते
हवाएँ कितना भी टकराएँ आँधियाँ बनकर
मगर घटाओं के परचम कभी नहीं झुकते
मेरे नदीम मेरे हमसफ़र उदास न हो

जो अपने ख़ून को पानी बना नहीं सकते
जो ज़िन्दगी में नया रंग ला नहीं सकते
जो रास्तों के अँधेरों से हार जाते हैं
वो मंज़िलों के उजालों को पा नहीं सकते
मेरे नदीम मेरे हमसफ़र उदास न हो
कठिन सही तेरी मंज़िल मगर उदास न हो

[एन. दत्ता/सुधा मल्होत्रा]

तेरे शहरों से तो राजा हमें जंगल ही भले

नाच घर; 1959

तेरे शहरों से तो राजा हमें जंगल ही भले
चैन से तो वहाँ सोते थे सितारों के तले
तुझको भी देख लिया, शहर भी तेरा देखा
जगमगाहट की हर एक तह में अँधेरा देखा
ऐश करते हैं तेरे शहर में दौलत वाले
और फ़ाक़ों के सितम सहते हैं मेहनत वाले
तेरे शहरों में ज़बाँ झूटी है दिल खोटे हैं
बिल्डिंगें ऊँची हैं इनसान बहुत छोटे हैं
तेरे शहरों से तो राजा हमें जंगल ही भले

शोर इतना है कि दिल की भी सदा खो जाए
भीड़ ऐसी कि ख़ुद अपना ही पता खो जाए
इश्क़ वालों को यहाँ रस्मे-वफ़ा याद नहीं
हुस्न को हुस्न की कुछ शर्मो-हया याद नहीं
जिस्म से रूह का है बैर तेरे शहरों में
नज़र आते हैं सभी ग़ैर तेरे शहरों में
तेरे शहरों से तो राजा हमें जंगल ही भले

तूने जो ढंग निकाले हैं वो बेढंगे हैं
कपड़ा बुनती हैं मिलें फिर भी बदन नंगे हैं
ग़ल्ला छुप जाता है धनवानों के तहख़ानों में
लाखों मर जाते हैं तपते हुए मैदानों में
भूके फ़ुटपाथ पे सोते हैं तेरे शहरों में
लोग इंसाफ़ को रोते हैं तेरे शहरों में
तेरे शहरों से तो राजा हमें जंगल ही भले

कहीं भाषा का है झगड़ा तो कहीं प्रान्त का है
कहीं नस्लों का है दंगा तो कहीं ज़ात का है
अम्न और चैन का साया नहीं इन राहों में
दाढ़ियाँ चोटियाँ टकराती हैं चौराहों में
तेरे शहरों में मुहब्बत का पता क्या ढूँडें
आदमी तक नहीं मिलता है ख़ुदा क्या ढूँडें
तेरे शहरों से तो राजा हमें जंगल ही भले

तुमने रॉकेट की मदद लेके सितारे देखे
कभी धरती पे भी शहरों के नज़ारे देखे
मौत के मुँह में हैं दुख-दर्द के मारे कितने
दाने-दाने को तरसते हैं बेचारे कितने
यही तहज़ीब है शहरों की तो जंगल अच्छे
जो हर इक घर पे बरसते हैं वो बादल अच्छे
तेरे शहरों से तो राजा हमें जंगल ही भले
चैन से तो वहाँ सोते थे सितारों के तले

[एन.दत्ता/मोहम्मद रफ़ी]

दुख जो दिए हैं दुनिया ने, मैं जानूँ या तू जाने

नाच घर; 1959

अ : दुख जो दिए हैं दुनिया ने, मैं जानूँ या तू जाने
ब : ऊपर वाला क्या जाने, मैं जानूँ या तू जाने

अ, ब : हम जैसे निर्धन दुनिया में आए क्यों
उससे ही पूछे कोई, उसने बनाए क्यों
ग़म अपने सुख बेगाने, मैं जानूँ या तू जाने

अ, ब : रस्ता ही आँगन, रस्ता ही घर है
कहाँ-कहाँ भटके, किसको ख़बर है
फ़रियादें हैं या गाने, मैं जानूँ या तू जाने

अ, ब : औरों को दो महले और रंगरलियाँ
हम को मिली हैं अँधियारी गलियाँ

बर्बादी के अफ़्साने, मैं जानूँ या तू जाने
दुख जो दिए हैं दुनिया ने, मैं जानूँ या तू जाने

[एन. दत्ता/मोहम्मद रफ़ी, लता मंगेशकर]

ऐ दिल ज़बाँ न खोल, सिर्फ़ देख ले

नाच घर; 1959

ऐ दिल ज़बाँ न खोल, सिर्फ़ देख ले
किसी से कुछ न बोल, सिर्फ़ देख ले

ये हसीन जगमगाहटें, आँचलों की सरसराहटें
ये नशे में झूमती ज़मीं, सबके पाँव चूमती ज़मीं

किस क़दर है गोल, सिर्फ़ देख ले
ऐ दिल ज़बाँ न खोल, सिर्फ़ देख ले

कितना सच है कितना झूट है कितना हक़ है कितनी लूट है
रख सभी की लाज कुछ न कह, क्या है ये समाज कुछ न कह

ढोल का ये पोल, सिर्फ़ देख ले
ऐ दिल ज़बाँ न खोल, सिर्फ़ देख ले

मान ले जहाँ की बात को, दिन समझ ले काली रात को
चलने दे यूँ ही ये सिलसिला, ये न बोल किस को क्या मिला

तराज़ुओं का झोल, सिर्फ़ देख ले
ऐ दिल ज़बाँ न खोल, सिर्फ़ देख ले

[एन. दत्ता/लता मंगेशकर]

प्यार ही मुझे दरकार है

दीदी; 1959

प्यार ही मुझे दरकार है
गर उनका प्यार हो बाँहों का हार हो
सोने-चाँदी के हार क्या करूँगी?
दिल मुझको चाहिए, घर लेके क्या करूँ
उनकी तलाश है, ज़र लेके क्या करूँ

जब वो ही खो गए औरों के हो गए
फिर मैं सोलह सिंगार क्या करूँगी
प्यार ही मुझे दरकार है

चाहत की राह में काँटा भी फूल है
चाहत को तोलना दुनिया की भूल है
सच्ची हँसी मिले दिल की ख़ुशी मिले
तन पे रेशम के हार क्या करूँगी
प्यार ही मुझे दरकार है

[एन. दत्ता/आशा भोसले]

तुम मुझे भूल भी जाओ तो ये हक़ है तुमको

दीदी; 1959

ब : तुम मुझे भूल भी जाओ तो ये हक़ है तुमको
मेरी बात और है मैंने तो मुहब्बत की है

मेरे दिल की मेरे जज़्बात की क़ीमत क्या है
उलझे-उलझे-से ख़यालात की क़ीमत क्या है
मैंने क्यों प्यार किया तुमने न क्यों प्यार किया
इन परेशान सवालात की क़ीमत क्या है

तुम जो ये भी न बताओ तो ये हक़ है तुमको
मेरी बात और है मैंने तो मुहब्बत की है

अ : ज़िन्दगी सिर्फ़ मुहब्बत नहीं कुछ और भी है
ज़ुल्फ़ो-रुख़सार की जन्नत नहीं कुछ और भी है
भूक और प्यास की मारी हुई इस दुनिया में
इश्क़ ही एक हक़ीक़त नहीं कुछ और भी है
तुम अगर आँख चुराओ तो ये हक़ है तुमको
मैंने तुम से ही नहीं सबसे मुहब्बत की है

ब : तुमको दुनिया के ग़मो-दर्द से फ़ुर्सत न सही
सबसे उल्फ़त सही मुझसे ही मुहब्बत न सही
मैं तुम्हारी हूँ यही मेरे लिए क्या कम है
तुम मेरे हो के रहो ये मेरी क़िस्मत न सही

और भी दिल को जलाओ तो ये हक़ है तुमको
मेरी बात और है मैंने तो मुहब्बत की है
तुम मुझे भूल भी जाओ तो ये हक़ है तुमको...

[एन. दत्ता/मुकेश, सुधा मल्होत्रा]

मेरे भैया को सन्देसा पहुँचाना रे चन्दा तेरी जोत बढ़े

दीदी; 1959

मेरे भैया को सन्देसा पहुँचाना रे चन्दा तेरी जोत बढ़े
दूर नगर मेरे भैया का डेरा बीच में पर्बत-नदियाँ
तुझे पहुँचते इक पल लागे मुझे पहुँचते सदियाँ

मेरे दिल की दुआ ले जाना रे चँदा तेरी जोत बढ़े
जुग-जुग चमके तू अम्बर पर रूप घटे न तेरा
तू है मेरे भैया जैसा तुझ-सा भैया मेरा
आज तू ही गले से लग जाना रे चँदा तेरी जोत बढ़े

[एन. दत्ता/लता मंगेशकर]

हमने सुना था एक है भारत

दीदी; 1959

बच्चे : हमने सुना था एक है भारत
सब मुल्कों से नेक है भारत
लेकिन जब नज़दीक से देखा
सोच-समझ कर ठीक से देखा
हमने नक़्शे और ही पाए
बदले हुए सब तौर ही पाए
एक से एक भी बात जुदा है
धर्म जुदा है ज़ात जुदा है
आपने जो कुछ हमको पढ़ाया
वो तो कहीं भी नज़र नहीं आया

टीचर : जो कुछ मैंने तुमको पढ़ाया, उसमें कुछ भी झूट नहीं
भाषा से भाषा न मिले तो इसका मतलब फूट नहीं
इक डाली पर रहकर जैसे फूल जुदा है पात-जुदा
बुरा नहीं जो यूँ ही वतन में धर्म जुदा हों ज़ात जुदा

बच्चे : वही है जब क़ुरआन का कहना
जो है वेद पुराण का कहना
फिर ये शोर-शराबा क्यों है
इतना ख़ून-ख़राबा क्यों है

टीचर : सदियों तक इस देश में बच्चो, रही हुकूमत ग़ैरो की
अभी तलक हम सबके मुँह पर धूल है उनके पैरों की
लड़वाओ और राज करो, ये उन लोगों की हिक्मत थी
उन लोगों की चाल में आना हम लोगों की ज़िल्लत थी

ये जो बैर है इक दूजे से, ये जो फूट और रंजिश है
उन्हीं विदेशी आक़ाओं की सोची-समझी बख़्शिश है

बच्चे : कुछ इनसान ब्राह्मण क्यों हैं?
कुछ इनसान हरिजन क्यों हैं?
एक की इतनी इज़्ज़त क्यों है?
एक की इतनी ज़िल्लत क्यों है?

टीचर : धन और ज्ञान को ताक़त वालों ने अपनी जागीर कहा
मेहनत और ग़ुलामी को कमज़ोरों की तक़दीर कहा
इनसानों का ये बँटवारा वहशत और जहालत है
जो नफ़रत की शिक्षा दे, वो धर्म नहीं है लानत है
जन्म से कोई नीच नहीं है जन्म से कोई महान नहीं
कर्म से बढ़ कर किसी मनुष्य की कोई भी पहचान नहीं

बच्चे : अब तो देश में आज़ादी है
अब क्यों जनता फ़रियादी है
कब जाएगा दौर पुराना
कब आएगा नया ज़माना

टीचर : सदियों की भूक और बेकारी क्या इक दिन में जाएगी
इस उजड़े गुलाब पर रंगत आते-आते आएगी
ये जो नए मंसूबे हैं और ये जो नई तामीरें हैं
आने वाले दौर की कुछ धुँदली-धुँदली तस्वीरें हैं
तुम ही रंग भरोगे इन में तुम ही इन्हें चमकाओगे
नव युग आप नहीं आएगा नव युग तुम लाओगे

[एन. दत्ता/मोहम्मद रफ़ी, सुधा मल्होत्रा, उषा मंगेशकर]

बच्चों तुम तक़दीर हो कल के हिन्दुस्तान की

दीदी; 1959

बच्चों तुम तक़दीर हो कल के हिन्दुस्तान की
बापू के वरदान की नेहरू के अरमान की

आज के टूटे खँडरों पर तुम कल का देश बसाओगे
जो हम लोगों से न हुआ वो तुम करके दिखाओगे
तुम नन्ही बुनियादें हो दुनिया के नए विधान की

दीन धर्म के नाम पे कोई बीज फूट का बोए ना
जो सदियों के बाद मिली है वो आज़ादी खोए ना
हर मज़हब से ऊँची है क़ीमत इनसानी जान की

फिर कोई जयचन्द न उभरे फिर कोई जाफ़र न उठे
ग़ैरों का दिल ख़ुश करने को अपनों पर ख़ंजर न उठे
धन-दौलत के लालच में तौहीन न हो ईमान की

नारी को इस देश ने देवी कहकर दासी जाना है,
जिसको कुछ अधिकार न हो घर की रानी माना है
तुम ऐसा आदर मत लेना आड़ हो जो अपमान की

बहुत दिनों तक इस दुनिया में रीत रही है जंगों की
लड़ी हैं धनवानों की ख़ातिर फ़ौजें भूके नंगों की
कोई लुटेरा ले न सके अब क़ुर्बानी इनसान की

रह न सके अब इस दुनिया में युग सरमायादारी का
तुमको झंडा लहराना है मेहनत की सरदारी का
तुम चाहो तो बदल के रख दो क़िस्मत हर इनसान की
बच्चो तुम तक़दीर हो कल के हिन्दुस्तान की

[एन. दत्ता/मोहम्मद रफ़ी, आशा भोसले]

हम चाँद की सैर को जाएंगे

दीदी; 1959

अ : मामाजी के रॉकेट पर हम चाँद की सैर को जाएँगे
वहाँ के बच्चों से मिल-जुल कर दूध-मलाई खाएँगे

ब : दीदी साथ न जाएगी तो कौन तुम्हें नहलाएगा
कौन करेगा कंघी-पट्टी, कपड़े कौन पहनाएगा

अ : हवा करेगी कंघी-पट्टी और बादल नहलाएँगे
परियाँ कपड़े पहनाएँगी, तारे मुँह धुलवाएँगे
मामाजी के रॉकेट पर हम चाँद की सैर को जाएँगे

ब : रात को नींद न आएगी तो लोरी कौन सुनाएगा
घोड़ा बनकर कौन चलेगा, पीठ पे कौन बिठाएगा

अ : घोड़ा बनना क्या मुश्किल है हम ख़ुद ही बन जाएँगे
लोरी के रेकॉर्ड बहुत हैं, बाजे पर बजवाएँगे
मामाजी के रॉकेट पर हम चाँद की सैर को जाएँगे

ब : कपड़ों पर गिर जाएगा सालन, खाना कैसे खाओगे
दीदी साथ न हो तो सुन लो कुछ भी मज़ा न पाओगे

अ : मामाजी का रॉकेट है, मामा जी गर फ़रमाएँगे
हम तुम से वादा करते हैं दीदी को ले जाएँगे
अच्छा अब तुम यहीं पे ठहरो मैं जल्दी से जाता हूँ
अपने प्यारे मामाजी से पूछ के वापस आता हूँ
मामाजी के रॉकेट पर हम चाँद की सैर को जाएँगे

[एन. दत्ता/उषा मंगेशकर, आशा भोसले]

कोई तकरार करे या कोई इनकार करे

ब्लैक कैट; 1959

ब : कोई तकरार करे या कोई इनकार करे
हमसे इक बार निगाहें तो ज़रा चार करे

अ : तुम हसीं हो तुम्हें, सब दिल में जगह देते हैं
हम में क्या बात है ऐसी कि कोई प्यार करे

ब : मैं तुम्हीं से पूछती हूँ, मुझे तुमसे प्यार क्यों है
कभी तुम दग़ा न दोगे मुझे एतिबार क्यों है

मुझे क्यों पुकारती हैं ये जवाँ-जवाँ फ़िज़ाएँ
मुझे मिल गईं कहाँ से ये हसीं-हसीं अदाएँ
मेरी ज़िन्दगी पे छाई ये नई बहार क्यों है

जो क़दम उठा रही हूँ वो क़दम बहक रहा है
मिलीं तुमसे क्या निगाहें, मेरा दिल धड़क रहा है
मेरे दिल पे हाथ रख दो, तुम्हें इन्तिज़ार क्यों है

तुम ही सामने हो मेरे, मैं जिधर नज़र उठाऊँ
तुम्हें भूलना भी चाहूँ तो कभी भूल न पाऊँ
मेरे दिल पे हाए इतना तुम्हें इख़्तियार क्यों है
मैं तुम्हीं से पूछती हूँ...

[एन. दत्ता/मोहम्मद रफ़ी, लता मंगेशकर]

ज़िन्दगी भर नहीं भूलेगी वो बरसात की रात

बरसात की रात; 1960

ज़िन्दगी भर नहीं भूलेगी वो बरसात की रात
एक अनजान हसीना से मुलाक़ात की रात

हाये वो रेशमी ज़ुल्फ़ों से बरसता पानी
फूल से गालों पे रुकने को तरसता पानी
दिल में तूफ़ान उठाए हुए जज़्बात की रात
ज़िन्दगी भर नहीं भूलेगी वो बरसात की रात

डर के बिजली से अचानक वो लिपटना उसका
और फिर शर्म से बल खा के सिमटना उसका
कभी देखी न सुनी ऐसी तिलिस्मात की रात
ज़िन्दगी भर नहीं भूलेगी वो बरसात की रात

सुर्ख़ आँचल को दबाकर जो निचोड़ा उसने
दिल पे जलता हुआ एक तीर-सा छोड़ा उसने
आग पानी में लगाते हुए हालात की रात
ज़िन्दगी भर नहीं भूलेगी वो बरसात की रात

मेरे नग़्मों में जो बसती है वो तस्वीर थी वो
नौजवानी के हसीं ख़्वाब की ताबीर थी वो
आस्मानों से उतर आई थी जो रात की रात
ज़िन्दगी भर नहीं भूलेगी वो बरसात की रात

[रोशन/मोहम्मद रफ़ी]

मुझे मिल गया बहाना तेरी दीद का

बरसात की रात; 1960

मुझे मिल गया बहाना तेरी दीद[1] का
कैसी ख़ुशी ले के आया चाँद ईद का

ज़ुल्फ़ मचल के खुल-खुल जाए
चाँद में मस्ती घुल-घुल जाए
ऐसी ख़ुशी आज मिली, आँखों में नाम नहीं नींद का

जागती आँखें बुनती हैं सपने
तुमको बिठा के पहलू में अपने
दिल की लगी ऐसी बढ़ी, आँखों में नाम नहीं नींद का

आते ही तेरे चिटकी हैं कलियाँ
दिल बन-बन के धड़की हैं गलियाँ
ऐसी सजी रात मेरी, आँखों में नाम नहीं नींद का
कैसी खुशी ले के आया चाँद ईद का

[रोशन/लता मंगेशकर]

मैंने शायद तुम्हें पहले भी कहीं देखा है

बरसात की रात; 1960

मैंने शायद तुम्हें पहले भी कहीं देखा है

अजनबी-सी हो मगर ग़ैर नहीं लगती हो
वह्म से भी जो हो नाज़ुक वो यक़ीं लगती हो
हाय ये फूल-सा चेहरा, ये घनेरी ज़ुल्फ़ें
मेरे शे'रों से भी तुम मुझको हसीं लगती हो

मैंने शायद तुम्हें पहले भी कहीं देखा है

देखकर तुमको किसी रात की याद आती है
एक ख़ामोश मुलाक़ात की याद आती है

1. दर्शन।

ज़ेह्न में हुस्न की ठंडक का असर जागता है
आँच देती हुई बरसात की याद आती है

मैंने शायद तुम्हें पहले भी कहीं देखा है

मेरी आँखों पे झुकी रहती थीं पलकें जिसकी
तुम वही मेरे ख़यालों की परी हो कि नहीं
कहीं पहले की तरह फिर तो न खो जाओगी
जो हमेशा के लिए हो वो ख़ुशी हो कि नहीं

मैंने शायद तुम्हें पहले भी कहीं देखा है

[रोशन/मोहम्मद रफ़ी]

मायूस तो हूँ वादे से तेरे कुछ आस नहीं कुछ आस भी है

बरसात की रात; 1960

मायूस तो हूँ वादे से तेरे कुछ आस नहीं कुछ आस भी है
मैं अपने ख़यालों के सद्क़े, तू पास नहीं और पास भी है

हमने तो ख़ुशी माँगी थी मगर जो तूने दिया अच्छा ही दिया
जिस ग़म का तअल्लुक़ हो तुमसे वो रास नहीं और रास भी है

पलकों पे लरज़ते अश्कों में तस्वीर झलकती है तेरी
दीदार की प्यासी आँखों में अब प्यास नहीं और प्यास भी है

[रोशन/मोहम्मद रफ़ी]

गरजत बरसत सावन आयो रे

बरसात की रात; 1960

गरजत बरसत सावन आयो रे
लाए न संग में हमरे बिछड़े बलमवा, सखी का करूँ हाए
रिमझिम-रिमझिम मेघा बरसे, तड़पे जियरवा नयन समान
पड़ गई फीकी लाल चुनरिया, पिया नहीं आए

पल-पल छिन-छिन पवन झकोरे, लागे तन पर तीर समान
नैनन जल सूँ भीगी सज़रिया, अगन लगाए
गरजत-बरसत सावन आयो रे
लाए न संग में हमरे बिछड़े बलमवा, सखी का करूँ हाए

[रोशन/लता मंगेशकर, कमल बारोट]

क्या ग़म जो अँधेरी हैं रातें

बरसात की रात; 1960

क्या ग़म जो अँधेरी हैं रातें
एक शम्ए-तमन्ना साथ तो है

कुछ और सहारा हो कि न हो
हाथों में किसी का हाथ तो है

क्या जानिए कितने दीवाने
घर फूँक तमाशा देख चुके

जिस प्यार की दुनिया दुश्मन है
उस प्यार में कोई बात तो है

[रोशन/मोहम्मद रफ़ी]

न तो कारवाँ की तलाश है

बरसात की रात; 1960

अ : न तो कारवाँ की तलाश है, न तो हमसफ़र की तलाश है
मेरे शौक़े-ख़ाना-ख़राब[1] को तेरी रहगुज़र[2] की तलाश है

ब : मेरे नामुराद[3] जुनून[4] का है इलाज कोई तो मौत है
जो दवा के नाम पे ज़हर दे उसी चारागर[5] की तलाश है

अ : तेरा इश्क़ है मेरी आरज़ू, तेरा इश्क़ है मेरी आबरू
तेरा इश्क़ मैं कैसे छोड़ दूँ, मेरी उम्र भर की तलाश है

दिल इश्क़, जिस्म इश्क़ है और जान इश्क़
ईमान की जो पूछो तो ईमान इश्क़ है

1. भाग्यहीन अभिलाषा, 2. रास्ता, 3. अभागा, 4. पागलपन, 5. उपचारक।

तेरा इश्क़ मैं कैसे छोड़ दूँ, मेरी उम्र भर की तलाश है
ये इश्क़-इश्क़ है इश्क़-इश्क़

जाँ-सोज़[1] की हालत को जाँ-सोज़ ही समझेगा
मैं शम्अ[2] से कहता हूँ महफ़िल से नहीं कहता

ब : सहर[3] तक सब का है अंजाम[4] जल कर ख़ाक हो जाना
बने महफ़िल में कोई शम्अ या परवाना हो जाए
क्योंकि ये इश्क़-इश्क़ है इश्क़-इश्क़

स : वहशते-दिल[5] रसनो-दार[6] से रोकी न गई
किसी ख़ंजर, किसी तलवार से रोकी न गई

इश्क़ मजनूँ की वो आवाज़ है जिसके आगे
कोई लैला किसी दीवार से रोकी न गई
ये इश्क़-इश्क़ है इश्क़-इश्क़

अ : वो हँस के अगर माँगें तो हम जान भी दे दें
ये जान तो क्या चीज़ है ईमान भी दे दें
क्योंकि ये इश्क़-इश्क़ है इश्क़-इश्क़

स : नाज़ो-अन्दाज़ से कहते हैं कि जीना होगा
ज़हर देते हैं तो कहते हैं कि पीना होगा
जब मैं पीता हूँ तो कहते हैं कि मरता भी नहीं
जब मैं मरता हूँ तो कहते हैं कि जीना होगा
ये इश्क़-इश्क़ है इश्क़-इश्क़

अ : मज़हबे-इश्क़ की हर रस्म कड़ी होती है
हर क़दम पर कोई दीवार खड़ी होती है

स : इश्क़ आज़ाद है हिन्दू न मुसलमान है इश्क़
आप ही धर्म है और आप ही ईमान है इश्क़

जिससे आगाह[7] नहीं शैख़ो-ब्रम्हण दोनों
इस हक़ीक़त का गरजता हुआ एलान[8] है इश्क़

ब : इश्क़ न पुच्छे दीन-धरम नूँ इश्क़ न पुच्छे ज़ाताँ
इश्क़ दे हत्थों गरम लहू विच डुबयाँ लख बराताँ
ये इश्क़-इश्क़ है इश्क़-इश्क़

---

1. सन्ताप सहनेवाला, सहानुभूति करनेवाला, 2. प्रेमिका की सभा का दीप, 3. प्रात:काल, 4. अन्त, 5. मन का पागलपन, 6. फंदा और सूली, 7. परिचित, 8. घोषणा।

अ : राह उल्फ़त की कठिन है इसे आसाँ न समझ
बहुत कठिन है डगर पनघट की

ब : बहुत कठिन है डगर पनघट की
क्या भर लाऊँ मैं जमुना से मटकी

मैं जो चली जल जमुना भरन को देखो सखी री
नंद के छोरे मोहे रोके झाड़ों में
क्या भर लाऊँ मैं जमुना से मटकी

अ : क्या भर लाऊँ मैं जमुना से मटकी
लाज राखो मोरे घूँघट पट की
लाज राखो राखो राखो

स : जब-जब कृष्ण की बंसी बाजी, निकली राधा सजके
जान-अजान का ज्ञान भुला के, लोक-लाज को तज के

बन-बन डोली जनक दुलारी पहन के प्रेम की माला
दर्शन जल की प्यासी मीरा, पी गई बिस का प्याला
लाज राखो राखो राखो
ये इश्क़ इश्क़ है इश्क़-इश्क़

अल्लाह और रसूल का फ़र्मान[1] इश्क़ है
यानी हदीस[2] इश्क़ है क़ुरआन इश्क़ है
गौतम का और मसीह का अरमान इश्क़ है
ये कायनात[3] इश्क़ है और जान इश्क़ है
इश्क़ सरमद[4], इश्क़ ही मंसूर[5] है
इश्क़ मूसा[6], इश्क़ कोहे-तूर[7] है

ख़ाक को बुत और बुत को देवता करता है इश्क़
इंतिहा ये है कि बंदे को ख़ुदा करता है इश्क़
ये इश्क़-इश्क़ है इश्क़-इश्क़
ये इश्क़-इश्क़ है इश्क़-इश्क़

[रोशन/मन्ना डे, बलबीर, एस.डी. बातिश, आशा भोसले, सुधा मल्होत्रा, मोहम्मद रफ़ी और कोरस]

---

1. आदेश, 2. पैग़म्बर मुहम्मद साहिब की फ़र्माई हुई बात, 3. संसार, 4. एक अध्यात्मवादी, 5. एक अध्यात्मवादी, 6. एक पैग़म्बर, 7. वह पहाड़ जिस पर हज़रत मूसा ने ईश्वर का प्रकाश देखा था।

अदा बिजली बदन शोला

बरसात की रात; 1960

ब : अदा बिजली बदन शोला भवें ख़ंजर नज़र क़ातिल
ग़लत क्या है हमें कहती है ये दुनिया अगर क़ातिल

निगाहे-नाज़[1] के मारों का हाल क्या होगा
न बच सकें तो बेचारों का हाल क्या होगा

अ : हमीं ने इश्क़ के क़ाबिल बना दिया है तुम्हें
हमीं न हों तो नज़ारों का हाल क्या होगा

ब : हमारे हुस्न की बिजली चमकने वाली है
न जाने आज हज़ारों का हाल क्या होगा

अ : बहारे-हुस्न सलामत, ख़िज़ाँ से पूछ ज़रा
कि चार दिन में बहारों का हाल क्या होगा

रंग पर नाज़ न कर, रंग बदल जाता है
ये वो मेहमाँ है जो आज आता है कल जाता है

इश्क़ पर नाज़ करे कोई तो कुछ बात भी है
हुस्न का नाज़ ही क्या हुस्न तो ढल जाता है

बहारे-हुस्न सलामत ख़िज़ाँ से पूछ ज़रा
कि चार दिन में बहारों का हाल क्या होगा

ब : हम अपने चेहरे से पर्दा उठा तो दें लेकिन
ग़रीब चाँद सितारों का हाल क्या होगा

अ : मुक़ाबला है तो फिर देर क्या है तीर चला
मर जाए जो मरता है कोई तेरी बला से
तू देख मेरी जाँ इसी मतवाली अदा से

[रोशन/आशा भोसले, सुधा मल्होत्रा]

---

1. घमंड भरी दृष्टि।

उठा पर्दा दिखा जलवा

बरसात की रात; 1960

उठा पर्दा दिखा जलवा
गिरा बिजली मिला नज़रें

मुक़ाबला है तो फिर देर क्या है तीर चला
तू ये न सोच कि यारों का हाल क्या होगा

[रोशन/शंकर शम्भू क़व्वाल, आशा भोसले, सुधा मल्होत्रा]

न ख़ंजर उठेगा न तलवार इनसे

बरसात की रात; 1960

अ : न ख़ंजर उठेगा न तलवार इनसे
ये बाज़ू मेरे आज़माए हुए हैं
पहचानता हूँ ख़ूब तुम्हारी नज़र को मैं
जाने न दूँगा हाथ से दिल और जिगर को मैं

ब : दिल ऐसी शै नहीं जो क़ाबू में रह सके
समझाऊँ किस तरह से किसी बेख़बर को मैं

अ : आई है उनके चाँद से चेहरे को चूमकर
जी चाहता है चूम लूँ अपनी नज़र को मैं

ब : गो ज़ुल्म बेहिसाब किया इस निगाह ने
रुसवा किया ख़राब किया इस निगाह ने
इक काम लाजवाब किया इस निगाह ने
जो तुझको इन्तिख़ाब[1] किया इस निगाह ने
जी चाहता है चूम लूँ अपनी नज़र को मैं

अ : इश्क़ पर ज़ोर नहीं है ये वो आतिश[2] फ़ितना[3]
कि लगाए न लगे और बुझाए न बने
जी चाहता है, जी चाहता...

ब : वो सदा दूर-दूर रहता है
नासेहा[4] तू दुरुस्त[5] कहता है

1. चयन, 2. आग, 3. भड़कनेवाली, 4. उपदेश देनेवाला, 5. ठीक।

उसपे मरने से कुछ नहीं हासिल
आह भरने से कुछ नहीं हासिल

बेमुरव्वत[1] है बेवफ़ा है वो
मेरे दुश्मन का आश्ना[2] है वो
अब उसे छोड़ना ही बेहतर है
ये भरम तोड़ना ही बेहतर है
मानते हैं तेरी नसीहत को
हाए पर क्या करें तबीअत को
जी चाहता है जी चाहता है...

अ : कब आओगे कब आओगे
जब आओगे तब आओगे

ब : मर जाएँगे गर यूँ ही ग़ज़ब ढाओगे
थम-थम के बरसते हैं शराबी बादल
तुम अब भी न आओगे तो कब आओगे

पिछले पहर जब ओस पड़े और ठंडी पवन चले
बिरह अगन मोरा तन-मन लूटे, सूनी सेज जले

सब सखियाँ चलीं पी को रिझाने
मोरे सजन हैं दूर ठिकाने
और मेरा भी
जी चाहता है जी चाहता है...

क्यों आप पे मरते हैं
हम ये नहीं कह सकते
बस
जी चाहता है जी चाहता है...

सूरत का है सवाल न सीरत[3] की बात है
हम तुम पे मर मिटे ये तबीअत की बात है
बस
जी चाहता है जी चाहता है...
जी चाहता है चूम लूँ अपनी नज़र को मैं

[रोशन/एस. बलबीर, आशा भोसले, सुधा मल्होत्रा]

---

1. जिसमें शील संकोच न हो, 2. परिचित, 3. स्वभाव।

पयामे-इश्क़ो-मुहब्बत हमें पसन्द नहीं

बाबर; 1960

पयामे-इश्क़ो-मुहब्बत[1] हमें पसन्द नहीं
ये दिल्लगी ये शरारत हमें पसन्द नहीं

बजा[2] नहीं था ये इज़हार बेक़रारी का
लिहाज़[3] कुछ तो किया होता पर्दादारी का
हया से इतनी बग़ावत हमें पसन्द नहीं

हमें तो हँस के बहारों ने भी नहीं देखा
नज़र मिला के सितारों ने भी नहीं देखा
किसी निगाह की जुर्अत[4] हमें पसन्द नहीं

जो तख़्तो-ताज के वारिस हैं उनका प्यार ही क्या
बदलने वाली निगाहों का एतिबार ही क्या
हुज़ूर की ये इनायत हमें पसन्द नहीं

[रोशन/सुधा मल्होत्रा]

तुम एक बार मुहब्बत का इम्तिहान तो लो

बाबर; 1960

तुम एक बार मुहब्बत का इम्तिहान तो लो
मेरे जुनूँ मेरी वहशत का इम्तिहान तो लो

सलामे-शौक़ पे रंजिश भरा पयाम न दो
मेरे ख़ुलूस को हिर्सो-हवस का नाम न दो
मेरी वफ़ा की हक़ीक़त का इम्तिहान तो लो

न तख़्तो-ताज, न लालो-गुहर की हसरत है
तुम्हारे प्यार तुम्हारी नज़र की हसरत है
तुम अपने हुस्न की अज़मत का इम्तिहान तो लो

---

1. प्रेम का सन्देश, 2. उचित, 3. आदर, 4. साहस।

मैं अपनी जान भी दे दूँ तो एतिबार नहीं
कि तुमसे बढ़के मुझे ज़िन्दगी से प्यार नहीं
यूँ ही सही मेरी चाहत का इम्तिहान तो लो

[रोशन/मोहम्मद रफ़ी]

सलामे-हसरत क़ुबूल कर लो

बाबर; 1960

सलामे-हसरत[1] क़ुबूल कर लो
मेरी मुहब्बत क़ुबूल कर लो

उदास नज़रें तड़प-तड़पकर तुम्हारे जल्वों[2] को ढूँढ़ती हैं
जो ख़्वाब की तरह खो गए, उन हसीन लम्हों को ढूँढ़ती हैं
मेरी मुहब्बत क़ुबूल कर लो

तुम्हीं निगाहों की आरज़ू हो, तुम्हीं ख़यालों का मुद्दआ[3] हो
तुम्ही मेरे वास्ते सनम हो, तुम्ही मेरे वास्ते ख़ुदा हो

मेरी परस्तिश[4] की लाज रख लो, मेरी इबादत[5] क़ुबूल कर लो
मेरी मुहब्बत क़ुबूल कर लो

तुम्हारी झुकती नज़र से जब तक न कोई पैग़ाम मिल सकेगा
न रूह[6] तस्कीन पा सकेगी, न दिल को आराम मिल सकेगा
ग़मे-जुदाई है जान लेवा, ये इक हक़ीक़त क़ुबूल कर लो
मेरी मुहब्बत क़ुबूल कर लो

[रोशन/सुधा मल्होत्रा]

हसीनों के जल्वे परेशान रहते

बाबर; 1960

अ : हसीनों के जल्वे परेशान रहते
अगर हम न होते अगर हम न होते

---

1. कामना का सलाम, 2. दर्शन, 3. आशय, 4. आराधना, 5. उपासना, 6. आत्मा।

ब : मुहब्बत से तुम लोग अनजान रहते
अगर हम न होते अगर हम न होते

अ : हमीं ने तुम्हें जाने-महफ़िल बनाया
निगाहों में तुलने के क़ाबिल बनाया

हमीं ने सिखाया तुम्हें वार करना
हुए क़त्ल और तुमको क़ातिल बनाया
ये सब नाज़ो-अन्दाज़ बेजान रहते
अगर हम न होते अगर हम न होते

ब : हमीं ने तुम्हें प्यार की रौशनी दी
जो आँचल से छनती है वो चाँदनी दी
नज़र से जवानी के शबनम लुटा के
तमन्ना के हर फूल को ताज़गी दी
चमन आरज़ुओं के वीरान रहते
अगर हम न होते अगर हम न होते

अ : अगर हम न होते तो क्या बात बनती
सियह ज़ुल्फ़ कैसे हसीं रात बनती
अगर हम न चाहत के सज्दे लुटाते
ख़ुदा किस तरह हुस्न की ज़ात बनती
बुतों को ख़ुदाई के अरमान रहते
अगर हम न होते अगर हम न होते

ब : तुम्हें हमने जादू भरे ख़्वाब बख़्शे
अँधेरी फ़िज़ाओं को महताब बख़्शे
जुनूँ को वफ़ा का सलीक़ा सिखाया
दिलों को धड़कने के आदाब बख़्शे
ये नादान दिल यूँ ही नादान रहते
अगर हम न होते अगर हम न होते

अ : जवाँ बाज़ुओं को लचक हमने दी है
हसीं चूड़ियों को खनक हमने दी है

हमीं ने भरा लोच अँगड़ाइयों में
तुम्हें बिजलियों की चमक हमने दी है
तुम इस हुस्न पर ख़ुद पशेमान होते
अगर हम न होते अगर हम न होते

ब : दुआ दो कि तुमको मुहब्बत सिखा दी
मुरव्वत सिखा दी शराफ़त सिखा दी
हमीं ने तुम्हें रंगे-तह्ज़ीब बख़्शा
हमीं ने तुम्हें आदमीयत सिखा दी
ज़माने में वह्शत के सामान रहते
अगर हम न होते अगर हम न होते

[रोशन/मोहम्मद रफ़ी, मन्ना डे, आशा भोसले, सुधा मल्होत्रा, कोरस]

दुख सह के जो सुख पहुँचाती है

बाबर; 1960

दुख सह के जो सुख पहुँचाती है, उस ममता को रुस्वा न करो
तुम माँ हो तुम ऐसा न करो
तुम माँ हो तुम्हीं से इंसाँ को ये जिस्म मिला और जान मिली
नेकी का चलन, ईमाँ की लगन, सच्चाई की पहचान मिली
क़ुदरत ने दिया है जो रुत्बा, उस रुत्बे को नीचा न करो

तुम माँ हो तुम्हारे क़दमों में जन्नत की बहारें पलती हैं
तालीम के गुलशन खिलते हैं तह्ज़ीब की शम्एँ जलती हैं
उस घर का उजाला मत छीनो, उस डाली को सूना न करो

तुम माँ हो तुम्हें इस दुनिया में जानों की हिफ़ाज़त करना है
ठुकराके हर इक ख़ुदग़र्ज़ी को, इनसानों की ख़िदमत करना है
तुम नस्लों की खेती सींचती हो, तुम जानों का सौदा न करो

तुम अच्छी तरह पहचानती हो औलाद का ग़म क्या होता है
ये तीरे-सितम क्या होता है, ये बारे-अलम क्या होता है
हर माँ का जो तुम को दर्द नहीं, माँ होने का दावा न करो

[रोशन/सुधा मल्होत्रा]

आज रोना पड़ा तो समझे

गर्ल फ्रेंड; 1960

आज रोना पड़ा तो समझे
हँसने का मोल क्या है
सपना खोना पड़ा तो समझे
ख़्वाबों की हक़ीक़त क्या थी
अरमानों की क़ीमत क्या थी
अपनों की मुहब्बत क्या थी
ग़ैर होना पड़ा तो समझे

सुख मिलता है किस मुश्किल से
क्या कहती है दुनिया दिल से
इस रंगभरी महफ़िल से
दूर हो जाना पड़ा तो समझे

निकले थे जिन्हें अपनाने
वो लोग थे सब बेगाने
इस बात को हम दीवाने
चैन खोना पड़ा तो समझे

आज रोना पड़ा तो समझे
हँसने का मोल क्या है
सपना खोना पड़ा तो समझे

[हेमन्त कुमार/किशोर कुमार]

कहते हैं इसे पैसा बच्चो, ये चीज़ बड़ी मामूली है

गर्ल फ्रेंड; 1960

कहते हैं इसे पैसा बच्चो, ये चीज़ बड़ी मामूली है
लेकिन इस पैसे के पीछे सब दुनिया रस्ता भूली है
इंसाँ की बनाई चीज़ है ये लेकिन इनसान पे भारी है
हल्की-सी झलक इस पैसे की धर्म और ईमान पे भारी है

ये झूट को सच कर देता है और सच को झूट बनाता है
भगवान नहीं पर हर घर में भगवान की पदवी पाता है
इस पैसे के बदले दुनिया में इनसानों की मेहनत बिकती है
जिस्मों की हरारत बिकती है, रूहों की शराफ़त बिकती है

किरदार ख़रीदे जाते हैं, दिलदार ख़रीदे जाते हैं
इस पैसे की ख़ातिर दुनिया में आबाद वतन बँट जाते हैं
धरती टुकड़े हो जाती है, लाशों के कफ़न बँट जाते हैं
इज़्ज़त भी इससे मिलती है, ताज़ीम भी इससे मिलती है
तह्ज़ीब भी इससे आती है, तालीम भी इससे मिलती है
हम आज तुम्हें इस पैसे का सारा इतिहास बताते हैं
कितने युग अब तक गुज़रे हैं, उन सबकी झलक दिखलाते हैं

इक ऐसा वक़्त भी था जग में जब इस पैसे का नाम न था
चीज़ें चीज़ों से तुलती थीं, चीज़ों का कुछ भी दाम न था
इनसान फ़क़त इनसान था तब, इनसान का मज़हब कुछ भी न था
दौलत, ग़ुर्बत, इज़्ज़त, ज़िल्लत इन लफ़्ज़ों का मतलब कुछ भी न था

चीज़ों से चीज़ बदलने का ये ढंग बहुत बेकार-सा था
लाना भी कठिन था चीज़ों का, ले जाना भी दुश्वार-सा था
इनसानों ने तब मिलकर सोचा, क्यों वक़्त इतना बर्बाद करें
हर चीज़ की जो क़ीमत ठहरे वो चीज़ क्यों न ईजाद करें
इस तरह हमारी दुनिया में पहला पैसा तैयार हुआ
और इस पैसे की हसरत में इनसान ज़लीलो-ख़्वार हुआ

पैसेवाले इस दुनिया में जागीरों के मालिक बन बैठे
मज़दूरों और किसानों की तक़दीरों के मालिक बन बैठे
जागीरों पे क़ब्ज़ा रखने को क़ानून बने, हथियार बने
हथियारों के बल पर धनवाले इस धरती के सरदार बने

जंगों में लड़ाया भूकों को और अपने सर पर ताज रखा
निर्धन को दिया परलोक का दुख, अपने लिए जग का राज रखा
पंडित और मुल्ला उनके लिए मज़हब के सहीफ़े लाते रहे
शायर तारीफ़ें लिखते रहे, गायक दरबारी गाते रहे

वैसा ही करेंगे हम जैसा तुझे चाहिए
पैसा हमें चाहिए

हल तेरे जोतेंगे, खेत तेरे बोएँगे
ढोर तेरे हाँकेंगे, बोझ तेरा ढोएँगे
पैसा हमें चाहिए

पैसा हमें दे दे राजा, गुण तेरे गाएँगे
तेरे बच्चे-बच्चियों की ख़ैर मनाएँगे
पैसा हमें चाहिए

वैसा ही करेंगे हम जैसा तुझे चाहिए
पैसा हमें चाहिए
पैसा हमें चाहिए

लोगों की अनथक मेहनत ने चमकाया रूप ज़मीनों का
आग और बिजली हमराह लिये आ पहुँचा दौर मशीनों का
इल्म और विज्ञान की ताक़त ने मुँह मोड़ दिया दरियाओं का
इनसान जो ख़ाक का पुतला था वो हाकिम बना हवाओं का
जनता की मेहनत के आगे क़ुदरत ने ख़ज़ाने खोल दिए
राज़ों की तरह रखा था जिन्हें, वो सारे ज़माने खोल दिए
लेकिन इन सब ईजादों पर पैसे का इजारा होता रहा
दौलत का नसीबा चमक उठा, मेहनत का मुक़द्दर सोता रहा

वैसा ही करेंगे हम जैसा तुझे चाहिए
पैसा हमें चाहिए

रेलें भी बिछाएँगे मिलें भी चलाएँगे
पैसा हमें चाहिए

पैसा हमें दे दे बाबू गुण तेरे गाएँगे
तेरे बच्चे-बच्चियों की ख़ैर मनाएँगे
पैसा हमें चाहिए

युग-युग से यूँ ही इस दुनिया में हम दान के टुकड़े माँगते हैं
हल जोत के फ़स्लें काट के भी, पकवान के टुकड़े माँगते हैं
लेकिन इन भीक के टुकड़ों से कब भूक का संकट दूर हुआ
इनसान सदा दुख झेलेगा, गर ख़त्म न ये दस्तूर हुआ
ज़ंजीर बनी है क़दमों की, वो चीज़ जो अब तक गहना थी
भारत के सपूतो, आज तुम्हें बस इतनी बात ही कहना थी
जिस वक़्त बड़े हो जाओ तुम पैसे का राज मिटा देना

अपना और अपने जैसों का युग-युग का क़र्ज़ चुका देना
युग-युग का क़र्ज़ चुका देना

[हेमन्त कुमार/लता मंगेशकर, हेमन्त कुमार, रानू मुकर्जी, कोरस]

ओ मैडम, ओ मैडम ... कम कम कम कम

गर्ल फ्रेंड; 1960

ओ मैडम, ओ मैडम ... कम कम कम कम
हर घाट मेरी उल्टी, हर बात मेरी उल्टी
हर घाट मेरी...
तुम ठीक ही कहती हो मैडम
मैं पागल हूँ, मैं पागल हूँ, मैं पागल हूँ
जग नफ़रत का व्यापारी और मैं हूँ प्रेम पुजारी
सच कहती है दुनिया मेरी अकल गई है मारी
पुजारी मोरे मन्दिर में आओ...2
आओ आओ सीताफल खाओ
मैं मेल चाहूँ मन का मैं फूल जो वन का
तुम ठीक कहती हो मैडम
ओये कहती हो मैडम... ओये कहती हो मैडम
मैं पागल हूँ मैं पागल हूँ...2
मैं तुमको पाना चाहूँ दिल में बिठाना चाहूँ
इस नफ़रत के सूखे जंगल में अरमान खिलाना चाहूँ...2
ओये प्रेम नगर में बसाऊँगी घर में साज के सब संसार...2
करे हो तुम प्यार खाके नीबू का अचार
मैं काठ का उल्लू हूँ सूखा हुआ चुल्लू हूँ
तुम ठीक कहती हो मैडम
ओये कहती हो मैडम ओये...2
मैं पागल हूँ...मैं पागल हूँ...
तुम बेगम हो मैं जोकर तुम हीरा हो मैं पत्थर
इस पर भी ये दिल दीवाना हुआ है तुम पर आशिक हुआ है
तुम बेगम हो मैं जोकर तुम हीरा हो मैं पत्थर
इस पर भी ये दिल दीवाना हुआ है तुम पर आशिक हुआ है

लैला लैला पुकारूँ मैं वन में...प्यारी लैला...प्यारी लैला....
रुकी है मेरे मन में
सरकार पर लट्टू हूँ बिल्कुल बजरबट्टू हूँ
तुम ठीक कहती हो मैडम...मैं पागल हूँ....2

[हेमन्त कुमार/किशोर कुमार]

ना धेला लगता है ना पैसा लगता है

गर्ल फ्रेंड; 1960

ना धेला लगता है ना पैसा लगता है...2
चढ़ के देखो जी ये झूला कैसा लगता है
ये झूला कैसा लगता है
बिना तलों के जुड़ने वाला, बिना परों के उड़ने वाला
सारे झूलों से आला ये झूला
जो भी झूला वो सब दुख भूला
ना जैसा कुछ भी हो ये वैसा लगता है...2
चढ़ के देखो जी ये झूला कैसा लगता है
ये झूला कैसा...
ना पैसा लगता है... ना पैसा लगता है
चढ़ के देखो जी...
जो कोई छूना चाहे तारों को, मस्का लगाए जरा यारों को
बातें बनाये थोड़ा मस्का के झूले भी डोरी थामे शर्मा के
जैसे दो बाँहें हों ये वैसा लगता है...2
चढ़ के देखो जी...
ना धेला लगता है ना पैसा लगता है
चढ़ के देखो जी...
बाकी हसीनों पे ये मरता है, प्यारों से प्यार सदा करता है
ऐसे ना पीछे हटो डर डर के, आओ झुला दें तुम्हें जी भर के
जो तुम पर हो आशिक हो ये वैसा लगता है...2
चढ़ के देखो जी...
ये झूला कैसा लगता है...

[हेमन्त कुमार/किशोर कुमार, डेजी ईरानी]

कश्ती का ख़ामोश सफ़र है, शाम भी है तन्हाई भी

गर्ल फ्रेंड; 1960

अ : कश्ती का ख़ामोश सफ़र है, शाम भी है तन्हाई भी
दूर किनारे पर बजती है, लहरों की शहनाई भी
आज मुझे कुछ कहना है

लेकिन ये शर्मीली निगाहें, मुझको इजाज़त दें तो कहूँ
ख़ुद मेरी बेताब उमंगें, थोड़ी फ़ुरसत दे तो कहूँ
आज मुझे कुछ कहना है

ब : जो कुछ तुमको कहना है, वो मेरे ही दिल की बात न हो
जो है मेरे ख़्वाबों की मंज़िल, उस मंज़िल की बात न हो
कह भी दो, जो कहना है

अ : कहते हुए डर लगता है, कहकर बात न खो बैठूँ
ये जो ज़रा-सा साथ मिला है, ये भी साथ न खो बैठूँ
आज मुझे कुछ कहना है

ब : कब से तुम्हारे रस्ते में, मैं फूल बिछाए बैठी हूँ
कह भी चुको जो कहना है, मैं आस लगाए बैठी हूँ
कह भी दो, जो कहना है

अ : दिल ने दिल की बात समझ ली, अब मुँह से क्या कहना है
आज नहीं तो कल कह लेंगे, अब तो साथ ही रहना है
कह भी दो, जो कहना है
छोड़ो, अब क्या कहना है

[हेमन्त कुमार/किशोर कुमार, सुधा मल्होत्रा]

मैं ज़िन्दगी का साथ निभाता चला गया

हम दोनों; 1961

मैं ज़िन्दगी का साथ निभाता चला गया
हर फ़िक्र को धुएँ में उड़ाता चला गया

बर्बादियों का सोग मनाना फ़ुज़ूल था
बर्बादियों का जश्न मनाता चला गया

जो मिल गया उसी को मुक़द्दर समझ लिया
जो खो गया मैं उसको भुलाता चला गया

ग़म और ख़ुशी में फ़र्क़ न महसूस हो जहाँ
मैं दिल को उस मुक़ाम पे लाता चला गया

[जयदेव/मोहम्मद रफ़ी]

कभी ख़ुद पे कभी हालात पे रोना आया

हम दोनों; 1961

कभी ख़ुद पे कभी हालात पे रोना आया
बात निकली तो हर इक बात पे रोना आया

हम तो समझे थे कि हम भूल गए हैं उनको
क्या हुआ आज ये किस बात पे रोना आया

किस लिए जीते हैं हम, किस के लिए जीते हैं
बारहा ऐसे सवालात पे रोना आया

कोई रोता है किसी और की ख़ातिर ऐ दोस्त
सबको अपनी ही किसी बात पे रोना आया

[जयदेव/मोहम्मद रफ़ी]

अभी न जाओ छोड़कर कि दिल अभी भरा नहीं

हम दोनों; 1961

अ : अभी न जाओ छोड़कर कि दिल अभी भरा नहीं
अभी-अभी तो आई हो, बहार बन के छाई हो
हवा ज़रा महक तो ले, नज़र ज़रा बहक तो ले

ये शाम ढल तो ले ज़रा, ये दिल सँभल तो ले ज़रा
मैं थोड़ी देर जी तो लूँ, नशे के घूँट पी तो लूँ
अभी तो कुछ कहा नहीं, अभी तो कुछ सुना नहीं

ब : सितारे झिलमिला उठे, चिराग़ जगमगा उठे
बस अब न मुझको टोकना, न बढ़ के राह रोकना
अगर मैं रुक गई अभी, तो जा न पाऊँगी कभी
यही कहोगे तुम सदा, कि दिल अभी भरा नहीं
जो ख़त्म हो किसी जगह, ये ऐसा सिलसिला नहीं

अ : अधूरी आस छोड़ के, अधूरी प्यास छोड़ के
जो रोज़ यूँ ही जाओगी, तो किस तरह निभाओगी
कि ज़िन्दगी की राह में, जवाँ दिलों की चाह में
कई मुक़ाम आएँगे, जो हमको आज़माएँगे
बुरा न मानो बात का, ये प्यार है गिला नहीं

ब : जहाँ में ऐसा कौन है कि जिसको ग़म मिला नहीं
दुख और सुख के रास्ते, बने हैं सब के वास्ते
जो ग़म से हार जाओगे, तो किस तरह निभाओगे
ख़ुशी मिले हमें कि ग़म, जो होगा बाँट लेंगे हम
मुझे तुम आज़माओ तो, ज़रा नज़र मिलाओ तो
ये जिस्म दो सही मगर, दिलों में फ़ासला नहीं

तुम्हारे प्यार की क़सम, तुम्हारा ग़म है मेरा ग़म
न यूँ बुझे-बुझे रहो, जो दिल की बात है कहो
जो मुझसे भी छुपाओगे, तो फिर किसे बताओगे
मैं कोई ग़ैर तो नहीं, दिलाऊँ किस तरह यक़ीं
कि तुमसे मैं जुदा नहीं, मुझसे तुम जुदा नहीं

[जयदेव/मोहम्मद रफ़ी, आशा भोसले]

प्रभू तेरो नाम, जो ध्याये फल पाए

हम दोनों; 1961

प्रभू तेरो नाम, जो ध्याये फल पाए सुख लाए तेरो नाम
प्रभू तेरो नाम

तेरी दया हो जाए तो दाता जीवन धन मिल जाए
सुख लाए तेरो नाम
जो ध्याये फल पाए
प्रभू तेरो नाम

तू दानी तू अन्तर्यामी, तेरी कृपा हो जाए तो स्वामी
हर बिगड़ी बन जाए, जीवन धन मिल जाए
सुख लाए तेरो नाम
जो ध्याये फल पाए
प्रभू तेरो नाम

बस जाए मोरा सोना अंगना, खिल जाए मुर्झाया कंगना
जीवन में रस लाए
जीवन धन मिल जाए
सुख लाए तेरो नाम

जो ध्याये फल पाए सुख लाए तेरो नाम
प्रभू तेरो नाम

[जयदेव/लता मंगेशकर]

अल्लाह तेरो नाम ईश्वर तेरो नाम

हम दोनों; 1961

अल्लाह तेरो नाम ईश्वर तेरो नाम
सब को सन्मति दे भगवान!
इस धरती का रूप न उजड़े
प्यार की ठंडी धूप न उजड़े
सबको मिले सुख का वरदान
सबको सन्मति दे भगवान!

माँगों का सिन्दूर न छूटे
माँ-बहनों की आस न टूटे
देह बिना भटके न प्राण
सबको सन्मति दे भगवान!

ओ सारे जग के रखवाले
निर्बल को बल देने वाले
बलवानों को दे दे ज्ञान
सबको सन्मति दे भगवान

[जयदेव/लता मंगेशकर]

हम जब चलें तो ये जहान झूमे

हम हिन्दुस्तानी; 1961

हम जब चलें तो ये जहान[1] झूमे
आरज़ू हमारी आस्माँ को चूमे

हम नए जहाँ के पासबाँ[2]
हम नई बहार के राज़दाँ[3]
हम हँसें तो हँस पड़े हर कली
हम चलें तो चल पड़े ज़िन्दगी

सारे नज़ारों में, फूलों में तारों में, हमने ही जादू भरा

हमसे फ़िज़ाओं में रंगो-बू[4]
हम हैं इस ज़मीं की आबरू
नदियों की रागिनी हमसे है
हर तरफ़ ये ताज़गी हमसे है

सारे नज़ारों में, फूलों में तारों में, हमने ही जादू भरा

दूर हो गईं सभी मुश्किलें!
खिंच के पास आ गईं मंज़िलें!
देखकर शबाब के हौसले
ख़ुद-ब-ख़ुद सिमट गए फ़ासले

सारे नज़ारों में, फूलों में तारों में, हमने ही जादू भरा

[उषा खन्ना/मोहम्मद रफ़ी, आशा भोसले]

---

1. संसार, 2. निरीक्षक, 3. भेद जाननेवाला, 4. रंग और सुगन्ध।

मैं जब भी अकेली होती हूँ

धर्मपुत्र; 1962

मैं जब भी अकेली होती हूँ, तुम चुपके से आ जाते हो
और झाँक के मेरी आँखों में बीते दिन याद दिलाते हो

मस्ताना हवा के झोंकों से, हर बार वो पर्दे का हिलना
पर्दे को पकड़ने की धुन में, दो अजनबी हाथों का मिलना
आँखों में धुआँ-सा छा जाना, साँसों में सितारे से खिलना

रस्ते में तुम्हारा मुड़-मुड़कर तकना वो मुझे जाते-जाते
और मेरा ठिठककर रुक जाना, चिलमन के क़रीब आते-आते
नज़रों का तरसकर रह जाना, इक और झलक पाते-पाते

बालों को सुखाने की ख़ातिर, कोठे पे वो मेरा आ जाना
और तुमको मुक़ाबिल पाते ही कुछ शर्माना, कुछ बल खाना
हमसायों के डर से कतराना, घर वालों के डर से घबराना

रो-रो के तुम्हें ख़त लिखती हूँ और ख़ुद पढ़कर रो लेती हूँ
हालात के तपते तूफ़ाँ में जज़्बात की कश्ती खेती हूँ
कैसे हो, कहाँ हो, कुछ तो कहो, मैं तुमको सदाएँ देती हूँ

मैं जब भी अकेली होती हूँ तुम चुपके से आ जाते हो
और झाँक के मेरी आँखों में बीते दिन याद दिलाते हो

[एन. दत्ता/आशा भोसले]

भूल सकता है भला कौन ये प्यारी आँखें

धर्मपुत्र; 1962

भूल सकता है भला कौन ये प्यारी आँखें
रंग में डूबी हुई नींद से भारी आँखें

मेरी हर सोच ने, हर साँस ने चाहा है तुम्हें
जब से देखा है तुम्हें, तब से सराहा है तुम्हें
बस गई हैं मेरी आँखों में तुम्हारी आँखें

तुम जो नज़रों को उठाओ तो सितारे झुक जाएँ
तुम जो पलकों को झुकाओ तो ज़माने रुक जाएँ
क्यों न बन जाएँ इन आँखों की पुजारी आँखें

जागती रातों को सपनों का ख़ज़ाना मिल जाए
तुम जो मिल जाओ तो जीने का बहाना मिल जाए
अपनी क़िस्मत पे करें नाज़ हमारी आँखें

[एन. दत्ता/आशा भोसले]

आज की रात मुरादों की बारात आई है

धर्मपुत्र; 1962

आज की रात मुरादों[1] की बारात आई है
आज की रात नहीं शिक्वे-शिकायत के लिए
आज हर लम्हा, हर इक पल है मुहब्बत के लिए
रेशमी सेज है, महकी हुई तन्हाई है
आज की रात मुरादों की बारात आई है

हर गुनह[2] आज मुक़द्दस[3] है फ़रिश्तों की तरह
काँपते हाथों को मिल जाने दो रिश्तों की तरह
आज मिलने में न उलझन है, न रुसवाई है
आज की रात मुरादों की बारात आई है

अपनी ज़ुल्फ़ें मेरे शाने[4] पे बिखर जाने दो
इस हसीं रात को कुछ और निखर जाने दो
सुबह ने आज न आने की क़सम खाई है
आज की रात मुरादों की बारात आई है

[एन. दत्ता/महेन्द्र कपूर]

---

1. कामना, 2. गुनाह का लघु, 3. पवित्र, 4. कन्धा।

धरती की सुलगती छाती से बेचैन शरारे पूछते हैं

धर्मपुत्र; 1962

धरती की सुलगती छाती से बेचैन शरारे[1] पूछते हैं
तुम लोग जिन्हें अपना न सके, वो ख़ून के धारे पूछते हैं
सड़कों की ज़बाँ चिल्लाती है, सागर के किनारे पूछते हैं
ये किसका लहू है कौन मरा? ऐ रहबरे-मुल्को-क़ौम[2] बता

ये जलते हुए घर किसके हैं, ये फटते हुए तन किसके हैं
तक़्सीम[3] के अंधे तूफ़ाँ में लुटते हुए गुलशन किसके हैं
बदबख़्त[4] फ़िज़ाएँ किसकी हैं, बर्बाद नशेमन[5] किसके हैं
कुछ हम भी सुनें, हम को भी सुना

किस काम के हैं ये दीन-धरम जो शर्म का दामन चाक करें
किस तरह के हैं ये देशभक्त जो बसते घरों को ख़ाक करें
ये रूहें कैसी रूहें हैं जो धरती को नापाक करें
आँखें तो उठा, नज़रें तो मिला

जिस राम के नाम पे ख़ून बहे, उस राम की इज़्ज़त क्या होगी?
जिस दीन के हाथों लाज लुटे, उस दीन की क़ीमत क्या होगी?
इनसान की इस ज़िल्लत से परे, शैतान की ज़िल्लत क्या होगी?
ये वेद उठा, क़ुरआन उठा!
ये किसका लहू है कौन मरा?
ऐ रहबरे-मुल्को-क़ौम बता!

[एन. दत्ता/महेन्द्र कपूर, कोरस]

बग़ावत का खुला पैग़ाम देता हूँ जवानों को

धर्मपुत्र; 1962

बग़ावत का खुला पैग़ाम देता हूँ जवानों को
उठो उठकर मिटा दो तुम ग़ुलामी के निशानों को
जय जननी जय भारत माँ

1. चिंगारियाँ, 2. राष्ट्र और देश के नेता, 3. विभाजन, 4. अभागा, 5. घोंसला अर्थात् घर।

उठो गंगा की गोदी से, उठो सतलुज के साहिल से
उठो दक्कन के सीने से, उठो बंगाल के दिल से
निकालो अपनी धरती से बिदेसी हुक्मरानों को
उठो उठकर मिटा दो तुम ग़ुलामी के निशानों को
जय जननी जय भारत माँ

ख़िज़ाँ की क़ैद से उजड़ा चमन आज़ाद करना है
हमें अपनी ज़मीं अपना वतन आज़ाद करना है
जो ग़द्दारी सिखाएँ खेंच लो उनकी ज़बानों को
उठो उठकर मिटा दो तुम ग़ुलामी के निशानों को
जय जननी जय भारत माँ

ये सौदागर जो इस धरती पे क़ब्ज़ा करके बैठे हैं
हमारे ख़ून से अपने ख़ज़ाने भर के बैठे हैं
उन्हें कह दो कि अब वापस करें सारे ख़ज़ानों को
उठो उठकर मिटा दो तुम ग़ुलामी के निशानों को
जय जननी जय भारत माँ

जो इन खेतों का दाना दुश्मनों के काम आना है
जो इन खानों का सोना अजनबी देसों को जाना है
तो फूँको सारी फ़स्लों को, जला दो सारी खानों को
उठो उठकर मिटा दो तुम ग़ुलामी के निशानों को
जय जननी जय भारत माँ

बहुत झेली ग़ुलामी की बलाएँ अब न झेलेंगे
चढ़ेंगे फाँसियों पर गोलियों से हँसके खेलेंगे
उन्हीं पर मोड़ देंगे उनकी तोपों के दहानों को
उठो उठकर मिटा दो तुम ग़ुलामी के निशानों को

[एन. दत्ता/महेन्द्र कपूर, कोरस]

का'बे में रहो या काशी में निस्बत तो उसी की ज़ात से है

धर्मपुत्र; 1962

का'बे में रहो या काशी में, निस्बत[1] तो उसी की ज़ात[2] से है
तुम राम कहो कि रहीम कहो, मतलब तो उसी की बात से है

---

1. सम्बन्ध, 2. अस्तित्व।

ये मस्जिद है वो बुतखाना, चाहे ये मानो, चाहे वो मानो
मक़्सद तो है दिल को समझाना, चाहे ये मानो, चाहे वो मानो

ये शैख़ो-ब्राह्मण के झगड़े, सब नासमझी की बातें हैं
हमने तो है बस इतना जाना, चाहे ये मानो, चाहे वो मानो

गर जज़्बे-मुहब्बत[1] सादिक़[2] हो, हर दर से मुरादें मिलती हैं
हर घर है उसी का काशाना[3] चाहे ये मानो, चाहे वो मानो

[एन. दत्ता/महेन्द्र कपूर, एस. बलबीर]

मेरे दिलबर मुझ पर ख़फ़ा न हो

धर्मपुत्र; 1962

मेरे दिलबर मुझ पर ख़फ़ा न हो
कहीं तेरी भी कुछ ख़ता न हो
जो ये दिल दीवाना मचल गया

जो किसी के रोके रुका न हो
किसी संगे-दर पे झुका न हो
तेरे दर पर कैसे फिसल गया

ये नज़र में मस्ती घुली-घुली
ये सुनहरी रंगत घुली-घुली
ये घनेरी ज़ुल्फ़ें खुली-खुली
जो ज़माने भर का ग़ुरूर है
जो नशा है जो भी सुरूर है
वो तेरे शबाब में ढल गया

मेरे दिल की जानिब निगाह कर
मुझे यूँ न ग़म से तबाह कर
कभी भूले से ही निबाह कर

1. प्रेम भावना, 2. सच्चा, 3. घर।

ज़रा सोच कि दुनिया कहेगी क्या
तेरी रुसवाई बच रहेगी क्या
जो दीवाना घर से निकल गया

[एन. दत्ता/मोहम्मद रफ़ी, कोरस]

क्या देखा ओ नैनों वाली, नैना क्यों भर आए

धर्मपुत्र; 1962

क्या देखा ओ नैनों वाली, नैना क्यों भर आए?
कोख़ भरी और गोद हो ख़ाली, नैना यूँ भर आए

माँ बनकर भी माँ न बनी मैं बदनामी के डर से
दूध मेरे बोझल सीने का आँसू बनकर बरसे
अपना धन और आप सवाली, नैनाँ क्यों भर आए?

जी भी सकी तो जीते जी ये सोग रहेगा मुझको
बोलेगा जब मेरा मुन्ना, माँ न कहेगा मुझको
माँ कहलाना बन गया गाली, नैनाँ यूँ भर आए!

[एन. दत्ता/आशा भोसले]

हम दिल्ली के दादे हैं

दिल्ली का दादा; 1962

हम दिल्ली के दादे हैं
दादे क्या परदादे हैं
बुरों के हक़ में टेढ़े हैं
भलों के हक़ में सादे हैं

शहर की चौड़ी सड़कों पर हम सीना तान के चलते हैं
धन-दौलत वाले भड़भूँजे हमको देख के जलते हैं

उनके और इरादे हैं अपने और इरादे हैं
हम दिल्ली के दादे हैं

जामा मस्जिद की सीढ़ी पर बैठके खिचड़ा खाते हैं
लाल क़िले के अगले-पिछले सब क़िस्से दोहराते हैं
यूँ लगता है जैसे हम लावारिस शहज़ादे हैं
हम दिल्ली के दादे हैं

दो दिन अपना बैंड बजाकर, गई हुकूमत गोरों की
लेकिन अब भी धौंस है बाक़ी चोर मुनाफ़ाख़ोरों की
देखें कब तक पूरे हों जो सरकार के वादे हैं
हम दिल्ली के दादे हैं

[एन. दत्ता/मुकेश, महेन्द्र कपूर]

जो बात तुझ में है तेरी तस्वीर में नहीं

ताज महल; 1963

जो बात तुझ में है तेरी तस्वीर में नहीं
रंगों में तेरा अक्स[1] ढला, तू न ढल सकी
साँसों की आग जिस्म की ख़ुशबू न ढल सकी
तुझ में जो लोच है, मेरी तह्रीर[2] में नहीं

बेजान हुस्न में कहाँ गुफ़्तार[3] की अदा
इन्कार की अदा है न इक़्रार की अदा
कोई लचक भी ज़ुल्फ़े-गिरहगीर[4] में नहीं

दुनिया में कोई चीज़ नहीं है तेरी तरह
फिर एक बार सामने आजा किसी तरह
क्या और इक झलक मेरी तक़दीर में नहीं?

[रोशन/मोहम्मद रफ़ी]

---

1. छाया, 2. लेखन, 3. बातचीत, 4. घुँघराले बाल।

जो वादा किया वो निभाना पड़ेगा

ताज महल; 1963

अ : जो वादा किया वो निभाना पड़ेगा
रोके ज़माना चाहे रोके ख़ुदाई तुमको आना पड़ेगा
तरसती निगाहों ने आवाज़ दी है
मुहब्बत की राहों ने आवाज़ दी है
जाने-हया, जाने-अदा, छोड़ो तरसाना, तुमको आना पड़ेगा

ब : ये माना हमें जाँ से जाना पड़ेगा
पर ये समझ लो तुमने जब भी पुकारा, हमको आना पड़ेगा
हम अपनी वफ़ा पर न इल्ज़ाम लेंगे
तुम्हें दिल दिया है, तुम्हें जाँ भी देंगे
जब इश्क़ का सौदा किया फिर क्या घबराना, हमको आना पड़ेगा

अ : सभी अहले-दुनिया[1] ये कहते हैं हमसे
कि आता नहीं कोई मुल्के-अदम[2] से
आज ज़रा, शाने-वफ़ा देखे ज़माना, तुझको आना पड़ेगा

अ, ब : हम आते रहे हैं, हम आते रहेंगे
मुहब्बत की रस्में निभाते रहेंगे
जाने-वफ़ा, तुम दो सदा, फिर क्या ठिकाना, हमको आना पड़ेगा

[रोशन/मोहम्मद रफ़ी, लता मंगेशकर]

पाँव छू लेने दो, फूलों की इनायत होगी

ताज महल; 1963

अ : पाँव छू लेने दो, फूलों की इनायत[3] होगी
वर्ना हमको नहीं, इनको भी शिकायत होगी

ब : आप जो फूल बिछाएँ, उन्हें हम ठुकराएँ
हम को डर है कि ये तौहीने-मुहब्बत[4] होगी

1. दुनिया वाले, 2. परलोक, 3. कृपा, 4. प्रेम का अपमान।

अ : दिल की बेचैन उमंगों पे करम फ़र्माओ[1]
इतना रुक-रुक के चलोगी तो क़यामत होगी

ब : शर्म रोके है इधर, शौक़ उधर खेंचे है
क्या ख़बर थी कभी इस दिल की ये हालत होगी

अ : शर्म ग़ैरों से हुआ करती है अपनों से नहीं
शर्म हमसे भी करोगी तो मुसीबत होगी

[रोशन/मोहम्मद रफ़ी, लता मंगेशकर]

जुर्मे-उल्फ़त पे हमें लोग सज़ा देते हैं

ताज महल; 1963

जुर्मे-उल्फ़त[2] पे हमें लोग सज़ा देते हैं
कैसे नादान हैं, शोलों को हवा देते हैं

हम-से दीवाने कहीं तर्के-वफ़ा[3] करते हैं
जान जाए कि रहे बात निभा देते हैं

आप दौलत की तराज़ू में दिलों को तोलें
हम मुहब्बत से मुहब्बत का सिला[4] देते हैं

तख़्त क्या चीज़ है और लालो-जवाहर[5] क्या है
इश्क़ वाले तो ख़ुदाई भी लुटा देते हैं

हमने दिल दे भी दिया, अह्दे-वफ़ा[6] ले भी लिया
आप अब शौक़ से दे लें जो सज़ा देते हैं

[रोशन/लता मंगेशकर]

---

1. दया करो, 2. प्रेम करने का अपराध, 3. प्रेम त्याग, 4. बदला, 5. बहुमूल्य रत्न, 6. प्रेम का वचन।

ख़ुदाए-बरतर! तेरी ज़मीं पर

ताज महल; 1963

ख़ुदाए-बरतर! तेरी ज़मीं पर, ज़मीं की ख़ातिर ये जंग क्यों है?
हर एक फ़त्हो-ज़फ़र के दामन पे ख़ूने-इंसाँ का रंग क्यों है?

ज़मीं भी तेरी है, हम भी तेरे, ये मिल्कीयत का सवाल क्या है?
ये क़त्लो-ख़ूँ का रिवाज क्यों है, ये रस्मे-जंगो-जदाल क्या है

जिन्हें तलब है जहान भर की, उन्हीं का दिल इतना तंग क्यों है?
ख़ुदाए-बरतर तेरी ज़मीं पर, ज़मीं की ख़ातिर ये जंग क्यों है?

ग़रीब माओं, शरीफ़ बहनों को अम्नो-इज़्ज़त की ज़िन्दगी दे
जिन्हें अता की है तूने ताक़त, उन्हें हिदायत की रौशनी दे

सरों में किब्रो-गुरूर क्यों है, दिलों के शीशे पे ज़ंग क्यों है?
ख़ुदाए-बरतर! तेरी ज़मीं पर ज़मीं की ख़ातिर ये जंग क्यों है?

[रोशन/लता मंगेशकर]

चाँदी का बदन, सोने की नज़र

ताज महल; 1963

अ, ब : चाँदी का बदन, सोने की नज़र, उस पर ये नज़ाकत[1] क्या कहिए
किस-किस पे तुम्हारे जल्वों[2] ने तोड़ी है क़यामत क्या कहिए

स, द : गुस्ताख़[3] ज़बाँ गुस्ताख़ नज़र ये रंगे-तबीअत क्या कहिए
ऐसे भी कहीं इस दुनिया में होती है मुहब्बत क्या कहिए

अ, ब : आँचल की धनक के साये में ये फूल गुलाबी चेहरों के
ये गुल भी हैं गुलशन भी हैं और तारों के झुरमुट भी
ये फूल गुलाबी चेहरों के, ये फूल गुलाबी चेहरों के
इस वक़्त हमारी नज़रों में क्या चीज़ है जन्नत क्या कहिए

---

1. कोमलता, 2. प्रदर्शन, 3. धृष्ट, अशिष्ट।

तुम से नज़रें जो मिलीं
दीनो-दुनिया से गए
इक तमन्ना के सिवा
हर तमन्ना से गए
मस्त आँखों से जो पी
जामो-मीना से गए
ज़ुल्फ़ लहराई जहाँ
हम भी लहरा-से गए
हूरें मिलती हैं किसे
इसी पर्वा से गए

इस वक़्त हमारी नज़रों में क्या चीज़ है जन्नत क्या कहिए
चाँदी का बदन सोने की नज़र...

स, द : यूँ गर्म निगाहें मत डालो, ये जिस्म पिघल भी सकते हैं
उड़े नहीं कहीं रूप की शबनम
गर्म निगह डालो कम-कम

ये जिस्म पिघल सकते हैं, ये जिस्म पिघल भी सकते हैं
आदाबे-नज़ारा[1] भूले हो, तुम लोगों की वहशत क्या कहिए

तुम हमें जीत सको
इसका इम्कान[2] नहीं
ख़ुद को बदनाम करें
हम वो नादान नहीं
कोई मरता है मरे
हम पे एहसान नहीं
उनसे क्यों बात करें
जिनसे पहचान नहीं
तुमको अरमाँ है तो है
हमको अरमान नहीं

आदाबे-नज़रा भूले हो, तुम लोगों की वहशत क्या कहिए
गुस्ताख़ ज़बाँ गुस्ताख़ नज़र...

---

1. दर्शन के ढंग, 2. सम्भावना।

अ, ब : जिन लोगों को तुम ठुकरा के चलो, वो लोग भी क़िस्मत वाले हैं
तुम जिनकी तमन्ना कर बैठो, उन लोगों की क़िस्मत क्या कहिए
चाँदी का बदन सोने की नज़र...

स, द : दिन-रात दुहाई देते हैं, ये हाल है इन दीवानों का
जहाँ देखी नई सूरत
मचल बैठे, यही लेंगे
ये हाल है इन दीवानों का
ये हाल है इन दीवानों का

अ, ब : जिनकी ख़ातिर ग़म सहें और रो-रो जान गँवाएँ
हाय री क़िस्मत उन्हीं के मुँह से दीवाने कहलाएँ
ये हाल है इन दीवानों का
यह हाल है इन दीवानों का

स, द : इन आशिक़ों के हाथ से है ज़िन्दगी वबाल
इनका करें ख़याल कि अपना करें ख़याल
हर लब है अर्ज़े-शौक़ तो हर आँख है सवाल
ये ग़म से बेक़रार हैं वो दर्द से निढाल
ये हाल है इन दीवानों का
ये हाल है इन दीवानों का

अ, ब : मेरी नींद गई मेरा चैन गया, वो जो पहले थी ताबो-तुवान गई
यही रंग रहा, यही ढंग रहा तो ऐ जान, ये जान कि जान गई
ये हाल है इन दीवानों का
ये हाल है इन दीवानों का

स : किसी को ख़ुदकुशी[1] का शौक़ हो तो क्या करे कोई
अ : दवाए-हिज्र[2] दे बीमार को अच्छा करे कोई
द : कोई बेवजह सर फोड़े तो क्यों पर्वा करे कोई
ब : किसी मज्बूरे-ग़म का हाल क्यों ऐसा करे कोई
स : मज़ा जब है कि तुम तड़पा करो देखा करे कोई
अ : मरें हम और तुम पर ख़ून का दावा करे कोई

अ, ब : चाँदी का बदन सोने की नज़र...

[रोशन/मोहम्मद रफ़ी, मन्ना डे, आशा भोसले, मीना कपूर और कोरस]

---

1. आत्महत्या, 2. विरह का उपचार।

ना ना ना रे हाथ ना लगाना तोसे बार बार कहूँ

ताज महल; 1963

ना ना ना रे हाथ ना लगाना तोसे बार बार कहूँ
मोहे ना सताना दूँगी गालियाँ
रूप है सुहाना उसपे ये बाना गोरी तोरी अँखियाँ
रंग का ख़ज़ाना लागे प्यारियाँ
भैया मोरा गबरा हो सैयाँ मोरा बांका
डालेंगे कटारी तैने मुड़ के जो झाँका
रोएगा दूर खड़ा ना जान गँवाना है रे मैं बोलू रे बोलूँ, मैं दूँगी त्यारियाँ
नैनों की कटारी लागे मन में दोधारी
गेसू झुकें न तोरी छब मतवारी
रूप झलक दिखलाना नहीं तरसाना नहीं हो
ना बोलूँ रे बोलूँ
रूप के ख़ज़ाने पे है सैयाँ जी का पहरा
जीये मोरा सैयाँ जैसे प्यार मेरा गहरा
तू पुरुष है अनजान बिना पहचान रे मैं बोलूँ रे बोलूँ
दूँगी गालियाँ...
रूप है सुहाना उसपे ये बाना गोरी तोरी अँखियाँ
रंग का ख़ज़ाना लागे प्यारियाँ

[रोशन/मीनू पुरुषोत्तम, सुमन कल्याणपुरी]

हुस्न से है दुनिया हसीं, इश्क़ से है दिल को यकीं

ताज महल; 1963

हुस्न से है दुनिया हसीं, इश्क़ से है दिल को यकीं
ये जो नहीं तो कुछ भी नहीं हर दिल में है एक पर्दानशीं

हुस्न की अंगड़ाइयाँ हर नज़ारे में
इश्क़ की परछाइयाँ हर इशारे में
ओझल कहें और ज़ाहिर कहें

हुस्न से है दुनिया हसीं
इश्क़ से है दिल का यक़ीं

धड़कनों की रागिनी जिनके दम से है
आँचलों की चाँदनी जिनके दम से है
चाहो तो ले लो जन्नत
यहीं हुस्न से है दुनिया हसीं

[रोशन/आशा भोसले]

तुम्हारी मस्त नज़र गर इधर नहीं होती

दिल ही तो है; 1963

अ : तुम्हारी मस्त नज़र गर इधर नहीं होती
नशे में चूर फ़िज़ा इस क़दर नहीं होती

ब : तुम्हीं को देखने की दिल में आरज़ूएँ हैं
तुम्हारे आगे ही ऊँची नज़र नहीं होती

अ : ख़फ़ा न होना अगर बढ़ के थाम लूँ दामन
ये दिलफ़रेब ख़ता जानकर नहीं होती

ब : तुम्हारे आने तलक हमको होश रहता है
फिर उसके बाद हमें कुछ ख़बर नहीं होती

[रोशन/मुकेश, लता मंगेशकर]

भूले से मुहब्बत कर बैठा, नादाँ था बिचारा

दिल ही तो है; 1963

भूले से मुहब्बत कर बैठा, नादाँ था बिचारा, दिल ही तो है
हर दिल से ख़ता[1] हो जाती है, बिगड़ो न ख़ुदारा दिल ही तो है

---

1. भूल।

इस तरह निगाहें मत फेरो, ऐसा न हो धड़कन रुक जाए
सीने में कोई पत्थर तो नहीं, एहसास का मारा दिल ही तो है

जज़्बात भी हिन्दू होते हैं, चाहत भी मुसल्माँ होती है
दुनिया का इशारा था लेकिन समझा न इशारा, दिल ही तो है

बेदादगरों[1] की ठोकर से सब ख़्वाब सुहाने चूर हुए
अब दिल का सहारा ग़म ही तो है, अब ग़म का सहारा, दिल ही तो है

[रोशन/मुकेश]

चुरा ले न तुमको ये मौसम सुहाना

दिल ही तो है; 1963

अ : चुरा ले न तुमको ये मौसम सुहाना
खुली वादियों में अकेली न जाना

ब : लुभाता है मुझको ये मौसम सुहाना
मैं जाऊँगी तुम मेरे पीछे न आना

अ : लिपट जाएगा कोई बेबाक झोंका
जवानी की रौ में न आँचल उड़ाना

ब : मेरे वास्ते तुम परेशाँ न होना
मुझे ख़ूब आता है दामन बचाना

अ : घटा भी कभी चूम लेती है चेहरा
समझ-सोचकर रुख़ से ज़ुल्फ़ें हटाना

ब : घटा मेरे नज़्दीक आकर तो देखे
इन आँखों ने सीखा है बिजली गिराना
मैं जाऊँगी तुम मेरे पीछे न आना

अ : खुली वादियों में अकेली न जाना

[रोशन/मुकेश, सुमन कल्याणपुर]

1. अत्याचारी।

तुम अगर मुझको न चाहो तो कोई बात नहीं

दिल ही तो है; 1963

तुम अगर मुझको न चाहो तो कोई बात नहीं
तुम किसी और को चाहोगी तो मुश्किल होगी

अब अगर मेल नहीं है तो जुदाई भी नहीं
बात तोड़ी भी नहीं तुमने निभाई भी नहीं
ये सहारा ही बहुत है मेरे जीने के लिए
तुम अगर मेरी नहीं हो तो पराई भी नहीं
मेरे दिल को न सराहो तो कोई बात नहीं
ग़ैर के दिल को सराहोगी तो मुश्किल होगी

तुम हसीं हो तुम्हें सब प्यार ही करते होंगे
मैं जो मरता हूँ तो क्या और भी मरते होंगे
सबकी आँखों में इसी शौक़ का तूफ़ाँ होगा
सब के सीने में यही दर्द उभरते होंगे
मेरे ग़म में न कराहो तो कोई बात नहीं
और के ग़म में कराहोगी तो मुश्किल होगी

फूल की तरह हँसो, सबकी निगाहों में रहो
अपनी मासूम जवानी की पनाहों में रहो
मुझको वो दिन न दिखाना तुम्हें अपनी ही क़सम
मैं तरसता रहूँ तुम ग़ैर की बाँहों में रहो
तुम जो मुझसे न निबाहो तो कोई बात नहीं
किसी दुश्मन से निबाहोगी तो मुश्किल होगी

[रोशन/मुकेश]

यूँ ही दिल ने चाहा था रोना-रुलाना

दिल ही तो है; 1963

यूँ ही दिल ने चाहा था रोना-रुलाना
तेरी याद तो बन गई इक बहाना

हमें भी नहीं इल्म हम जिस पे रोए
वो बीती रुतें हैं या कि आता ज़माना

ग़मे-दिल भी है और ग़मे-ज़िन्दगी भी
न इसका ठिकाना, न उसका ठिकाना

कोई किस पे तड़पे, कोई किस पे रोए
इधर दिल जला है, उधर आशियाना

[रोशन/सुमन कल्याणपुर]

ग़ुस्से में जो निखरा है, उस हुस्न का क्या कहना

दिल ही तो है; 1963

ग़ुस्से में जो निखरा है, उस हुस्न का क्या कहना
कुछ देर अभी हमसे तुम यूँ ही ख़फ़ा रहना

इस हुस्न के शोले की तस्वीर बना लें हम
इन गर्म निगाहों को सीने से लगा लें हम
पल भर इसी आलम[1] में ऐ जाने-अदा रहना
कुछ देर अभी हमसे तुम यूँ ही ख़फ़ा रहना

ये दहका हुआ चेहरा, ये बिखरी हुई ज़ुल्फ़ें
ये बढ़ती हुई धड़कन, ये चढ़ती हुई साँसें
सामाने-क़ज़ा[2] हो तुम, सामाने-क़ज़ा रहना
कुछ देर अभी हमसे तुम यूँ ही ख़फ़ा रहना

पहले भी हसीं थीं तुम, लेकिन ये हक़ीक़त है
वो हुस्न मुसीबत था, ये हुस्न क़यामत है
औरों से तो बढ़कर हो, ख़ुद से भी सिवा रहना
कुछ देर अभी हमसे तुम यूँ ही ख़फ़ा रहना

[रोशन/मुकेश]

---

1. अवस्था, 2. मौत का सामान।

दिल जो भी कहेगा मानेंगे

दिल ही तो है; 1963

दिल जो भी कहेगा मानेंगे, दुनिया में हमारा दिल ही तो है
हर हाल में जिसने साथ दिया, वो एक बिचारा दिल ही तो है
कोई साथी न कोई सहारा
कोई मंज़िल न कोई किनारा
रुक गए जिस जगह दिल ने रोका
चल दिए जिस तरफ़ दिल पुकारा

हम प्यार के प्यासे लोगों की मंज़िल का इशारा दिल ही तो है
हार मानी नहीं ज़िन्दगी से
हँस के मिलते रहे हर किसी से
क्यों न इस दिल के क़ुर्बान जाएँ
सह लिए जिसने ग़म भी ख़ुशी से

सुख में जो न खेले हम ही तो हैं, दुख से जो न हारा दिल ही तो है
अपनी ज़िन्दादिली के सहारे
हमने दिन ज़िन्दगी के गुज़ारे
वर्ना इस बेमुरव्वत जहाँ में
और क़ब्ज़े में क्या है हमारे

हर चीज़ है दौलत वालों की, मुफ़लिस का सहारा दिल ही तो है
दिल जो भी कहेगा मानेंगे, दुनिया में हमारा दिल ही तो है

[रोशन/मुकेश]

लागा चुनरी में दाग छुपाऊँ कैसे

दिल ही तो है; 1963

लागा चुनरी में दाग छुपाऊँ कैसे
घर जाऊँ कैसे

हो गई मैली मोरी चुनरिया
कोरे बदन-सी कोरी चुनरिया

जाके बाबुल से नज़रें मिलाऊँ कैसे
घर जाऊँ कैसे

भूल गई सब वचन विदा के
खो गई मैं ससुराल में आके
जाके बाबुल से नज़रें मिलाऊँ कैसे
घर जाऊँ कैसे

कोरी चुनरिया आत्मा मोरी मैल है मायाजाल
वो दुनिया मोरे बाबुल का घर, ये दुनिया ससुराल
जाके बाबुल से नज़रें मिलाऊँ कैसे
घर जाऊँ कैसे
लागा चुनरी में दाग छुपाऊँ कैसे

[रोशन/मन्ना डे]

राज़ की बात है, महफ़िल में कहूँ या न कहूँ

दिल ही तो है; 1963

राज़ की बात है, महफ़िल में कहूँ या न कहूँ
बस गया है कोई इस दिल में, कहूँ या न कहूँ

निगाहें मिलाने को जी चाहता है
दिलो-जाँ लुटाने को दिल चाहता है
वो तुह्मत[1] जिसे इश्क़ कहती है दुनिया
वो तुह्मत उठाने को जी चाहता है
किसी के मनाने में लज़्ज़त वो पाई
कि फिर रूठ जाने को जी चाहता है

वो जल्वा जो ओझल भी है सामने भी
वो जल्वा चुराने को जी चाहता है
जिस घड़ी मेरी निगाहों को तेरी दीद[2] हुई
वो घड़ी मेरे लिए ऐश[3] की तम्हीद[4] हुई

---

1. आरोप, 2. दर्शन, 3. सुख, 4. आरम्भ।

जब कभी मैंने तेरा चाँद-सा चेहरा देखा
ईद हो या कि न हो मेरे लिए ईद हुई
वो जल्वा जो ओझल भी है सामने भी
वो जल्वा चुराने को जी चाहता है
मुलाक़ात का कोई पैग़ाम दीजे
कि छुप-छुप के आने को जी चाहता है
और आके न जाने को जी चाहता है
निगाहें मिलाने को जी चाहता है

[रोशन/आशा भोसले]

पर्दा उट्ठे सलाम हो जाए

दिल ही तो है; 1963

तुम्हारी मस्त नज़र गर इधर नहीं होती
नशे में चूर फ़िज़ा इस क़दर नहीं होती
पर्दा उट्ठे सलाम हो जाए
बात बन जाए काम हो जाए

ऐ हबीब[1] मेरा तुझको सलाम
चाँद बादल में छुपेगा कैसे
हुस्न आँचल में छुपेगा कैसे
मैं हूँ बेताब तुम हो बेख़्वाब
क्यों न दीदारे-आम हो जाए
पर्दा उट्ठे सलाम हो जाए

इश्क़ बदनाम न होने पाए
शौक़ नाकाम न होने पाए
ज़ुल्म और बैर कर चुके ग़ैर
अब मुहब्बत का नाम हो जाए
पर्दा उट्ठे सलाम हो जाए

1. मित्र, प्रेमपात्र।

दिल पे ग़ैरों का इजारा[1] क्यों हो
ये सितम हमको गवारा क्यों हो
सैकड़ों ग़म सह चुके हम
अब ये क़िस्सा तमाम हो जाए
पर्दा उट्ठे सलाम हो जाए

[रोशन/मन्ना डे, आशा भोसले, कोरस]

रात भी है कुछ भीगी-भीगी

मुझे जीने दो; 1963

रात भी है कुछ भीगी-भीगी
चाँद भी है कुछ मद्धम-मद्धम
तुम आओ तो आँखें खोले
सोई हुई पायल की छम-छम

किसको बताएँ, कैसे बताएँ
आज अजब है दिल का आलम
चैन भी है कुछ हल्का-हल्का
दर्द भी है कुछ मद्धम-मद्धम

तपते दिल पर यूँ गिरती है
तेरी नज़र से प्यार की शबनम
जलते हुए जंगल पर जैसे
बरखा बरसे रुक-रुक थम-थम

होश में थोड़ी बेहोशी है
बेहोशी में होश है कम-कम
तुमको पाने की कोशिश में
दोनों जहाँ से खोए गए हम

[जयदेव/लता मंगेशकर]

1. अधिकार।

तेरे बचपन को जवानी की दुआ देती हूँ

मुझे जीने दो; 1963

तेरे बचपन को जवानी की दुआ देती हूँ
और दुआ देके परेशान-सी हो जाती हूँ

मेरे बच्चे! मेरे गुलज़ार के नन्हे पौदे
तुझको हालात की आँधी से बचाने के लिए
आज मैं प्यार के आँचल में छुपा लेती हूँ
कल ये कमज़ोर सहारा भी न हासिल होगा
कल तुझे काँटों भरी राह पे चलना होगा
ज़िन्दगानी की कड़ी धूप में जलना होगा

तेरे बचपन को जवानी की दुआ देती हूँ
और दुआ देके परेशान-सी हो जाती हूँ

तेरे माथे पे शराफ़त की कोई मुहृ नहीं
चन्द बोसे[1] हैं मुहब्बत के सो वो भी क्या हैं
मुझ-सी माओं की मुहब्बत का कोई मेल नहीं
मेरे मासूम फ़रिश्ते तू अभी क्या जाने
तुझको किस-किस के गुनाहों की सज़ा मिलती है
दीन और धर्म के मारे हुए इनसानों की
जो नज़र मिलती है वो तुझको ख़फ़ा मिलती है

तेरे बचपन को जवानी की दुआ देती हूँ
और दुआ देके परेशान-सी हो जाती हूँ

बेड़ियाँ लेके लपकता हुआ क़ानून का हात[2]
तेरे माँ-बाप से जब तुझको मिली ये सौग़ात
कौन लाएगा तेरे वास्ते ख़ुशियों की बरात
मेरे बच्चे तेरे अंजाम[3] से जी डरता है
तेरी दुश्मन ही साबित हो जवानी तेरी
काँप जाती है जिसे सोच के ममता मेरी
इसी अंजाम को पहुँचे न कहानी तेरी

---

1. चुंबन, 2. हाथ, 3. अन्त।

तेरे बचपन को जवानी की दुआ देती हूँ
और दुआ देके परेशान-सी हो जाती हूँ

[जयदेव/लता मंगेशकर

अब कोई गुलशन न उजड़े, अब वतन आज़ाद है

मुझे जीने दो; 1963

अब कोई गुलशन न उजड़े, अब वतन आज़ाद है
रूह गंगा की, हिमाला का बदन आज़ाद है

खेतियाँ सोना उगाएँ, वादियाँ मोती लुटाएँ
आज गौतम की ज़मीं, तुलसी का बन आज़ाद है

मन्दिरों में शंख बाजे, मस्जिदों में हो अज़ाँ
शेख़ का धर्म और दीने-ब्राह्मण आज़ाद है

लूट कैसी भी हो अब इस देश में रहने न पाए
आज सबके वास्ते धरती का धन आज़ाद है

[जयदेव/मोहम्मद रफ़ी]

माँग में भर ले रंग सखी री, आँचल भर ले तारे

मुझे जीने दो; 1963

माँग में भर ले रंग सखी री, आँचल भर ले तारे, मिलन रुत आ गई
जाएगी तू उन संग सखी री, जो तोहे लागें प्यारे, मिलन रुत आ गई

कोई चाँदी के रूप में आया है
मेरे बाबुल की राजधानी में
मैं देखती हूँ उसे छुप-छुप कर
एक हलचल-सी है जवानी में

फड़के इक-इक अंग सखी री, आज ख़ुशी के मारे, मिलन रुत आ गई

सुर्ख़ जोड़ा है मेरी बाँहों में
सुर्ख़ जोड़ा मेरे बदन पर है
सबकी नज़रें हैं मेरे चेहरे पर
और मेरी नज़र सजन पर है

मचल जाए उमंग सखी री, धड़कन करे इशारे, मिलन रुत आ गई

मेरी डोली सजा रहे हैं कहार
फूल बिखरे हुए हैं राहों में
जिनकी बाँहों की आरज़ू थी मुझे
जा रही हूँ मैं उनकी बाँहों में

अँग न लागे संग सखी री, पिया जब बाँह पसारे, मिलन रुत आ गई

[जयदेव/आशा भोसले, कोरस]

मोको पीहर में मत छेड़ रे बालम

मुझे जीने दो; 1963

मोको पीहर में मत छेड़ रे बालम धर ले धीर जिगरिया में
भरी जवानी मोरी देख के बालम मोहे छेड़ो ना बीच डगरिया में
तुमरो ससुरो मायके मोरो वो तो जग रही भावज कोठरिया में
भोर होते तोरे संग चलूँगी फिर रहूँगी मैं तुमरी अटरिया में

[जयदेव/आशा भोसले]

चलो इक बार फिर से अजनबी बन जाएँ हम दोनों

गुमराह; 1963

चलो इक बार फिर से अजनबी बन जाएँ हम दोनों

न मैं तुमसे कोई उम्मीद रक्खूँ दिलनवाज़ी की
न तुम मेरी तरफ़ देखो ग़लत-अन्दाज़ नज़रों से

न मेरे दिल की धड़कन लड़खड़ाए मेरी बातों से
न ज़ाहिर हो तुम्हारी कशमकश का राज़ नज़रों से

तुम्हें भी कोई उलझन रोकती है पेशक़दमी से
मुझे भी लोग कहते हैं कि ये जल्वे पराये हैं
मेरे हमराह भी रुस्वाइयाँ है मेरे माज़ी की
तुम्हारे साथ भी गुज़री हुई रातों के साये हैं

तआरुफ़ रोग हो जाए तो उसको भूलना बेहतर
तअल्लुक़ बोझ बन जाए तो उसको तोड़ना अच्छा
वो अफ़साना जिसे अंजाम तक लाना न हो मुम्किन
उसे इक ख़ूबसूरत मोड़ देकर छोड़ना अच्छा

[रवि/महेन्द्र कपूर]

इन हवाओं में इन फ़िज़ाओं में तुझको मेरा प्यार पुकारे

गुमराह; 1963

अ : इन हवाओं में इन फ़िज़ाओं में तुझको मेरा प्यार पुकारे
आजा-आजा रे तुझको मेरा प्यार पुकारे

ब : रुक न पाऊँ मैं खिंचती आऊँ मैं दिल को जब दिलदार पुकारे
आजा-आजा रे तुझको मेरा प्यार पुकारे

अ : तुझसे रंगत तुझसे मस्ती इन झरनों में इन फूलों में

ब : तेरे दम से मेरी हस्ती झूले चाहत के झूले में

अ : मचली जाएँ शोख़ उमंगें दो बाँहों का हार पुकारे
आजा-आजा रे तुझको मेरा प्यार पुकारे

ब : दिल में तेरे दिल की धड़कन आँख में तेरी आँख का जादू

अ : लब पर तेरे लब के साए साँस में तेरी साँस की ख़ुशबू

ब : ज़ुल्फ़ों का हर पेच बुलाए आँचल का हर तार पुकारे

अ : लाख बलाएँ सर पर टूटें अब ये सुहाना साथ न छूटे

ब : तन से चाहे जाँ छूट जाए, हाथ से तेरा हाथ न छूटे
मुड़के तकना ठीक नहीं है अब चाहे संसार पुकारे
आजा-आजा रे तुझको मेरा प्यार पुकारे

[रवि/महेन्द्र कपूर, आशा भोसले]

कल बाँहों का हार मिला था आज अश्कों का प्यार पुकारे

गुमराह; 1963

इन हवाओं में इन फ़िज़ाओं में तुझको मेरा प्यार पुकारे
आजा-आजा रे तुझको मेरा प्यार पुकारे

लौट रही हैं मेरी सदाएँ दीवारों से सर टकरा के
हाथ पकड़कर चलनेवाले हो गए रुख़्सत हाथ छुड़ा के
उनको कुछ भी याद नहीं है अब कोई सौ बार पुकारे
आजा-आजा रे तुझको मेरा प्यार पुकारे

इल्म नहीं था इतनी जल्दी ख़त्म फ़साने हो जाएँगे
तुम बेगाने बन जाओगे हम दीवाने हो जाएँगे
कल बाँहों का हार मिला था आज अश्कों का प्यार पुकारे
आजा-आजा रे तुझको मेरा प्यार पुकारे

[रवि/महेन्द्र कपूर]

ये हवा ये हवा ये हवा

गुमराह; 1963

ये हवा ये हवा ये हवा
ये फ़िज़ा ये फ़िज़ा ये फ़िज़ा
है उदास जैसे मेरा दिल मेरा दिल मेरा दिल
आ भी जा आ भी जा आ भी जा

आ कि अब तो चाँदनी भी ज़र्द हो चली
धड़कनों की नर्म आँच सर्द हो चली
ढल चली है रात आके मिल
आ भी जा आ भी जा आ भी जा

राह में बिछी हुई है मेरी हर नज़र
मैं तड़प रहा हूँ और तू है बेख़बर
रुक रही है साँस आके मिल
आ भी जा आ भी जा आ भी जा

[रवि/महेन्द्र कपूर]

आप आए तो ख़याले-दिले-नाशाद आया

गुमराह; 1963

आप आए तो ख़याले-दिले-नाशाद[1] आया
कितने भूले हुए ज़ख़्मों का पता याद आया

आपके लब पे कभी अपना भी नाम आया था
शोख़ नज़रों से मुहब्बत का सलाम आया था
उम्र भर साथ निभाने का पयाम[2] आया था
आपको देख के वो अह्दे-वफ़ा[3] याद आया

रूह में जल उठे बुझती हुई यादों के दीये
कैसे दीवाने थे हम आपको पाने के लिए
यूँ तो कुछ कम नहीं जो आपने एहसान किए
पर जो माँगे से न पाया वो सिला याद आया

आज वो बात नहीं फिर भी कोई बात तो है
मेरे हिस्से में ये हल्की-सी मुलाक़ात तो है
ग़ैर का होके भी ये हुस्न मेरे साथ तो है
हाए किस वक़्त मुझे कब का गिला[4] याद आया

[रवि/महेन्द्र कपूर]

1. अप्रसन्न मन का विचार, 2. सन्देश, 3. प्रेम-प्रतिज्ञा, 4. उलाहना।

[1]

एक थी लड़की मेरी सहेली

एक थी लड़की मेरी सहेली
साथ पली और साथ ही खेली
फूलों जैसे गाल थे उसके
रेशम जैसे बाल थे उसके
हम उसको गुड़िया कहते थे
रंगों की पुड़िया कहते थे
सारे स्कूल की प्यारी थी वो
नन्ही राजकुमारी थी वो
इक दिन उसने भोलेपन से
पूछा ये पापा से जाके
अब मैं ख़ुश रहती हूँ जैसे
सदा ही क्या ख़ुश रहूँगी ऐसे
पापा बोले मेरी बच्ची
बात बताऊँ तुमको सच्ची
कल की बात न कोई जाने
कहते हैं ये सभी सयाने
ये मत सोचो कल क्या होगा
जो भी होगा अच्छा होगा

[2]

बचपन बीता आई जवानी

बचपन बीता आई जवानी
लड़की बन गई रूप की रानी
कॉलेज में इठलाती फिरती
बल खाती लहराती फिरती
इक सुन्दर चंचल लड़के ने
छुप-छुपकर चुपके-चुपके से

लड़की की तस्वीर बनाई
और ये कहकर उसे दिखाई
इस पर अपना नाम तो लिख दो
छोटा-सा पैग़ाम तो लिख दो
लड़की पहले तो शर्माई
फिर मन ही मन में मुस्काई
एक दिन उसने भोलेपन से
पूछा ये अपने साजन से
अब मैं ख़ुश रहती हूँ जैसे
सदा ही क्या ख़ुश रहूँगी ऐसे
उसने कहा कि मेरी रानी
इतनी बात है मैंने जानी
कल की बात न कोई जाने
कहते हैं ये सभी सयाने
ये मत सोचो कल क्या होगा
जो भी होगा अच्छा होगा

[3]

इक परदेसी दूर से आया

इक परदेसी दूर से आया
लड़की पर हक़ अपना जताया
घर वालों ने हामी भर दी
परदेसी की मर्ज़ी कर दी
प्यार के वादे हुए न पूरे
रह गए सारे ख़्वाब अधूरे
छोड़ के साथी और हमसाए
चल दी लड़की देस पराए
दो बाँहों के हार ने रोका
वादों की दीवार ने रोका
घायल दिल का प्यार पुकारा
आँचल का हर तार पुकारा

पर लड़की कुछ मुँह से न बोली
पत्थर बनकर ग़ैर की हो ली
अब गुमसुम हैरान-सी है वो
मुझसे भी अनजान-सी है वो
जब भी देखो चुप रहती है
कहती है तो ये कहती है
कल की बात न कोई जाने
कहते हैं ये सभी सयाने
ये मत सोचो कल क्या होगा
जो भी होगा अच्छा होगा

[रवि/आशा भोसले]

ये वादियाँ, ये फ़िज़ाएँ बुला रही हैं तुम्हें

आज और कल; 1963

ये वादियाँ, ये फ़िज़ाएँ बुला रही हैं तुम्हें
ख़मोशियों की सदाएँ बुला रही हैं तुम्हें

तरस रहे हैं जवाँ फूल होंट छूने को
मचल-मचल के हवाएँ बुला रही हैं तुम्हें

तुम्हारी ज़ुल्फ़ों से ख़ुशबू की भीक लेने को
झुकी-झुकी-सी घटाएँ बुला रही हैं तुम्हें

हसीन चंपई पैरों को जब से देखा है
नदी की मस्त अदाएँ बुला रही हैं तुम्हें

मेरा कहा न सुनो, इनकी बात तो सुन लो
हर एक दिल की दुआएँ बुला रही हैं तुम्हें

[रवि/मोहम्मद रफ़ी]

इतनी हसीन इतनी जवाँ रात क्या करें

आज और कल; 1963

इतनी हसीन इतनी जवाँ रात क्या करें
जागे हैं कुछ अजीब से जज़्बात क्या करें

पेड़ों के बाज़ुओं में महकती है चाँदनी
बेचैन हो रहे हैं ख़यालात क्या करें

साँसों में घुल रही है किसी साँस की महक
दामन को छू रहा है कोई हाथ क्या करें

शायद तुम्हारे आने से ये भेद खुल सके
हैरान हैं कि आज नई बात क्या करें

[रवि/मोहम्मद रफ़ी]

मौत कितनी भी संगदिल हो मगर

आज और कल; 1963

मौत कितनी भी संगदिल हो मगर, ज़िन्दगी से तो मेह्रबाँ होगी

नित् नए रंज दिल को देती है, ज़िन्दगी ये ख़ुशी की दुश्मन है
मौत सबसे निबाह करती है, ज़िन्दगी ज़िन्दगी की दुश्मन है
कुछ न कुछ तो सुकून पाएगा मौत के बस में जिसकी जाँ होगी

रंग और नस्ल, नाम और दौलत, ज़िन्दगी कितने फ़र्क़ मानती है
मौत हद्बंदियों से ऊँची है, सारी दुनिया को एक जानती है
जिन उसूलों पे मर रहे हैं हम, उन उसूलों की क़द्रदाँ होगी

मौत से और कुछ मिले न मिले, ज़िन्दगी से तो जान छूटेगी
मुस्कुराहट नसीब हो कि न हो, आँसुओं की लड़ी तो टूटेगी
हम न होंगे तो ग़म किसे होगा, ख़त्म हर ग़म की दास्ताँ होगी

[रवि/आशा भोसले]

मुझे गले से लगा लो, बहुत उदास हूँ मैं

आज और कल; 1963

मुझे गले से लगा लो, बहुत उदास हूँ मैं
ग़मे-जहाँ[1] से छुड़ा लो, बहुत उदास हूँ मैं

ये इंतिज़ार का दुख अब सहा नहीं जाता
तड़प रही है मुहब्बत, रहा नहीं जाता
तुम अपने पास बुला लो, बहुत उदास हूँ मैं

हर इक साँस में मिलने की प्यास पलती है
सुलग रहा है बदन और रूह जलती है
बुझा सको तो बुझा लो, बहुत उदास हूँ मैं

[रवि/आशा भोसले]

ग़मे-जहाँ से छुड़ा लो, बहुत उदास हूँ मैं

आज और कल; 1963

ब : मुझे गले से लगा लो, बहुत उदास हूँ मैं
ग़मे-जहाँ से छुड़ा लो, बहुत उदास हूँ मैं
नज़र में तीर-से चुभते हैं अब नज़ारों से
मैं थक गई हूँ सभी टूटते सितारों से
अब और बोझ न डालो, बहुत उदास हूँ मैं

अ : बहुत सही ग़मे-दुनिया मगर उदास न हो
क़रीब है शबे-ग़म की सहर उदास न हो
सितम के हाथ की तलवार टूट जाएगी
ये ऊँच-नीच की दीवार टूट जाएगी
तुझे क़सम है मेरी हमसफ़र, उदास न हो

1. संसार का दुख।

ब : न जाने कब ये तरीक़ा ये तौर बदलेगा
सितम का, ग़म का, मुसीबत का दौर बदलेगा
मुझे जहाँ से उठा लो, बहुत उदास हूँ मैं

अ : बहुत सही ग़मे-दुनिया मगर उदास न हो
क़रीब है शबे-ग़म की सहर उदास न हो

[रवि/मोहम्मद रफ़ी, आशा भोसले]

शोख़ी की बात है न शरारत की बात है

आज और कल; 1963

शोख़ी की बात है न शरारत की बात है
हुस्नो-अदा न नाज़ो-नज़ाकत की बात है
रुत्बे[1] का है सवाल न शुहरत[2] की बात है
दौलत की बात है न हुकूमत की बात है
कहते हैं जिसको इश्क़ तबीअत की बात है

आ जाए दिल किसी पे तो फिर मानता नहीं
अच्छे-बुरे के फ़र्क़ को पहचानता नहीं
बेकार बात है जो नसीहत की बात है

कोई किसी के वास्ते क्यों फ़िक्रमंद[3] हो
सीधा उसूल है कि जिसे जो पसन्द हो
बाक़ी हर एक बात अदावत[4] की बात है

हम ख़ुश हैं आज तुमसे निगाहें जो मिल गईं
दिल जिनको ढूँढ़ता था वो राहें तो मिल गईं
मंज़िल न पा सके तो ये क़िस्मत की बात है
कहते हैं जिसको इश्क़ तबीअत की बात है

[रवि/आशा भोसले, शमशाद बेगम, कोरस]

---

1. महत्ता, 2. प्रसिद्धि, 3. चिन्तित, 4. दुश्मनी।

तख़्त न होगा ताज न होगा

आज और कल; 1963

तख़्त न होगा ताज न होगा, कल था लेकिन आज न होगा
जिसमें सब अधिकार न पाएँ, वो सच्चा स्वराज न होगा

लाखों की मेहनत पर क़ब्ज़ा मुट्ठी भर धनवानों का
दीन-धरम के नाम पे ख़ूनी बँटवारा इनसानों का
जिसका ये इतिहास रहा है अब वो अंधा राज न होगा
जिसमें सब अधिकार न पाएँ, वो सच्चा...

जनता का फ़र्मान चलेगा, जनता की सरकार बनेगी
धरती की बेहक़ आबादी, धरती की हक़दार बनेगी
सामन्ती सरकार न होगी, पूँजीवाद समाज न होगा
जिसमें सब अधिकार न पाएँ, वो सच्चा...

मिल पर मज़दूरों का हक़ है, खेतों पर दहक़ान का हक़ है
जीने पर पाबंदी क्यों हो, जीना हर इनसान का हक़ है
जय हो जनता राज की जिसमें हुल्लड़ और निराज न होगा
जिसमें सब अधिकार न पाएँ, वो सच्चा...

[रवि/मोहम्मद रफ़ी, मन्ना डे, गीता दत्त, कोरस]

राजा साहब घर नहीं, हमको किसी का डर नहीं

आज और कल; 1963

बाग़ी : राजा साहब घर नहीं, हमको किसी का डर नहीं
आज तो ऊँची गर्दन करके कहेंगे हम सौ बार

ग़ुलाम : बेअदब बेमुलाहिज़ा बेमुहार
बा-अदब बा-मुलाहिज़ा होशियार

बाग़ी : नाचेंगे और गाएँगे
चीख़ेंगे चिल्लाएँगे

मनमर्ज़ी का पहनेंगे
मनमर्ज़ी का खाएँगे
महल की ऊँची दीवारों से दूर है पहरेदार
बेअदब बेमुलाहिज़ा बेमुहार

ग़ुलाम : बा-अदब बा-मुलाहिज़ा होशियार

बाग़ी : आँखें झुकी-झुकी हों क्यों
साँसों रुकी-रुकी हों क्यों
राजा जी जब यहाँ नहीं
फिर बातें बेतुकी हों क्यों
आज के दिन तो बन्द करो ये झूट का कारोबार
बेअदब बेमुलाहिज़ा बेमुहार

ग़ुलाम : बा-अदब बा-मुलाहिज़ा होशियार

बाग़ी : राजों और सुल्तानों का
क़िस्सा गए ज़मानों का
इनसानों के आगे क्यों
सीस झुके इनसानों का

ऐटम का युग इन अंधी रस्मों से है बेज़ार
बेअदब बेमुलाहिज़ा बेमुहार

ग़ुलाम : बा-अदब बा-मुलाहिज़ा होशियार

[रवि/बाग़ी : आशा भोसले, ग़ुलाम : महेन्द्र कपूर]

मोहे छेड़ो ना कान्हा बजरिया में

आज और कल; 1963

मोहे छेड़ो ना कान्हा बजरिया में
बात फैलेगी सारी नगरिया में

मोहे छेड़ो ना कान्हा बजरिया में
सास ननद मोरी जनम की बैरन
चूकत नहीं खबरिया में
मोहे छेड़ो ना कान्हा...

झनकत जाएँ मोरी शगुन की चूड़ियाँ
लागे ना दाग चुनरिया में
मोहे छेड़ो ना कान्हा बजरिया में

[रवि/आशा भोसले]

मैं जागूँ सारी रैन, सजन तुम सो जाओ

बहू रानी; 1963

मैं जागूँ सारी रैन, सजन तुम सो जाओ
गीतों में छुपा लूँ बैन, सजन तुम सो जाओ

शाम ढले से भोर भए तक, जाग के जब कटती हैं घड़ियाँ
मधुर मिलन की ओस में बसकर, खिलती हैं जब जीवन की कलियाँ
आज नहीं वो रैन, सजन तुम सो जाओ

फीकी पड़ गई चाँद की ज्योति, धुँदले पड़ गए दीप गगन के
सो गईं सुन्दर सेज की कलियाँ, सो गए खुलते भाग दुल्हन के
खुल के रो लें नैन, सजन तुम सो जाओ

जाग के तन की अग्नि सो गई, बढ़ के थम गई मन की हलचल
अपना घूँघट आप उलटकर, खोल दी मैंने पाँव की पायल
अब है चैन ही चैन, सजन तुम आ जाओ

[सी. रामचन्द्र/लता मंगेशकर]

उम्र हुई तुमसे मिले फिर भी जाने क्यों

बहू रानी; 1963

ब : उम्र हुई तुमसे मिले फिर भी जाने क्यों
ऐसे लगे आज पहली बार मिले हैं

अ : उम्र हुई बाग़ सजे फिर भी जाने क्यों
ऐसे लगे फूल पहली बार खिले हैं

ब : रूप जगा यूँ बिन सँवारे सजना मैं सँवर गई
आज लगा यूँ मोतियों से मेरी माँग जैसे भर गई
कजरा छलके, अँचरा ढलके, ऐसे लगे जैसे पहली बार मिले हैं

अ : संग तुम्हारा मेरी ज़िन्दगी को रास आ गया
पाके सहारा दूर था मैं अपने पास आ गया
दुनिया सारी, लागे न्यारी, ऐसे लगे जैसे पहली बार मिले हैं

ब : झूम उठा तन, मन में एक ऐसी बात आ गई
जिसकी थी लगन, वो मिलन की रात आ गई
लहकीं लहकीं, अँखियाँ बहकीं, ऐसे लगे जैसे पहली बार मिले हैं

[सी. रामचन्द्र/हेमन्त कुमार, लता मंगेशकर]

ये हुस्न मेरा, ये इश्क़ तेरा, रंगीन तो है बदनाम सही

बहू रानी; 1963

ये हुस्न मेरा, ये इश्क़ तेरा, रंगीन तो है बदनाम सही
मुझ पर तो कई इल्ज़ाम लगे, तुझ पर भी कोई इल्ज़ाम सही

इस रात की निखरी रंगत को कुछ और निखर जाने दे ज़रा
नज़रों को बहक जाने दे ज़रा, ज़ुल्फ़ों को बिखर जाने दे ज़रा
कुछ देर की ही तस्कीन[1] सही, कुछ देर का ही आराम सही

---

1. सन्तोष

जज़्बात की कलियाँ चुननी हैं और प्यार का तुहफ़ा देना है
लोगों की निगाहें कुछ भी कहें, लोगों से हमें क्या लेना है
ये खास तअल्लुक़ आपस का, दुनिया की नज़र में आम सही

रुसवाई के डर से घबराकर, हम तर्के-वफ़ा[1] कब करते हैं
जिस दिल को बसा लें पहलू में, उस दिल को जुदा कब करते हैं
जो हश्र[2] हुआ है लाखों का, अपना भी वहीं अंजाम[3] सही

कब ग़म की घटाएँ छा जाएँ, मासूम ख़ुशी को इल्म[4] नहीं
हम आज तो जी लें जी भर के, कल क्या हो किसी को इल्म नहीं
इक और रसीली सुबह सही, इक और नशीली शाम सही

[सी. रामचन्द्र/आशा भोसले, कोरस]

काम, क्रोध और लोभ का मारा जगत न आया रास

बहू रानी; 1963

काम, क्रोध और लोभ का मारा जगत न आया रास
जब-जब राम ने जनम लिया तब-तब पाया बनवास

कलजुग तक चलती आई है सतजुग की ये रीत
सब कुछ हार चुके जब अपना, तब है राम की गीत
जुग बदले पर बदल न पाया अब तक ये इतिहास

छोड़ के अपने महल-दुमहले जंगल-जंगल फिरना
औरों के सुख-चैन की ख़ातिर दुख-संकट में घिरना
है यही राम के लेख की रेखा, आ गया अब विश्वास

राम हर इक जुग में आए पर कौन उन्हें पहचाना
राम की पूजा की जग ने पर राम का अर्थ न जाना
तकते-तकते बूढ़े हो गए धरती और आकाश

[सी. रामचन्द्र/महेन्द्र कपूर]

---

1. प्रेम त्याग, 2. बुरा हाल, 3. परिणाम अंत, 4. ज्ञान।

बने ऐसा समाज मिले सबको अनाज

बहू रानी; 1963

बने ऐसा समाज मिले सबको अनाज
न हो लूट न हो फूट न हो झूट तो जी कैसा हो
जागे सबका नसीब न हो कोई ग़रीब
मिटे रोग, भूलें सोग सभी लोग तो जी कैसा हो

न हो मेहनत पे धन का इजारा
सब करें अपने बल पर गुज़ारा
भेद और भाव मिट जाए सारा
आदमी आदमी को हो प्यारा

कोई ऊँच और नीच न हो दुनिया के बीच
न हो जात न हो पात रहें साथ तो जी कैसा हो

दीन और धर्म माँगे न चन्दे
एक हो जाएँ धरती के बन्दे
टूट जाएँ रिवाजों के फन्दे
बन्द हो जाएँ चोरी के धन्दे

मिटे काला बाज़ार, पड़े झूटे को मार
खुले पोल, हटे झोल, घटे मोल तो जी कैसा हो

सारे जग में हो सुख का सवेरा
जाए जुग-जुग का बोझल अँधेरा
कोई झगड़ा न हो तेरा-मेरा
लहर ले शान्ति का फरैरा

न हों देशों में जंग, रहें सब एक संग
बुझे आग, मिटे लाग, छिड़े राग तो जी कैसा हो
बने ऐसा समाज मिले सबको अनाज
न हो लूट, न हो फूट, न हो झूट तो जी कैसा हो

[सी. रामचन्द्र/लता मंगेशकर, आशा भोसले, मन्ना डे, कोरस]

तीतर के घर में तीतर

बहू रानी; 1963

तीतर के घर में तीतर
बाहर अच्छा कि भीतर
जा पूछ के आओ चीतल
क्या बोले दाई माँ

भूका हो जब भालू
गुड़ खाए या आलू
चूहिया जब हो छोटी
हलवा दें या रोटी

गाय जो माँगे चारा
आधा दें या सारा
मुर्ग़ी दे जो अंडा
मैं खाऊँ या पंडा

आए न समझ के अन्दर
ये दर्शन है बड़ा बतंगड़
जा पूछ के आओ बन्दर
क्या बोले दाई माँ

नन्ही मैना पहने
कितने भारी गहने
कितनी हल्की नथुनी
डाले मोटी हथिनी

कुत्ता मुँह को चाटे
या टाँगों में काटे
बकरा बाँधे साड़ी
या बढ़ने दे दाढ़ी

ये सोच न पीछे छोड़े
कब तक कोई माथा फोड़े

जा पूछ के आओ घोड़े
क्या बोले दाई माँ

[सी. रामचन्द्र/हेमन्त कुमार]

ओ कब ग़म की घटाएँ छा जाएँ

बहू रानी; 1963

ओ कब ग़म की घटाएँ छा जाएँ
मासूम ख़ुशी को इल्म नहीं
हो हम आज तो जी लें जी भर के
कल क्या हो किसी को इल्म नहीं
ओ कब ग़म की घटाएँ छा जाएँ
एक और रसीली सुबह सही
एक और नशीली शाम सही
ये हुस्न मेरा ये इश्क़ तेरा
रंगीन तो है बदनाम सही
ओ कब ग़म की घटाएँ छा जाएँ

[सी. रामचंद्र/लता मंगेशकर]

बलमा अनाड़ी मन भाए का करूँ समझ न आए

बहू रानी; 1963

बलमा अनाड़ी मन भाए का करूँ समझ न आए
बलमा अनाड़ी मन भाए

मोसे प्रेम से पूछे प्रेम का मतलब
जाने ना कुछ पूछे सब मुझसे
उलझन बढ़ती जाए हाय राम
बलमा अनाड़ी मन भाए

होंठ हिले तो बात ना जाने
नैन मिले तो घात ना जाने

निस दिन जी तरसाए हाय राम
बलमा अनाड़ी मन भाए

नेहा लगा ऐसे प्रीतम से
बिन कारण जो रूठे हमसे
समझे ना समझाए हाय राम
बलमा अनाड़ी मन भाए

[सी. रामचंद्र/लता मंगेशकर]

इक प्यार के बन्धन की ख़ातिर

प्यार का बन्धन; 1963

इक प्यार के बन्धन की ख़ातिर
मैं तो सारे बन्धन तोड़ चली
जिन सखियों के संग खेली थी
उन सखियों से मुख मोड़ चली

मेरी माँग में भर दो रंग सखी
मुझे जाना है पी के संग सखी
प्रीतम का संदेसा आ पहुँचा
बाबुल की नगरिया छोड़ चली

मेरे गुण-अवगुण बिसरा दे जो
जाती बार गले से लगा ले जो
मैं लाज का घूँघट ओढ़े हुए
पग चूम चली हथ जोड़ चली

[रवि/आशा भोसले]

आ मेरी आँखों की गहराई में आकर डूब जा

प्यार का बन्धन; 1963

नर्तकी : आ मेरी आँखों की गहराई में आकर डूब जा
गर तमन्ना है ख़ुशी की मुस्कुराकर डूब जा

शराबी : अभी ज़िन्दगी के सहारे बहुत हैं
मैं क्यों डूब जाऊँ किनारे बहुत हैं

नर्तकी : किसी मनचले का भरम तोड़ने को
मचलती हवाओं का रुख़ मोड़ने को
हमारी नज़र के इशारे बहुत हैं

शराबी : अभी ज़िन्दगी के सहारे बहुत हैं
तुम्हारी अदाओं को पहचानता हूँ
तुम्हें तुमसे बेहतर तो मैं जानता हूँ
निगाहें सलामत नज़ारे बहुत हैं
अभी ज़िन्दगी के सहारे बहुत हैं

नर्तकी : यहीं देख लो गर न तुमको यक़ीं हो
हमारी नज़र में तुम्हीं इक नहीं हो
इसी अंजुमन में हमारे बहुत हैं

शराबी : अभी ज़िन्दगी के सहारे बहुत हैं
अँधेरा है लेकिन मुझे ग़म नहीं है
कि उम्मीद की रौशनी कम नहीं हैं
मेरे आस्माँ पर सितारे बहुत हैं
अभी ज़िन्दगी के सहारे बहुत हैं
मैं क्यों डूब जाऊँ किनारे बहुत हैं

ये महफ़िल बहारों की महफ़िल नहीं है
ये मंज़िल का धोका है मंज़िल नहीं है
ये मंज़िल नहीं है, ये मंज़िल नहीं है

[रवि/शराबी : मोहम्मद रफ़ी, नर्तकी : आशा भोसले]

घोड़ा पिशौरी मेरा

प्यार का बन्धन; 1963

घोड़ा पिशौरी मेरा
ताँगा लाहौरी मेरा
बैठो मियाँ जी बैठो लाला

मैं हूँ अलबेला ताँगे वाला
टाँगें थकेंगी यारो ताँगे में आओ
गर्मी बड़ी है प्यारो पैदल न जाओ
होगा गुलाबी रंग काला
मैं हूँ अलबेला ताँगे वाला
बचना ओ जानेवाले मैं तुझ पे वारी
टकरा न जाए कहीं शाही सवारी
रोता फिरेगा घर वाला
मैं हूँ अलबेला ताँगे वाला
मेहनत मजूरी करूँ रुकना न जानूँ
आँधी-तूफ़ान में भी झुकना न जानूँ
अपना साईं है रखवाला
मैं हूँ अलबेला ताँगे वाला

[रवि/मोहम्मद रफ़ी]

बोझ उठा ले साथी बोझ उठा ले

प्यार का बन्धन; 1963

बोझ उठा ले साथी बोझ उठा ले
ईंट और पत्थर बोझ नहीं है, बोझ है तेरी ग़रीबी
भूक ने हमको जन्म दिया, मेहनत ने हमको पाला
सिर्फ़ अपनी बाँहों का फल है जो फ़ाक़ों को टाला
बोझ उठा ले साथी बोझ उठा ले

पाँव न डोले, हाथ न काँपे, साँस न तेरी फूले
ख़ून पसीना एक हो पर ये बात न तुमको भूले
घर पर रस्ता देख रहे हैं भूके बच्चे-बाले
बोझ उठा ले साथी बोझ उठा ले

महल बनाकर हम चल देंगे, रहेंगे दौलत वाले
बोझ उठा ले साथी बोझ उठा ले

ईंट और पत्थर बोझ नहीं है बोझ है तेरी ग़रीबी

[रवि/मोहम्मद रफ़ी, कोरस]

पर्वतों के पेड़ों पर शाम का बसेरा है

शगुन; 1964

अ : पर्वतों के पेड़ों पर शाम का बसेरा है
सुर्मई उजाला है, चम्पई अँधेरा है

ब : दोनों वक़्त मिलते हैं दो दिलों की सूरत से
आसमाँ ने ख़ुश होकर रंग-सा बिखेरा है

अ : ठहरे-ठहरे पानी में गीत सरसराते हैं
भीगे-भीगे झोंकों में ख़ुशबुओं का डेरा है

ब : क्यों न जज़्ब[1] हो जाएँ इस हसीं नज़ारे में
रौशनी का झुरमुट है, मस्तियों का घेरा है

[खय्याम/मोहम्मद रफ़ी, सुमन कल्याणपुर]

तुम चली जाओगी परछाइयाँ रह जाएँगी

शगुन; 1964

तुम चली जाओगी परछाइयाँ रह जाएँगी
कुछ न कुछ हुस्न की रानाइयाँ रह जाएँगी

तुम कि इस झील के साहिल पे मिली हो मुझसे
जब भी देखूँगा यहीं मुझको नज़र आओगी
याद मिटती है न मंज़र कोई मिट सकता है
दूर जाकर भी तुम अपने को यहीं पाओगी

घुल के रह जाएगी झोंकों में बदन की ख़ुशबू
ज़ुल्फ़ का अक्स घटाओं में रहेगा सदियों

1. विलीन।

फूल चुपके से चुरा लेंगे लबों की सुर्ख़ी
ये जवाँ हुस्न फ़िज़ाओं में रहेगा सदियों

इस धड़कती हुई शादाबो-हसीं वादी में
ये न समझो कि ज़रा देर का क़िस्सा हो तुम
अब हमेशा के लिए मेरे मुक़द्दर की तरह
इन नज़ारों के मुक़द्दर का भी हिस्सा हो तुम

तुम चली जाओगी परछाइयाँ रह जाएँगी
कुछ न कुछ हुस्न की रानाइयाँ रह जाएँगी

[खय्याम/मोहम्मद रफ़ी]

इतने क़रीब आके भी क्या जाने किस लिए

शगुन; 1964

अ : इतने क़रीब आके भी क्या जाने किस लिए
कुछ अजनबी से आप हैं, कुछ अजनबी से हम

ब : वो एक बात जो थी फ़क़त आप के लिए
वो एक बात कह न सके आप ही से हम

अ : ऐसी तो कोई क़ैद नहीं दिल की बात पर
आपस की बात हो तो डरें क्यों किसी से हम

ब : तुम दूर हो तो मौत भी आए न हमको रास
तुम पास हो तो जान भी दे दें खुशी से हम

अ : मौत एक वह्म और हक़ीक़त है ज़िन्दगी

अ, ब : इक-दूसरे को माँगेंगे इस ज़िन्दगी से हम

[खय्याम/तलत महमूद, मुबारक बेगम]

इस रात में ग़म का ज़हर भी है

शगुन; 1964

ये रात बहुत रंगीन सही, इस रात में ग़म का ज़हर भी है
नग़मों की खनक में डूबी हुई, फ़रियादो-फ़ुग़ाँ[1] की लहर भी है
तुम रक़्स[2] करो मैं शे'र पढ़ूँ, मतलब तो है कुछ ख़ैरात[3] मिले
इस क़ौम के बच्चों की ख़ातिर कुछ सिक्कों की सौग़ात मिले

सिक्के तो करोड़ों ढल-ढलकर टकसाल से बाहर आते हैं
किन ग़ारों में खो जाते हैं, किन पर्दों में छुप जाते हैं
ये ज़ुल्म नहीं तो फिर क्या है, पैसे से तो काले धंदे हों
और मुल्क की वारिस नस्लों की तालीम की ख़ातिर चन्दे हों
अब काम नहीं चल सकने का रह्म और ख़ैरात के नारे से
इस देश के बच्चे अनपढ़ हैं दौलत के ग़लत बँटवारे से

बदले ये निज़ामे-ज़रदारी[4], कह दो ये सियासतदानों[5] से
ये मस्अला[6] हल होने का नहीं, काग़ज़ पे छपे एलानों से
ये रात बहुत रंगीन सही, इस रात में ग़म का ज़हर भी है

[खय्याम/मोहम्मद रफ़ी]

तुम अपना रंजो-ग़म, अपनी परेशानी मुझे दे दो

शगुन; 1964

तुम अपना रंजो-ग़म, अपनी परेशानी मुझे दे दो
तुम्हें ग़म की क़सम, इस दिल की वीरानी मुझे दे दो

ये माना मैं किसी क़ाबिल नहीं हूँ इन निगाहों में
बुरा क्या है अगर ये दुख, ये हैरानी मुझे दे दो

1. दुहाई और आर्तनाद, 2. नृत्य, 3. दान, 4. धनवानों की व्यवस्था, 5. नेताओं, 6. समस्या।

मैं देखूँ तो सही, दुनिया तुम्हें कैसे सताती है
कोई दिन के लिए अपनी निगहबानी मुझे दे दो

वो दिल जो मैंने माँगा था मगर ग़ैरों ने पाया है
बड़ी शै[1] है अगर इसकी पशेमानी[2] मुझे दे दो

[खय्याम/जगजीत कौर]

बुझा दिए हैं ख़ुद अपने हाथों, मुहब्बतों के दीये

शगुन; 1964

बुझा दिए हैं ख़ुद अपने हाथों, मुहब्बतों के दीये जलाके
मेरी वफ़ा ने उजाड़ दी हैं, उम्मीद की बस्तियाँ बसा के

तुझे भुला देंगे अपने दिल से, ये फ़ैसला तो किया है लेकिन
न दिल को मालूम है न हमको, जिएँगे कैसे तुझे भुला के

कभी मिलेंगे जो रास्ते में तो मुँह फिराकर पलट पड़ेंगे
कहीं सुनेंगे जो नाम तेरा तो चुप रहेंगे नज़र झुका के

न सोचने पर भी सोचती हूँ कि ज़िन्दगानी में क्या रहेगा?
तेरी तमन्ना को दफ़्न करके, तेरे ख़यालों से दूर जाके

[खय्याम/सुमन कल्याणपुर]

ज़िन्दगी ज़ुल्म सही, जब्र सही, ग़म ही सही

शगुन; 1964

ज़िन्दगी ज़ुल्म सही, जब्र सही, ग़म ही सही
दिल की फ़रियाद सही, रूह का मातम ही सही

1. चीज़, 2. लज्जा, पश्चात्ताप।

हमने हर हाल में जीने की क़सम खाई है
अब यही हाल मुक़द्दर हो तो शिक्वा क्यों हो
हम सलीक़े से निभा देंगे जो दिन बाक़ी हैं
चाह रुसवा न हुई, आह भी रुस्वा क्यों हो
ज़िन्दगी ज़ुल्म सही, जब्र सही, ग़म ही सही

हमको तक़दीर से बेवजह शिकायत क्यों है
इसी तक़दीर ने चाहत की ख़ुशी भी दी थी
आज अगर काँपती पलकों को दिए हैं आँसू
कल थिरकते हुए होंटों को हँसी भी दी थी
ज़िन्दगी ज़ुल्म सही, जब्र सही, ग़म ही सही

हम हैं मायूस मगर इतने भी मायूस नहीं
इक न इक दिन तो ये अश्कों की लड़ी टूटेगी
इन न इक दिन तो छटेंगे ये ग़मों के बादल
इक न इक दिन तो उजाले की किरन फूटेगी

ज़िन्दगी ज़ुल्म सही, जब्र सही, ग़म ही सही
दिल की फ़रियाद सही, रूह का मातम ही सही

[खय्याम/सुमन कल्याणपुर]

अपना दिल पेश करूँ, अपनी वफ़ा पेश करूँ

ग़ज़ल; 1964

अपना दिल पेश करूँ, अपनी वफ़ा पेश करूँ
कुछ समझ में नहीं आता तुझे क्या पेश करूँ

तेरे मिलने की ख़ुशी में कोई नग़्मा छेड़ूँ
या तेरे दर्दे-जुदाई का गिला पेश करूँ

मेरे ख़्वाबों में भी तू, मेरे ख़यालों में भी तू
कौन-सी चीज़ तुझे तुझसे जुदा पेश करूँ

जो तेरे दिल को लुभाए, वो अदा मुझ में नहीं
क्यों न तुझको कोई तेरी ही अदा पेश करूँ

[मदन मोहन/मोहम्मद रफ़ी]

नग़्मा-ओ-शे'र की सौग़ात किसे पेश करूँ

ग़ज़ल; 1964

नग़्मा-ओ-शे'र की सौग़ात किसे पेश करूँ
ये छलकते हुए जज़्बात किसे पेश करूँ

शोख़ आँखों के उजालों को लुटाऊँ किस पर
मस्त ज़ुल्फ़ों की सियह रात किसे पेश करूँ

गर्म साँसों में छुपे राज़ बताऊँ किसको
नर्म होंटों में दबी बात किसे पेश करूँ

कोई हमराज़[1] तो पाऊँ, कोई हमदम[2] तो मिले
दिल की धड़कन के इशारात[3] किसे पेश करूँ

[मदन मोहन/लता मंगेशकर]

इश्क़ की गर्मिए-जज़्बात किसे पेश करूँ

ग़ज़ल; 1964

इश्क़ की गर्मिए-जज़्बात किसे पेश करूँ
ये सुलगाते हुए दिन-रात किसे पेश करूँ

हुस्न और हुस्न का हर नाज़ है पर्दे में अभी
अपनी नज़रों की शिकायत किसे पेश करूँ

---

1. मित्र, 2. हर समय का साथी, 3. संकेत, मतलब।

तेरी आवाज़ के जादू ने जगाया है जिन्हें
वो तसव्वुर वो ख़यालात किसे पेश करूँ

ऐ मेरी जाने-ग़ज़ल ऐ मेरी ईमाने-ग़ज़ल
अब सिवा तेरे ये नग़मात किसे पेश करूँ

कोई हमराज़ तो पाऊँ कोई हमदम तो मिले
दिल की धड़कन के इशारात किसे पेश करूँ

[मदन मोहन/लता मंगेशकर]

रंग और नूर की बारात किसे पेश करूँ

ग़ज़ल; 1964

रंग और नूर की बारात किसे पेश करूँ
ये मुरादों की हसीं रात किसे पेश करूँ

मैंने जज़्बात निभाये हैं उसूलों की जगह
अपने अरमान पिरो लाया हूँ फूलों की जगह
तेरे सेहरे की ये सौग़ात किसे पेश करूँ

ये मेरे शे'र मेरे आख़िरी नज़राने हैं
मैं उन अपनों में हूँ जो आज से बेगाने हैं
बेतअल्लुक़[1]-सी मुलाक़ात किसे पेश करूँ

सुर्ख़ जोड़े की तबोताब[2] मुबारक हो तुझे
तेरी आँखों का नया ख़्वाब मुबारक हो तुझे
मैं ये ख़्वाहिश, ये ख़यालात किसे पेश करूँ

कौन कहता है कि चाहत पे सभी का हक़ है
तू जिसे चाहे तेरा प्यार उसी का हक़ है
मुझसे कह दे मैं तेरा हात[3] किसे पेश करूँ

[मदन मोहन/मोहम्मद रफ़ी]

1. असंबद्ध, 2. चमक, 3. हाथ।

दिल ख़ुश है आज उनसे मुलाक़ात हो गई

ग़ज़ल; 1964

दिल ख़ुश है आज उनसे मुलाक़ात हो गई
गर दूर ही से ही बात हुई बात हो गई

उनसे हमारा कोई तअल्लुक़ तो बन गया
बिगड़े भी वो अगर तो बड़ी बात हो गई

धड़कन बढ़ी तो साँस की ख़ुशबू बिखर गई
आँचल उड़ा तो रंग की बरसात हो गई

जी चाहता है मान ही लें अब ख़ुदा को हम
जिसका यक़ीं न था वो करामात हो गई

[मदन मोहन/मोहम्मद रफ़ी]

ताज तेरे लिए इक मज़्हरे-उल्फ़त ही सही

ग़ज़ल; 1964

ताज तेरे लिए इक मज़्हरे-उल्फ़त[1] ही सही
तुझको इस वादिए-रंगीं से अक़ीदत[2] ही सही
मेरी महबूब कहीं और मिला कर मुझसे

अनगिनत लोगों ने दुनिया में मुहब्बत की है
कौन कहता है कि सादिक़[3] न थे जज़्बे उनके
लेकिन उनके लिए तश्हीर[4] का सामान नहीं
क्योंकि वो लोग भी अपनी ही तरह मुफ़लिस थे
मेरी महबूब कहीं और मिला कर मुझसे

ये चमनज़ार, ये जमना का किनारा, ये महल
ये मुनक़्क़श[5] दरो-दीवार, ये मेह्राब, ये ताक़
इक शहंशाह ने दौलत का सहारा लेकर
हम ग़रीबों की मुहब्बत का उड़ाया है मज़ाक़
मेरी महबूब कहीं और मिलाकर मुझसे

[मदन मोहन/मोहम्मद रफ़ी]

1. प्रेम का सूचक, 2. श्रद्धा, 3. सच्चा, 4. प्रचार, 5. चित्रित।

उनसे नज़रें मिलीं और हिजाब आ गया

ग़ज़ल; 1964

उनसे नज़रें मिलीं और हिजाब[1] आ गया
ज़िन्दगी में हसीं इन्क़िलाब[2] आ गया

बेख़बर थे उभरते तक़ाज़ों से हम
हमको मालूम न था ऐसे भी दिन आएँगे

आइना देखें तो आप अपने से शर्माएँगे
बेख़बर थे उभरते तक़ाज़ों से हम

आज जाना कि सचमुच शबाब आ गया
आँख झुकती है क्यों, साँस रुकती है क्यों

इन सवालों का ख़ुद से जवाब आ गया
दिल के आने को हम किस तरह रोकते

दिल को रोका न गया ख़ुद को सँभाला न गया
बात इस तरह बढ़ी, बात को डाला न गया

दिल के आने को हम किस तरह रोकते
जिस पे आना था ख़ाना-खराब[3] आ गया

[मदन मोहन/लता मंगेशकर, उषा मंगेशकर]

मुझे ये फूल न दे तुझको दिलबरी की क़सम

ग़ज़ल; 1964

अ : मुझे ये फूल न दे तुझको दिलबरी की क़सम
ये कुछ नहीं तेरे होंटों की ताज़गी की क़सम

ब : नज़र हसीं हो तो जल्वे हसीन लगते हैं
मैं कुछ नहीं हूँ मुझे मेरे हुस्न ही की क़सम

अ : तू एक साज़ है, छेड़ा नहीं किसी ने जिसे
तेरे बदन में छुपी नई रागिनी की क़सम

---

1. लाज, 2. परिवर्तन, 3. अभागा।

ब : ये रागिनी तेरे दिल में है, मेरे तन में नहीं
परखने वाले मुझे तेरी सादगी की क़सम

अ : ग़ज़ल का लोच है तू नज़्म का शबाब है तू
यक़ीन कर तुझे मेरी ही शायरी की क़सम

[मदन मोहन/मोहम्मद रफ़ी, सुमन कल्याणपुर]

अदा क़ातिल नज़र बर्क़े-बला यूँ भी है और यूँ भी

ग़ज़ल; 1964

अदा क़ातिल नज़र बर्क़े-बला[1] यूँ भी है और यूँ भी
मुहब्बत करने वालों की क़ज़ा[2] यूँ भी है यूँ भी
कभी चिलमन उठा देना, कभी चिलमन गिरा देना
सितमगर नाज़नीनों[3] की अदा यूँ भी है और यूँ भी
हमें चाहा तो क्यों चाहा, हमें भूले तो क्यों भूले
सज़ा हम क्यों न दें, उनकी ख़ता यूँ भी है और यूँ भी

[मदन मोहन/आशा भोसले]

चाँद तकता है इधर, आओ कहीं छुप जाएँ

दूज का चाँद; 1964

अ : चाँद तकता है इधर, आओ कहीं छुप जाएँ

ब : कहीं लागे न नज़र, आओ कहीं छुप जाएँ

अ : फूल शाख़ों से झुके हैं होंटों की तरफ़
झोंके बल खाके मुड़े आते हैं ज़ुल्फ़ों की तरफ़

ब : छोड़कर उनकी डगर, आओ कहीं छुप जाएँ
चाँद तकता है इधर...

---

1. आपत्ति की बिजली, 2. मृत्यु, 3. अत्याचारी सुन्दरियाँ।

मैं ही मैं देखूँ सजन, दूजा न देखे तोहे
का ख़बर कौन सौतनिया, तोरा मन मोहे

अ : दिल पे डालो न असर, आओ कहीं छुप जाए
चाँद तकता है इधर...

सारी नज़रों से परे सारे नज़ारों से परे
आस्मानों पे चमकते हुए तारों से परे

ब : ओढ़कर लाल चुनर, आओ कहीं छुप जाए

अ, ब : चाँद तकता है इधर...

[रोशन/मोहम्मद रफ़ी, सुमन कल्याणपुर]

सुन ऐ माहजबीं, मुझे तुझसे इश्क़ नहीं

दूज का चाँद; 1964

सुन ऐ माहजबीं, मुझे तुझसे इश्क़ नहीं
यूँ मैं तेरा क़ाइल हूँ
नाज़ो-अदा पर माइल हूँ
जल्वों का दम भरता हूँ
छुप-छुप देखा करता हूँ
पर ऐ पर्दानशीं, मुझे तुझसे इश्क़ नहीं

तुझसे नज़र जब लड़ती है
चोट-सी दिल पर पड़ती है
पाँव बहकने लगते हैं
साँस दहकने लगते हैं
पर है मुझको यक़ीं, मुझे तुझसे इश्क़ नहीं

ग़ैर से जब तू हँस के मिले
जाग उठते हैं दिल में गिले
उलझन में पड़ जाता हूँ
सोच के कुछ घबराता हूँ
पर ऐ शोख़ हसीं, मुझे तुझसे इश्क़ नहीं

तू वो दिलकश हस्ती है
जो ख़्वाबों में बसती है
तू कह दे तो जाँ दे दूँ
जान तो क्या ईमाँ दे दूँ

पर ऐ हासिले-दीं, मुझे तुझसे इश्क़ नहीं
सुन ऐ माहजबीं, मुझे तुझसे इश्क़ नहीं

[रोशन/मोहम्मद रफ़ी]

महफ़िल से उठ जाने वालो

दूज का चाँद; 1964

महफ़िल से उठ जाने वालो! तुम लोगों पर क्या इल्ज़ाम
तुम आबाद घरों के बासी, मैं आवारा और बदनाम
मेरे साथी ख़ाली जाम

दो दिन तुमने प्यार जताया, दो दिन तुमसे मेल रहा
अच्छा-ख़ासा वक़्त कटा और अच्छा-ख़ासा खेल रहा
अब उस खेल का ज़िक्र ही क्या कि वक़्त कटा और खेल तमाम
मेरे साथी ख़ाली जाम

तुमने ढूँढ़ी सुख की दौलत, मैंने पाला ग़म का रोग
कैसे बनता कैसे निभता ये रिश्ता और ये संजोग
मैंने दिल को दिल से तोला, तुमने माँगे प्यार के दाम
मेरे साथी ख़ाली जाम

तुम दुनिया को बेहतर समझे, मैं पागल था ख़्वार[1] हुआ
तुमको अपनाने निकला था, ख़ुद से भी बेज़ार[2] हुआ
देख लिया घर-फूँक तमाशा, जान लिया मैंने अंजाम[3]
मेरे साथी ख़ाली जाम

[रोशन/मोहम्मद रफ़ी]

---

1. अपमानित, 2. अप्रसन्न, 3. परिणाम, अंत।

सजन सलोना माँग लो जी कोई

दूज का चाँद; 1964

सजन सलोना माँग लो जी कोई, निकला है दूज का चाँद
सखी आज न कर यूँ लाज

मोहे मीठी नाही लागे ऐसी बात, सखी छेड़ो ना
मैं ना चाहूँ किसी छलिये का साथ, सखी छेड़ो ना
तू ना चाहे किसी मितवा का साथ रे सखी

कि तोरी छम-छम करती पायल चाहे है कोई मतवारा रसिया
सुनो तो गोरी, काहे की चोरी, सजन सलोना माँग लो जो कोई
जाको भाऊँ वा ही माँगे मोरा हाथ मैं तो माँगूँ ना
बड़ी आई है ये दूज की रात मैं तो माँगूँ ना
तू ना माँगे कछु आज की रात री सखी

कि तोरी चम-चम करती बिन्दिया माँगे कोई मतवारा रसिया
सुनो तो गोरी, काहे की चोरी, सजन सलोना माँग लो जो कोई

[रोशन/लता मंगेशकर, आशा भोसले]

फुल गेंदवा न मारो न मारो

दूज का चाँद; 1964

फुल गेंदवा न मारो न मारो, लगत करेजवा में चोट
दूँगी मैं दुहाई, काहे चुतर बनत, ठिठोरी करत हरजाई
दहका हुआ ये अँगारा जो गेंदवा कहलाए है
तन पर जहाँ गिरे पापी, वहीं दाग पड़ जाए है
अंग-अंग मोरा पीर करे और कर के कहे
फुल गेंदवा न मारो

रुक जाओ ना सताओ मोहे ज़ुल्मी बलम
मान जाओ बिनती अबला की
देखो-देखो अब दूँगी दुहाई
काहे चतुर बनत, ठिठोरी करत हरजाई
फुल गेंदवा न मारो, लगत करेजवा में चोट

[रोशन/मन्ना डे]

पथ निहारूँ डगर बुहारूँ नैन गँवाऊँ रोए

दूज का चाँद; 1964

पथ निहारूँ डगर बुहारूँ नैन गँवाऊँ रोए
सूली ऊपर सेज पिया की किस विध मिलना होए
पड़े बरखा फुहार
करे जियारा पुकार
दुख जाने न हमार
बैरन रुत बरसात की

उत बरसें बदरवा कारे
इत बरसें दो नैन हमारे
मिटी कजरे की धार
लुटा मन का सिंघार
दुख जाने न हमार
बैरन रुत बरसात की

दुख हमरी अभागन प्रीत के
वही जाने जो हारा हो जीत के
टूटे सपनों के हार
सूना लागे संसार
दुख जाने न हमार
बैरन रुत बरसात की

[रोशन/लता मंगेशकर]

लो अपना जहाँ दुनिया वालो

दूज का चाँद; 1964

लो अपना जहाँ दुनिया वालो, हम इस दुनिया को छोड़ चले
जो रिश्ते-नाते जोड़े थे, वो रिश्ते-नाते तोड़ चले

कुछ सुख के सपने देख चले, कुछ दुख के सद्मे झेल चले
तक़दीर की अँधी गर्दिश ने, जो खेल खिलाए खेल चले

हर चीज़ तुम्हें लौटा दी है, हम ले के नहीं कुछ साथ चले
फिर दोष न देना ऐ लोगो, हमें देख लो ख़ाली हाथ चले

ये राह अकेली कटती चले, यहाँ साथ न कोई यार चले
उस पार न जाने क्या पाएँ, इस पार तो सब कुछ हार चले

[रोशन/एस. बलबीर]

झाँकती है मेरी आँखों से क़ज़ा थम थम के

दूज का चाँद; 1964

झाँकती है मेरी आँखों से क़ज़ा थम थम के
मुझसे मत छेड़ करना खेल जान के
आग को छू ना लेना कोयला मान के
मेरे दामन पे डालना ललचाई नज़रें भी ज़रा थम थम के

झाँकती है मेरी आँखों से मज़ा थम थम के...
एक बिजली सी चमके धात धात में
एक शोला सा दमके बात बात में
दिल तो क्या है जान भी ले लेगी मतवाली अदा, थम थम के

झाँकती है मेरी आँखों क़ज़ा थम थम के
मेरी चाहत का नादां ढंग और है
मेरी क़ातिल हंसी का रंग और है
मेरे ख़ंजर के वार का मिलता है बिस्मिल को मजा
झाँकती है मेरी आँखों में...

[रोशन/सुमन कल्याणपुर, श्यामा हेमादी]

विनती सुनो मोरी अवधपुर के बसइया

दूज का चाँद; 1964

विनती सुनो मोरी अवधपुर के बसइया
विनती सुनो मोरी...

भक्त जनों की रक्षा कीजो
सुख सम्पत्ति की छाया दीजो
तुम ही तो प्रभु
तुम ही तो प्रभु
जग में दुख के हरिइया
विनती सुनो मोरी अवधपुर के बसइया

[रोशन/मन्ना डे, गीता दत्त]

छा गए बादल नील गगन पर

चित्रलेखा; 1964

ब : छा गए बादल नील गगन पर
धुल गया कजरा साँझ ढले
देख के मेरा मन बेचैन
रैन से पहले हो गई रैन
आज हृदय के स्वप्न फले
धुल गया कजरा साँझ ढले

अ : रूप की संगत और एकान्त
आज भटकता मन है शान्त
कह दो समय से थम के चले
धुल गया कजरा साँझ ढले
छा गए बादल नील गगन पर

ब : अंधियारी-सी चादर तान
इक होंगे दो व्याकुल प्राण
आज न कोई दीप जले
धुल गया कजरा साँझ ढले
छा गए बादल नील गगन पर
धुल गया कजरा साँझ ढले

[रोशन/मोहम्मद रफ़ी, आशा भोसले]

मन रे, तू काहे न धीर धरे

चित्रलेखा; 1964

मन रे, तू काहे न धीर धरे
वो निर्मोही मोह न जानें, जिनका मोह करे
मन रे, तू काहे न धीर धरे

इस जीवन की चढ़ती-ढलती धूप को किसने बाँधा
रंग पे किसने पहरे डाले, रूप को किसने बाँधा
काहे ये जतन करे
मन रे, तू काहे न धीर धरे

इतना ही उपकार समझ, कोई जितना साथ निभा दे
जनम-मरण का मेल है सपना, ये सपना बिसरा दे
कोई न संग मरे
मन रे, तू काहे न धीरे धीरे

[रोशन/मोहम्मद रफ़ी]

संसार से भागे फिरते हो

चित्रलेखा; 1964

संसार से भागे फिरते हो, भगवान को तुम क्या पाओगे
इस लोक को भी अपना न सके, उस लोक में भी पछताओगे

ये पाप है क्या, ये पुण्य है क्या, रीतों पर धर्म की मुहेंं हैं
हर युग में बदलते धर्मों को कैसे आदर्श बनाओगे

ये भूक भी एक तपस्या है, तुम त्याग के मारे क्या जानो
अपमान रचयिता का होगा, रचना को अगर ठुकराओगे

हम कहते हैं ये जग अपना है, तुम कहते हो झूटा सपना है
हम जन्म बिताकर जाएँगे, तुम जन्म गँवाकर जाओगे

[रोशन/लता मंगेशकर]

सखी री मेरा मन उलझे, तन डोले

चित्रलेखा; 1964

अब चैन पड़े तब ही जब उनसे मिलन हो ले
लाख जतन करूँ ध्यान बँटे ना
ये रसवन्ती रैन कटे ना
पवन अगन-सी बोले

अब चैन पड़े तब ही जब उनसे मिलन हो ले
साँस भी लूँ तो आँच-सी आए
चंचल काया पिघली जाए
अधरों में तृष्णा बोले

अब चैन पड़े तब ही जब उनसे मिलन हो ले
सखी री मेरा मन उलझे तन डोले

[रोशन/लता मंगेशकर]

लागी मनवा के बीच कटारी

चित्रलेखा; 1964

लागी मनवा के बीच कटारी कि मारा गया ब्रम्हचारी
कैसी ज़ुल्मी बनाई तूने नारी कि मारा गया ब्रम्हचारी

ऐसा घूँघरू पायलिया का झनका
मोरी माला में अटक गया मनका
मैं तो भूला प्रभु सुध-बुध सारी कि मारा गया ब्रम्हचारी

कोई चंचल कोई मतवाली है
कोई नटखट कोई भोली-भाली है
कभी देखी न थी ऐसी फुलवारी कि मारा गया ब्रम्हचारी

बड़े जतनों साख बनाई थी
मोरी बरसों की पुन्य कमाई थी
तैने पल में भस्म कर डाली कि मारा गया ब्रम्हचारी

मोहे बावला बना गईं वा की बतियाँ
अब कटती नहीं हैं मो से रतियाँ
पड़ी सर पे बिपत अति भारी कि मारा गया ब्रम्हचारी

मुझे उन बिन कछु न सुहाए रे
मोरी अँखियों के आगे लहराए रे
गोरे मुखड़े पे लट कारी-कारी कि मारा गया ब्रम्हचारी

[रोशन/मन्ना डे]

आली री रोको ना कोई करने दो मुझको मनमानी

चित्रलेखा; 1964

आली री रोको ना कोई करने दो मुझको मनमानी
आज मेरे घर आए वो प्रीतम जिनके लिए सब नगरी छानी
आज कोई बंधन ना भाए आज है खुल खेलन की ठानी
ए री जाने ना दूँगी मैं तो अपने रसिक को

नैनों में रख लूंगी पलकें मूँद मूँद
ए री जाने ना दूँगी...

अलकों में कुंडल डालो और देह सुगंध रचाओ
जो देखे मोहित हो जाए ऐसा रूप सज़ाओ
आज सखी पी डालूँगी मैं दर्शन जल बूँद बूँद
ए री जाने ना दूँगी...

मधुर मिलन की दुर्लभ बेला यूँ ही बीत ना जाए
ऐसी रैन जो व्यर्थ गँवाए जीवन भर पछताए
सेज सज़ाओ मेरे मेरे साजन की ले आओ कलियाँ गूँध गूँध
ए री जाने ना दूंगी...

[रोशन/लता मंगेशकर]

अश्कों में जो पाया है, वो गीतों में दिया है

चाँदी की दीवार; 1964

अश्कों में जो पाया है, वो गीतों में दिया है
इस पर भी सुना है कि ज़माने को गिला है

जो तार से निकली है वो धुन सबने सुनी है
जो साज़ पे गुज़री है वो किस दिल को पता है

हम फूल हैं, औरों के लिए लाएँ हैं ख़ुशबू
अपने लिए ले-दे के बस इक दाग़ मिला है

[एन. दत्ता/तलत महमूद]

कहीं क़रार न हो और कहीं ख़ुशी न मिले

चाँदी की दीवार; 1964

कहीं क़रार न हो और कहीं ख़ुशी न मिले
हमारे बाद किसी को ये ज़िन्दगी न मिले
कहीं क़रार न हो...

सियह नसीब कोई उनसे बढ़के क्या होगा
सियह नसीब...
जो अपना घर भी जला दें तो रोशनी न मिले
हमारे बाद किसी को ये ज़िन्दगी न मिले
कहीं क़रार न हो...

यही सलूक है गर आदमी से दुनिया का
यही सलूक है...
तो कुछ अजब नहीं दुनिया में आदमी न मिले
हमारे बाद किसी को ये ज़िन्दगी न मिले
कहीं क़रार न हो...

ये बेबसी भी किसी बद्दुआ से कम तो नहीं
ये बेबसी भी...

कि खुल के जी ना सके और मौत भी न मिले
हमारे बाद किसी को ये जिन्दगी न मिले
कहीं करार न हो...

[एन. दत्ता/मोहम्मद रफ़ी]

ले मेरे बदन को देख ज़रा

चाँदी की दीवार; 1964

ले मेरे बदन को देख ज़रा
अन्दर से ऐसी होती है, बेटी को, बहन को देख ज़रा

ख़ुशहाल है तू, ज़रदार है तू, मजबूर हूँ, मैं मुख़्तार है तू
इज़्ज़त हो कि मेहनत मुफ़्लिस की, हर नेमत का हक़दार है तू
जलवों की फबन को देख ज़रा

जंगल में यही कुछ होता है, जंगल की ही औलाद है तू
तहज़ीब है क्या अख़्लाक़ है क्या, इन चीज़ों से आज़ाद है तू
इज़्ज़त के कफ़न को देख ज़रा

क़ानून मुलाज़िम है तेरा, इस जुर्म को इक तफ़रीह समझ
जिस नस्ल पे तेरा साया है, उसके कल की तश्रीह समझ
वह्शत के चलन को देख ज़रा

कपड़े ही नहीं, रोटी के लिए यहाँ खाल भी नोची जाती है
बेटी, बहन हो या माँ हो, हर लाश दबोची जाती है
आज़ाद वतन को देख ज़रा

[एन. दत्ता/महेन्द्र कपूर]

बरसो राम धड़ाके से

चाँदी की दीवार; 1964

बरसो राम धड़ाके से
बुढ़िया मर गई फ़ाक़े से
कलजुग में भी मरती है, सतयुग में भी मरती थी

ये बुढ़िया इस दुनिया में सदा ही फ़ाक़े करती थी
जीना उसको रास न था
पैसा उसके पास न था

उसके घर को देख के लछमी मुड़ जाती थी नाके से
बरसो राम धड़ाके से

झूटे टुकड़े खाके बुढ़िया, तपता पानी पीती है
मरती है तो मर जाने दो, पहले भी कब जीती थी
जय हो पैसे वालों की
गेहूँ के दलालों की

उनका हद से बढ़ा मुनाफ़ा कुछ ही कम है डाके से
बरसो राम धड़ाके से

[एन. दत्ता/महेन्द्र कपूर]

ये दुनिया दो रंगी है

चाँदी की दीवार; 1964

ये दुनिया दो रंगी है
एक तरफ़ से रेशम ओढ़े, एक तरफ़ से नंगी है
एक तरफ़ अंधी दौलत की पागल ऐशपरस्ती
एक तरफ़ जिस्मों की क़ीमत रोटी से भी सस्ती
एक तरफ़ है सोनागाछी, एक तरफ़ चौरंगी है
ये दुनिया दो रंगी है

आधे मुँह पर नूर बरसता, आधे मुँह पर चीरे
आधे तन पर कोढ़ के धब्बे, आधे-तन पर हीरे
आधे घर में ख़ुशहाली है, आधे घर में तंगी है
ये दुनिया दो रंगी है

माथे ऊपर मुकुट सजाए, सर पर ढोए गंदा
दाएँ हाथ से भिक्षा माँगे, बाएँ से दे चन्दा
एक तरफ़ भंडार चलाए, एक तरफ़ भिकमंगी है
ये दुनिया दो रंगी है

एक संगम पर लानी होगी, दुख और सुख की धारा
नए सिरे से करना होगा दौलत का बँटवारा
जब तक ऊँच और नीच है बाक़ी, हर सूरत बेढंगी है
ये दुनिया दो रंगी है

[एन. दत्ता/मोहम्मद रफ़ी]

जो कहने से तुम शर्माती हो

चाँदी की दीवार; 1964

वो बात कहो तो मैं कह दूँ
जो कहने से तुम शर्माती हो
वो बात कहो तो मैं कह दूँ
जो सोच के तुम रह जाते हो
वो बात कहो तो मैं कह दूँ
जो सोच के तुम रह जाते हो
जो बात ज़ुबाँ पर आ न सके
वो बात नज़र कह देती है
जो बात ज़ुबाँ...
वो बात नज़र...
जो राज़ उधर का होता है
जो राज़ उधर का होता है
वो राज़ इधर कह देती है
जिस बात को राज़ बनाती हो
वो कहो तो मैं कह दूँ
जो कहने से तुम शर्माती हो
कुछ दिन से किसी के सपनों में
तुम चुपके चुपके आती हो
हाथों में हाथ पकड़ते हो
हाथों में हाथ पकड़ते हो
नैनों से नैन मिलाते हो
कुछ कहते हुए रुक जाती हो
वो बात नज़र कह देती है

वो राज़ उधर का होता है
वो बात नज़र कह देती है
जो राज़...

[एन. दत्ता/आशा भोसले, मोहम्मद रफ़ी]

हम जब सिमट के आपकी बाँहों में आ गए

वक़्त; 1965

ब : हम जब सिमट के आपकी बाँहों में आ गए

अ : लाखों हसीन ख़्वाब निगाहों में आ गए

ब : ख़ुशबू चमन को छोड़ के साँसों में घुल गई
लहरा के अपने आप जवाँ ज़ुल्फ़ खुल गई
हम अपनी दिल-पसंद पनाहों में आ गए

अ : कह दी है दिल की बात नज़ारों के सामने
इक़रार कर लिया है बहारों के सामने
दोनों जहान आज गवाहों में आ गए

अ, ब : मस्ती भरी घटाओं की परछाइयों तले
हाथों में हाथ थाम के जब साथ हम चलें
शाख़ों से फूल टूट के राहों में आ गए

[रवि/महेन्द्र कपूर, आशा भोसले]

दिन हैं बहार के, तेरे-मेरे इक़रार के

वक़्त; 1965

ब : दिन हैं बहार के, तेरे-मेरे इक़रार के
दिल के सहारे आजा प्यार करें

अ : दुश्मन हैं प्यार के जब लाखों ग़म संसार के
दिल के सहारे कैसे प्यार करें

ब : दुनिया का बोझ ज़रा दिल से उतार दे
छोटी-सी ज़िन्दगी है हँस के गुज़ार दे

अ : अपनी तो ज़िन्दगी गुज़री है जी को मार के
दिल के सहारे कैसे प्यार करें
अच्छा नहीं होता यूँ ही सपनों से खेलना
बड़ा ही कठिन है हक़ीक़तों को झेलना

ब : अपनी हक़ीक़तें मेरे सपनों पे हार के
दिल के सहारे आजा प्यार करें
ऐसी-वैसी बातें सभी दिल से निकाल दे
जीना है तो कश्ती को धारे में डाल दे

अ : धारे की गोद में घेरे भी हैं मंजधार के
दिल के सहारे कैसे प्यार करें

ब : दिल के सहारे आजा प्यार करें

[रवि/महेन्द्र कपूर, आशा भोसले]

ऐ मेरी ज़ुहा-जबीं, तुझे मालूम नहीं

वक़्त; 1965

ऐ मेरी ज़ुहा-जबीं[1], तुझे मालूम नहीं
तू अभी तक है हसीं और मैं जवाँ
तुझ पे क़ुर्बान मेरी जान मेरी जाँ

ये शोख़ियाँ ये बाँकपन जो तुझ में हैं कहीं नहीं
दिलों को जीतने का फ़न जो तुझ में है कहीं नहीं
मैं तेरी आँखों में पा गया दो जहाँ[2]
ऐ मेरी ज़ुहा-जबीं...

---

1. उज्ज्वल ललाट, सुन्दरी, 2. दोनों लोक।

तू मीठे बोल जाने-मन जो मुस्कुरा के बोल दे
तो धड़कनों में आज भी शराबी रंग घोल दे
ओ सनम मैं तेरा आशिक़े-जाविदाँ[1]
ऐ मेरी जुह्रा-जबीं...

[रवि/मन्ना डे]

चेहरे पे ख़ुशी छा जाती है, आँखों में सुरूर आ जाता है

वक़्त; 1965

चेहरे पे ख़ुशी छा जाती है, आँखों में सुरूर[2] आ जाता है
जब तुम मुझे अपना कहते हो, अपने पे ग़ुरूर[3] आ जाता है

तुम हुस्न की ख़ुद इक दुनिया हो, शायद ये तुम्हें मालूम नहीं
महफ़िल में तुम्हारे आने से, हर चीज़ पे नूर आ जाता है

हम पास से तुमको क्या देखें, तुम जब भी मुक़ाबिल[4] होते हो
बेताब निगाहों के आगे पर्दा-सा ज़रूर आ जाता है

जब तुमसे मुहब्बत की हमने, तब जाके कहीं ये राज़ खुला
मरने का सलीक़ा आते ही जीने का शऊर[5] आ जाता है

[रवि/आशा भोसले]

कौन आया कि निगाहों में चमक जाग उठी

वक़्त; 1965

कौन आया कि निगाहों में चमक जाग उठी
दिल के सोए हुए तारों में खनक जाग उठी

किसके आने की ख़बर लेके हवाएँ आईं
जिस्म से फूल चिटकने की सदाएँ आईं
रूह खिलने लगी, साँसों में महक जाग उठी
दिल के सोए हुए तारों में खनक जाग उठी

---

1. हमेशा रहनेवाला आशिक़, 2. आनन्द, हल्का नशा, 3. घमंड, 4. सामने, 5. विवेक।

किसने यूँ मेरी तरफ़ देख के बाँहें खोलीं
शोख़ जज़्बात ने सीने में निगाहें खोलीं
होंट तपने लगे, ज़ुल्फ़ों में लचक जाग उठी
दिल के सोए हुए तारों में खनक जाग उठी

किसके हाथों ने मेरे हाथों से कुछ माँगा है
किसके ख़्वाबों ने मेरे ख़्वाबों से कुछ माँगा है
दिल मचलने लगा, आँचल में धनक जाग उठी
दिल के सोए हुए तारों में खनक जाग उठी

[रवि/आशा भोसले]

आँच देने लगा क़दमों के तले बर्फ़ का फ़र्श

वक़्त; 1965

अ : आँच देने लगा क़दमों के तले बर्फ़ का फ़र्श
आज जाना कि मुहब्बत में है गर्मी कितनी
संगे-मर्मर की तरह सख़्त बदन में तेरे
आ गई है मेरे छू लेने से गर्मी कितनी

ब : हम चले जाते हैं और दूर तलक कोई नहीं
सिर्फ़ पत्तों के चटख़ने की सदा आती है
दिल में कुछ ऐसे ख़यालात ने करवट ली है
मुझको तुम से नहीं अपने से हया आती है

[रवि/महेन्द्र कपूर, आशा भोसले]

मैंने देखा है कि फूलों से लदी शाख़ों में

वक़्त; 1965

अ : मैंने देखा है कि फूलों से लदी शाख़ों में
तुम लचकती हुई यूँ मेरे क़रीब आई हो

जैसे मुद्दत से यूँ ही साथ रहा हो अपना
जैसे अब की नहीं, बरसों की शनासाई[1] है

ब : मैंने देखा है कि गाते हुए झरनों के क़रीब
अपनी बेताबिए-जज़्बात कही है तुमने
काँपते होंटों से, रुकती हुई आवाज़ के साथ
जो मेरे दिल में थी वो बात कही है तुमने

अ : आँच लेने लगा क़दमों के तले बर्फ़ का फ़र्श
आज जाना कि मुहब्बत में है गर्मी कितनी
संगे-मर्मर की तरह सख़्त बदन में तेरे
आ गई है मेरे छू लेने से नर्मी कितनी

ब : हम चले जाते हैं, और दूर तलक कोई नहीं
सिर्फ़ पत्तों के चटख़ने की सदा आती है
दिल में कुछ ऐसे ख़यालात ने करवट ली है
मुझको तुमसे नहीं, अपने से हया आती है

[रवि/महेन्द्र कपूर, आशा भोसले]

आगे भी जाने ना तू, पीछे भी जाने ना तू

वक़्त; 1965

आगे भी जाने ना तू, पीछे भी जाने ना तू
जो भी है बस यही एक पल है
अनजाने सायों का राहों में डेरा है
अनदेखी राहों ने हम सबको घेरा है
ये पल उजाला है बाक़ी अँधेरा है
ये पल गँवाना ना ये पल ही तेरा है

जीने वाले सोच ले
यही वक़्त है कर ले पूरी आरज़ू
आगे भी जाने ना तू...

---

1. पहचान।

इस पल के जल्वों ने महफ़िल सँवारी है
इस पली की गर्मी ने धड़कन उभारी है
इस पल के होने से दुनिया हमारी है
ये पल जो देखो तो सदियों पे भारी है

जीने वाले सोच ले
यही वक़्त है कर ले पूरी आरज़ू
आगे भी जाने ना तू...

इस पल के साये में अपना ठिकाना है
इस पल के आगे की हर शै फ़साना है
कल किसने देखा है कल किसने जाना है
इस पल से पाएगा जो तुझको पाना है

जीने वाले सोच ले
यही वक़्त है कर ले पूरी आरज़ू
आगे भी जाने ना तू...

[रवि/आशा भोसले]

कल जहाँ बसती थीं ख़ुशियाँ, आज है मातम वहाँ

वक़्त; 1965

कल जहाँ बसती थीं ख़ुशियाँ, आज है मातम[1] वहाँ
वक़्त लाया था बहारें, वक़्त लाया है ख़िज़ाँ[2]

वक़्त से दिन और रात, वक़्त से कल और आज
वक़्त की हर शै गुलाम, वक़्त का हर शै पे राज

वक़्त के आगे उड़ी कितनी तहज़ीबों[3] की धूल
वक़्त के आगे मिटे कितने मज़्हब और रिवाज

वक़्त की गर्दिश[4] से है चाँद-तारों का निज़ाम[5]
वक़्त की ठोकर में हैं क्या हुकूमत क्या समाज

---

1. मृत्यु-शोक, 2. पतझड़ का मौसम, 3. संस्कृति, 4. चक्कर, 5. व्यवस्था।

वक़्त की पाबंद हैं आती-जाती रौनक़ें
वक़्त है फूलों की सेज, वक़्त है कांटों का ताज

आदमी को चाहिए वक़्त से डरकर रहे
कौन जाने किस घड़ी वक़्त का बदले मिज़ाज

[रवि/मोहम्मद रफ़ी]

छू लेने दो नाज़ुक होंटों को

काजल; 1965

छू लेने दो नाज़ुक होंटों को, कुछ और नहीं है जाम है ये
क़ुदरत ने जो हमको बख़्शा है, वो सबसे हसीं इन्आम है ये

शर्मा के न यूँ ही खो देना रंगीन जवानी की घड़ियाँ
बेताब धड़कते सीनों का अरमान भरा पैग़ाम है ये

अच्छों को बुरा साबित करना दुनिया की पुरानी आदत है
इस मय को मुबारक चीज़ समझ, माना कि बहुत बदनाम है ये

[रवि/मोहम्मद रफ़ी}

ये ज़ुल्फ़ अगर खुल के बिखर जाए तो अच्छा

काजल; 1965

ये ज़ुल्फ़ अगर खुल के बिखर जाए तो अच्छा
इस रात की तक़दीर सँवर जाए तो अच्छा

जिस तरह से थोड़ी-सी तेरे साथ कटी है
बाक़ी भी इसी तरह गुज़र जाए तो अच्छा

दुनिया की निगाहों में भला क्या है बुरा क्या
ये बोझ अगर दिल से उतर जाए तो अच्छा

वैसे तो तुम्हीं ने मुझे बर्बाद किया है
इल्ज़ाम किसी और के सर जाए तो अच्छा

ये ज़ुल्फ़ अगर खुल के बिखर जाए तो अच्छा

[रवि/मोहम्मद रफ़ी]

आपके भीगे हुए जिस्म से आँच आती है

काजल; 1965

आपके भीगे हुए जिस्म से आँच आती है
दिल को गर्माती है जज़्बात को भड़काती है
आपके पास जो आएगा पिघल जाएगा
इस हरारत से जो उलझेगा वो जल जाएगा

आपका हुस्न वो शबनम है जो शोलों में पले
गर्म ख़ुशबुओं में तपते हुए रंगों में ढले
किसका दिल है जो सँभाले से सँभल जाएगा

होंट हैं या किसी शायर की दुआओं का जवाब
ज़ुल्फ़ है या किसी सावन के तलबगार का ख़्वाब
ऐसे जल्वों को जो देखेगा मचल जाएगा

इस क़दर हुस्न किसी और में देखा न सुना
उसका क्या कहना जिसे आपने हमराज़ चुना
उसकी तक़दीर का उनवान बदल जाएगा
आपके पास जो आएगा पिघल जाएगा

[रवि/महेन्द्र कपूर]

अगर मुझे न मिलीं तुम तो मैं ये समझूँगा

काजल; 1965

अ : अगर मुझे न मिलीं तुम तो मैं ये समझूँगा
कि दिल की राह से होकर ख़ुशी नहीं गुज़री

ब : अगर मुझे न मिले तुम तो मैं ये समझूँगी
कि सिर्फ़ उम्र कटी ज़िन्दगी नहीं गुज़री

अ : ग़ज़ल का हुस्न हो तुम नज़्म[1] का शबाब हो तुम
सदाए-साज़[2] हो तुम नग़मए-रबाब[3] हो तुम
जो दिल में सुबह जगाए वो आफ़्ताब[4] हो तुम

अगर मुझे न मिलीं तुम तो मैं ये समझूँगा
मेरे जहाँ से कोई रौशनी नहीं गुज़री

ब : फ़िज़ा में हुस्न, नज़ारों में जान है तुमसे
मेरे लिए ये ज़मीं आसमान है तुमसे
ख़यालो-ख़्वाब की दुनिया जवान है तुमसे

अगर मुझे न मिले तुम तो मैं ये समझूँगी
मेरे ख़्वाब ख़्वाब रहे बेकसी नहीं गुज़री

अ : बड़े यक़ीन से मैंने ये हाथ माँगा है

ब : मेरी वफ़ा ने हमेशा का साथ माँगा है

अ : दिलों की प्यास ने आबे-हयात[5] माँगा है

ब : अगर मुझे न मिले तुम तो मैं ये समझूँगी
कि इंतिज़ार की मुद्दत अभी नहीं गुज़री

अ : अगर मुझे न मिलीं तुम तो मैं ये समझूँगा
कि सिर्फ़ उम्र कटी ज़िन्दगी नहीं गुज़री

[रवि/महेन्द्र कपूर, आशा भोसले]

तोरा मन दर्पण कहलाए

काजल; 1965

तोरा मन दर्पण कहलाए
भले-बुरे सारे कर्मों को देखे और दिखलाए

मन ही देवता मन ही ईश्वर मन से बड़ा न कोय

---

1. कविता, 2. साज़ की आवाज़, 3. रबाब का संगीत, 4. सूरज, 5. अमृत।

मन उजियारा जब-जब फैले जग उजियारा होय
जग से चाहे भाग ले कोई मन से भाग न पाए

सुख की कलियाँ दुख के काँटे मन सबका आधार
मन से कोई बात छुपे ना, मन के नैन हज़ार
जग से चाहे भाग ले कोई मन से भाग न पाए

तन की दौलत ढलती छाया, मन का धन अनमोल
तन के कारण मन के धन को मत माटी में रोल
मन की क़दर भुलाने वाला हीरा जन्म गँवाए

[रवि/आशा भोसले]

समझी थी कि ये घर मेरा है

काजल; 1965

समझी थी कि ये घर मेरा है, मालूम हुआ मेहमान थी मैं
जिन्हें अपना-अपना कहती थी, उन सबके लिए अंजान थी मैं

इस तरह न मुझको ठुकराओ, इक बार गले से लग जाओ
मैं अब भी तुम्हारी हूँ लोगो, रूठो न अगर नादान थी मैं

बचपन तो मेरा लौटा दो मुझे, क्या दोष हुआ समझा दो मुझे
वो होंट भी ना क्यों कहते हैं, जिन होंटों की मुस्कान थी मैं

तुम शाद रहो आबाद रहो, अब मैं तुम सबसे दूर चली
परदेस बनी हैं वो गलियाँ, जिन गलियों की पहचान थी मैं

[रवि/आशा भोसले]

मेरे भैया, मेरे चंदा, मेरे अनमोल रतन

काजल; 1965

मेरे भैया, मेरे चंदा, मेरे अनमोल रतन
तेरे बदले मैं ज़माने की कोई चीज़ न लूँ

तेरी साँसों की क़सम खाके हवा चलती है
तेरे चेहरे की झलक पाके बहार आती है

एक पल भी मेरी नज़रों से जो तू ओझल हो
हर तरफ़ मेरी नज़र तुझको पुकार आती है

तेरे सेहरे की महकती हुई लड़ियों के लिए
अनगिनत फूल उम्मीदों के चुने हैं मैंने

वो भी दिन आए कि इन ख़्वाबों की ताबीर बने
तेरी ख़ातिर जो हसीं ख़्वाब चुने हैं मैंने

[रवि/आशा भोसले]

ज़रा-सी और पिला दो भंग

काजल; 1965

अ : ज़रा-सी और पिला दो भंग
मैं आया देख के ऐसा रंग
कि दिल मेरा डोला, जय बमबोला

ब : मेरी तो अक़्ल हुई है दंग
ये कैसा बदला तेरा ढंग
कि तू था भोला, जय बमबोला

अ : मुझे समझ न तू वैरागी
मैंने आज तपस्या त्यागी

तेरे रूप का झटका खाके
मेरी सोई जवानी जागी

अ : जा हट जा परे मलंग
करे क्यों बीच सभी के तंग
कि तू था भोला, जय बमबोला

क्यों थाम के दिल को रहले
जो चोट लगी है सह ले

इस बात पे अब ज़िद कैसी
जो बात न मानी पहले

अ : क्यों झगड़े मेरे संग
मैं तुझसे हार चुका हूँ जंग
कि तू था भोला, जय बमबोला

मेरे दिल से निकले हाय
गोरी क्यों नख़रे दिखलाए
ज़रा हँस के गले से लग जा
तुझे कुँआरा प्यार बुलाए

ब : तेरे तन पर चढ़ गया ज़ंग
यूँ ही अब क्यों फड़काए अंग
कि तू था भोला, जय बमबोला

अ : ज़रा-सी और पिला दो भंग
मैं आया देख के ऐसा रंग
कि तू था भोला, जय बमबोला

[रवि/मोहम्मद रफ़ी, आशा भोसले]

मुद्दत की तमन्नाओं का सिला जज़्बात

काजल; 1965

मुद्दत की तमन्नाओं का सिला जज़्बात को अब मिल जाने दो
जिस तरह मिली हैं दो रूहें उस तरह से लब मिल जाने दो
मुद्दत की तमन्नाओं का...

सीने से हटा दो आँचल को शाने से झटक दो ज़ुल्फ़ों को
जाती हुए रंगीन घड़ियों को रुकने का सबब मिल जाने दो
मुद्दत की तमन्नाओं का...

इन पाक गुनाहों की घड़ियाँ आती हैं मगर हर रात नहीं
इस रात में सब खो जाने दो इस रात में सब मिल जाने दो
मुद्दत की तमन्नाओं का...

[रवि/महेन्द्र कपूर]

छम छम घुँघरू बोले देखो

काजल; 1965

छम छम घुँघरू बोले देखो
राधा लाज की मारी इत-उत डोले देखो
बाट चले तो आँचल ढलके पग पग रूप गगरिया छलके
कंचन काया झिलमिल झलके खाए कमरिया हिचकोले
छम छम घुँघरू बोले

पल पल बढ़ती जाए उलझन पार करे कैसे घर आंगन
जान की दुश्मन बन गई झांझन भेद जियरवा के खोले देखो
छम छम घुँघरू बोले, राधा लाज की मारी इत उत डोले
पी बिन ऐसो तड़पे गोरी बिन चन्दा जिस तरह चकोरी
जाएगी मिलने चोरी चोरी सास ननदिया जब सो ले
छम छम घुँघरू बोले, राधा लाज की मारी इत-उत डाले

[रवि/आशा भोसले]

कबीरा निर्भय राम जप जब लगदी में बाती

काजल; 1965

कबीरा निर्भय राम जप ज़ब लगदी में बाती
तेल घटा बाती बुझी सोवेगा दिन राती
महफ़िल में तेरी यूं ही रहे जश्न-ए चिरागाँ
आँखों में ही राह गुज़र जाए तो अच्छा
सच बराबर तप नहीं झूठ बराबर पाप
जाके ह्रदय सांच है ता के ह्रदय आप
जाकर तेरी महफ़िल से कहाँ चैन मिलेगा
अब अपनी जगह अपनी ख़बर जाए तो अच्छा
जब मैं था हरि नहीं अब हरि है मैं नाहीं
सब अंधियारा मिट गया जब दीपक देखा माहीं
जिस सुबह की तक़दीर में लिखी हो जुदाई
उस सुबह से पहले कोई मर जाए तो अच्छा

[रवि/मोहम्मद रफ़ी, आशा भोसले]

सब में शामिल हो मगर सबसे जुदा लगती हो

बहू-बेटी; 1965

सब में शामिल हो मगर सबसे जुदा लगती हो
सिर्फ़ हम से ही नहीं, ख़ुद से भी जुदा लगती हो

आँख उठती है न झुकती है किसी की ख़ातिर
साँस चढ़ती है न रुकती है किसी की ख़ातिर
जो किसी दर पे न ठहरे वो हवा लगती हो

ज़ुल्फ़ लहराए तो आँचल में छुपा लेती हो
होंट थर्राए तो दाँतों में दबा लेती हो
जो कभी खुल के न बरसे वो घटा लगती हो

जागी-जागी नज़र आती हो, न सोई-सोई
तुम जो हो अपने ख़यालात में खोई-खोई
किसी मायूस मुसव्विर[1] की दुआ लगती हो

[रवि/मोहम्मद रफ़ी]

रंगीन फ़िज़ा है

बहू-बेटी; 1965

अ : रंगीन फ़िज़ा है
आजा कि मेरा प्यार तुझे ढूँढ़ रहा है

ब : ये किसकी सदा है
ये कौन मुझे अपनी तरफ़ खेंच रहा है

अ : तेरी भी है ये मेरी ही आवाज़ नहीं है
ऐ जाने-तमन्ना ये कोई राज़ नहीं है
तू मुझसे जुदा होके भी कब मुझसे जुदा है
दिल दिल से मिला है

1. निराश चित्रकार।

ब : तुम मुझको बुलाते हो तो टाला नहीं जाता
अपने को किसी तरह सँभाला नहीं जाता
ज़ुल्फ़ों का मुझे होश न आँचल का पता है
ये कैसा नशा है

अ : दुनिया को भुलाकर मेरी बाँहों में चली आ
जज़्बात की बेफ़िक्र पनाहों में चली आ
कहते हैं जिसे इश्क़ वो जीने की अदा है
अच्छा न बुरा है

ब : ये कौन मुझे अपनी तरफ़ खेंच रहा है
ये किसकी सदा है

अ : आजा कि मेरा प्यार तुझे ढूँढ़ रहा है
रंगीन फ़िज़ा है

[रवि/महेन्द्र कपूर, आशा भोसले]

मेरी माँग के रंग में तूने राख चिता की भर दी

बहू-बेटी; 1965

मेरी माँग के रंग में तूने राख चिता की भर दी
ये कैसा इंसाफ़ है तेरा ओ भगवन बेदर्दी?

घूँघट उठने से पहले विधवा कर दी प्रीत सुहागन
छीन लिया माथे का टीका, खोल लिए हाथों के कंगन
पलक झपकते हँसती-बसती दुनिया सूनी कर दी

रूप सजा पर जोत न जागी, सेज बिछी पर फूल न महके
बन गया मेरे मुँह का कालक दो नैनों का काजल बहके
भाग्य बनाने वाले तूने भाग्य पर तुह्मत धर दी

[रवि/आशा भोसले]

आज है करवा चौथ सखी री

बहू-बेटी; 1965

आज है करवा चौथ सखी री, माँग ले सुख का दान
अपने सपनों के स्वामी का धरकर मन में ध्यान
जन्म-जन्म तक माँग का तेरी रंग पड़े न फीका
जब तक चमकें चाँद-सितारे तब तक चमके टीका
बँधे रहें मन भाते प्रीतम के प्राणों से प्राण

आज है करवा चौथ सखी री, माँग ले सुख का दान
जो कोई माँगे आज लगन से युग-युग का सुख पाए
काज सफल हो, प्रेम अमर हो, जीवन में रंग आए
आज हर इक नारी को प्रभू से मिलता है वरदान

आज है करवा चौथ सखी री, माँग ले सुख का दान

[रवि/आशा भोसले]

भारत माँ की आँख के तारो

बहू-बेटी; 1965

भारत माँ की आँख के तारो
नन्हे-मुन्ने राज दुलारो
जैसे मैंने तुमको सँवारा
ऐसे ही तुम देश सँवारो

ये जो है एक छोटा-सा बस्ता
इल्म के फूलों का गुलदस्ता
कृष्ण हैं इसमें, राम हैं इसमें
बुद्धमत और इस्लाम है इसमें
ये बस्ता ईसा की कहानी
ये बस्ता नानक की वाणी
इसमें छुपी है हर सच्चाई
अपना सुख औरों की भलाई
इस बस्ते को सीस नवाओ
इस बस्ते पर तन-मन वारो

भारत माँ की आँख के तारो

छोड़ के झूटी ज़ातें-पातें
सबसे सीखो अच्छी बातें
अपना किसी से बैर न समझो
जग में किसी को ग़ैर न समझो
आप पढ़ो औरों को पढ़ाओ
घर-घर ज्ञान की जोत जगाओ
नव जीवन की आस तुम्हीं हो
बनता हुआ इतिहास तुम्हीं हो
जितना गहरा अँधियारा हो
उतने ऊँचे दीप उभारो

भारत माँ की आँख के तारो

ये संसार जो हमने सजाया
ये संसार जो तुमने पाया
इस संसार में झूट बहुत है
ज़ुल्म बहुत है लूट बहुत है
ज़ुल्म के आगे सर न झुकाना
हर इक झूट से टकरा जाना
इस संसार का रंग बदलना
ऊँच और नीच का ढंग बदलना
सारा जग है देश तुम्हारा
सारे जग का रूप निखारो

भारत माँ की आँख के तारो

[रवि/आशा भोसले]

जियो तो ऐसे जियो जैसे सब तुम्हारा है

बहू-बेटी; 1965

जियो तो ऐसे जियो जैसे सब तुम्हारा है
मरो तो ऐसे कि जैसे तुम्हारा कुछ भी नहीं

ये एक राज़ की दुनिया न जिसको जान सकी
यही वो राज़ है जो ज़िन्दगी का हासिल[1] है
तुम्हीं कहो तुम्हें ये बात कैसे समझाऊँ
कि ज़िन्दगी की घुटन ज़िन्दगी की क़ातिल है
हर एक निगाह को क़ुदरत का ये इशारा है

जहाँ में आके जहाँ से खिंचे-खिंचे न रहो
वो ज़िन्दगी ही नहीं जिस में आस बुझ जाए
कोई भी प्यास दबाए से दब नहीं सकती
इसी से चैन मिलेगा कि प्यास बुझ जाए
ये कहके मुड़ता हुआ ज़िन्दगी का धारा है

ये आसमाँ ये ज़मीं ये फ़िज़ा ये नज़्ज़ारे
तरस रहे हैं तुम्हारी-मेरी नज़र के लिए
नज़र चुरा के हर इक शै को यूं न ठुकराओ
कोई शरीके-सफ़र[2] ढूँढ़ लो सफ़र के लिए
बहुत क़रीब से मैंने तुम्हें पुकारा है

[रवि/मोहम्मद रफ़ी]

मेरी जाँ न सता तू मेरा जी ना जला

बहू-बेटी; 1965

मेरी जाँ न सता तू मेरा जी ना जला तू करूँ क्या कुछ बता दे
दिल पे नहीं है काबू मेरी जाँ न सता तू मेरा जी ना जला तू
तेरे दाँत अनार दाने तेरे गाल सेब जैसे
जो तू आँखों से हो ओझल तो मैं चैन पाऊँ कैसे
हो जरा सी खोल खिड़की अदा से दे दे झिड़की
खड़ा हूँ नाक खोले लेने को तेरी ख़ुशबू
मेरी जाँ ना सता तू
तुझे दिल से चाहता हूँ मैं बुरा भी हूँ तो क्या है
तुझे तो समझ है काफी मैं गधा भी हूँ तो क्या है

1. उपलब्धि, 2. यात्रा का साथी।

जरा सुन ऐ परी तू हुई है क्यूँ ख़फ़ा तू
मैं तो हूँ दास तेरा मुझसे छुड़ा न पल्लू
हाय मेरी जाँ ना सता तू...
जो तू मेरी बात रख ले
जो तू मेरी अर्ज माने
तू जहाँ की धुन पे कह दे
मैं सुनाऊँ तुझको गाने
गाऊँ वो चीज़ पक्की
रहे तू हक्की-बक्की
या जो हो हुक्म तेरा गाऊँ
में हुम्बा डुम्बा हूँ हाय हाय
मेरी जां न सता तू
मेरी जी ना जला तू
करूँ क्या कुछ बता दे हाय

[रवि/मोहम्मद रफ़ी]

दुनिया करे सवाल तो हम क्या जवाब दें

बहू बेगम; 1967

दुनिया करे सवाल तो हम क्या जवाब दें
तुम को न हो ख़याल तो हम क्या जवाब दें

पूछे कोई कि दिल को कहाँ छोड़ आये हैं
किस-किस से अपना रिशतए-जाँ तोड़ आये हैं
मुश्किल से अर्ज़े-हाल[1] तो हम क्या जवाब दें

पूछे कोई कि दर्दे-वफ़ा कौन दे गया
रातों को जागने की सज़ा कौन दे गया
कहने से हो मलाल[2] तो हम क्या जवाब दें

[रोशन/लता मंगेशकर]

---

1. हाल कहना, 2. दुख।

निकले थे कहाँ जाने के लिए

बहू बेगम; 1967

निकले थे कहाँ जाने के लिए, पहुँचे हैं कहाँ, मालूम नहीं
अब अपने भटकते क़दमों को मंज़िल के निशाँ, मालूम नहीं

हमने भी कभी इस गुलशन में इक ख़्वाबे-बहाराँ देखा था
कब फूल खिले, कब गर्द उड़ी, कब आई ख़िज़ाँ, मालूम नहीं

दिल शोलए-ग़म से ख़ाक हुआ या आग लगी अरमानों को
क्या चीज़ जली, क्यों सीने से उठता है धुआँ, मालूम नहीं

बर्बादे-मुहब्बत का अफ़्साना हम किससे कहें और कैसे कहें
ख़ामोश है लब और दुनिया को अश्कों की ज़बाँ, मालूम नहीं

[रोशन/आशा भोसले]

लोग कहते हैं कि हम तुमसे किनारा कर लें

बहू बेगम; 1967

लोग कहते हैं कि हम तुमसे किनारा कर लें
तुम जो कह दो तो सितम ये भी गवारा कर लें

तुमने जिस हाले-परेशाँ से निकाला था हमें
आसरा देके मुहब्बत का, सँभाला था हमें

सोचते हैं कि वही हाल दोबारा कर लें
यूँ भी अब तुमसे मुलाक़ात नहीं होने की

मिल भी जाओ तो कोई बात नहीं होने की
आख़िरी बार बस अब ज़िक्र तुम्हारा कर लें

आख़िरी बार ख़यालों में बुला लें तुमको
आख़िरी बार कलेजे से लगा लें तुमको

और फिर अपने तड़पने का नज़ारा कर लें
लोग कहते हैं कि हम तुम से किनारा कर लें

[रोशन/मोहम्मद रफ़ी]

सिर्फ़ अपने ख़यालों की परछाईं है

बहू बेगम; 1967

सिर्फ़ अपने ख़यालों की परछाईं है
या कोई जल्वए-नाज़ पर्दे में है

बार-बार उस तरफ़ उठ रही है नज़र
क्या ख़बर कौन-सा राज़ पर्दे में है

इन अदाओं को हम कौन-सा नाम दें
उनका एहसान मानें कि इल्ज़ाम दें

हर करम में सितम, हर वफ़ा में जफ़ा
उनका हर एक अंदाज़ पर्दे में है

[रोशन/आशा भोसले]

पड़ गए झूले सावन रुत आई रे

बहू बेगम; 1967

पड़ गए झूले सावन रुत आई रे
सीने में हूक उठे अल्लाह दुहाई रे
चंचल झोंके मुँह को चूमें बूँदें तन से खेलें
पींग बढ़े तो झुकते बादल पाँव का चुम्बन ले लें

हम को न भाये सखी ऐसी ढिठाई रे
गीतों का ये अल्हड़ मौसम झूलों का ये मेला
ऐसी रुत में हमें झुलाने आए कोई अलबेला

थामे तो छोड़े नहीं नाज़ुक कलाई रे
पड़ गए झूले सावन रुत आई रे

[रोशन/लता मंगेशकर, आशा भोसले]

अर्ज़े-शौक़ आँखों में है अर्ज़े-वफ़ा आँखों में है

बहू बेगम; 1967

अर्ज़े-शौक़[1] आँखों में है अर्ज़े-वफ़ा[2] आँखों में है
तेरे आगे बात कहने का मज़ा आँखों में है
वाक़िफ़ हूँ ख़ूब इश्क़ के तर्ज़े-बयाँ[3] से मैं
कह दूँगा दिल की बात नज़र की ज़बाँ से मैं
मेरी वफ़ा का शौक़ से तू इम्तिहान ले
गुज़रूँगा तेरे इश्क़ में हर इम्तिहाँ से मैं
ऐ हुस्ने-आशना तेरे जल्वों की ख़ैर हो
बेगाना हो गया हूँ ग़मे-दो-जहाँ[4] से मैं
वाक़िफ़ हूँ ख़ूब इश्क़ के तर्ज़े-बयाँ से मैं

अब जाँ-ब-लब[5] हूँ शिद्दते-दर्दे-निहाँ[6] से मैं
ऐसे में तुझको ढूँढ़ के लाऊँ कहाँ से मैं
ज़मीं हमदर्द है मेरी न हमदम आस्माँ मेरा
तेरा दर छुट गया तो फिर ठिकाना है कहाँ मेरा
क़सम है तुझको, जज़्बे-दिल[7] न जाए रायगाँ मेरा
यही है इम्तिहाँ तेरा यही है इम्तिहाँ मेरा

इक सिम्त[8] मुहब्बत है इक सिम्त ज़माना है
ऐसे में तुमको ढूँढ़ के लाऊँ कहाँ से मैं
तेरा ख़याल तेरी तमन्ना लिये हुए
दिल बुझ रहा है आस का शोला लिये हुए

हैराँ खड़ी हुई है दोराहे पे ज़िन्दगी
नाकाम हसरतों का जनाज़ा लिये हुए
ढूँढ़ के लाऊँ कहाँ से मैं

आवाज़ दे रहा है दिले-ख़ानमाँ-ख़राब
सीने में इज़्तिराब[9] है साँसों में पेचो-ताब[10]
ऐ रूहे-इश्क़[11], जाने-वफ़ा, कुछ तो दे जवाब
अब जाँ-ब-लब हूँ शिद्दते-दर्दे-निहाँ से मैं

---

1. अभिलाषा की प्रार्थना, 2. प्रेम की प्रार्थना, 3.वर्णन शैली, 4. दोनों लोकों का दुख, 5. जिसके प्राण होंठों पर आ गए हों, 6. अन्तर्हित दुख की प्रबलता, 7. प्रेम का आकर्षण, 8. दिशा, ओर, 9. बेचैनी, 10. मनस्ताप, 11. प्रेम की आत्मा।

ढूँढ़ के लाऊँ कहाँ से मैं
ढूँढ़ के लाऊँ कहाँ से मैं
ऐसे में तुझको ढूँढ़ के लाऊँ कहाँ से मैं

[रोशन/मोहम्मद रफ़ी, मन्ना डे]

नीले गगन के तले, धरती का प्यार पले

हमराज़; 1967

नीले गगन के तले, धरती का प्यार पले
ऐसे ही जग में, आती हैं सुब्हें, ऐसे ही शाम ढले
नीले गगन के तले

शबनम के मोती, फूलों पे बिखरें, दोनों की आस फले
बल खाती बेलें, मस्ती में खेलें, पेड़ों से मिल के गले
नदिया का पानी, दरिया से मिल के, सागर की ओर चले
नीले गगन के तले
धरती का प्यार पले

[रवि/महेन्द्र कपूर]

तुम अगर साथ देने का वादा करो

हमराज़; 1967

तुम अगर साथ देने का वादा करो
मैं यूँ ही मस्त नग़्मे लुटाता रहूँ
तुम मुझे देखकर मुस्कुराती रहो
मै तुम्हें देखकर गीत गाता रहूँ

कितने जल्वे फ़िज़ाओं में बिखरे मगर
मैंने अब तक किसी को पुकारा नहीं
तुमको देखा तो नज़रें ये कहने लगीं
हमको चेहरे से हटना गवारा नहीं

तुम अगर मेरी नज़रों के आगे रहो
मैं हर इक शै से नज़रें चुराता रहूँ

मैंने ख़्वाबों में बरसों तराशा जिसे
तुम वही संगे-मर्मर की तस्वीर हो
तुम न समझो तुम्हारा मुक़द्दर हूँ मैं
मैं समझता हूँ तुम मेरी तक़दीर हो
तुम अगर मुझको अपना समझने लगो
मैं बहारों की महफ़िल सजाता रहूँ

[रवि/महेन्द्र कपूर]

किसी पत्थर की मूरत से मुहब्बत का इरादा है

हमराज़; 1967

किसी पत्थर की मूरत से मुहब्बत का इरादा है
परस्तिश[1] की तमन्ना है, इबादत[2] का इरादा है
जो दिल की धड़कनें समझे, न आँखों की ज़बाँ समझे
नज़र की गुफ़्तगू समझे, न जज़्बों का बयाँ[3] समझे
उसी के सामने उसकी शिकायत का इरादा है

सुना है हर जवाँ पत्थर के दिल में आग होती है
मगर जब तक न छेड़ो, शर्म के पर्दे में सोती है
ये सोचा है कि दिल की बात उसके रू-ब-रू[4] कर दें
हर इक बेजा[5] तकल्लुफ़[6] से बग़ावत[7] का इरादा है

मुहब्बत बेरुख़ी से और भड़केगी, वो क्या जाने
तबीअत इस अदा पर और फड़केगी, वो क्या जाने
वो क्या जाने कि अपनी किस क़यामत का इरादा है
किसी पत्थर की मूरत से मुहब्बत का इरादा है

[रवि/महेन्द्र कपूर]

---

1. पूजना, 2. उपासना, 3. बात, चर्चा, 4. सामने, 5. अनुचित, 6. दिखावा, 7. विद्रोह।

नु मुँह छुपा के जियो और न सर झुका के जियो

हमराज़; 1967

नु मुँह छुपा के जियो और न सर झुका के जियो
ग़मों का दौर भी आए तो मुस्कुरा के जियो

घटा में छुपके सितारे फ़ना नहीं होते
अँधेरी रात के दिल में दीये जला के जियो

न जाने कौन-सा पल मौत की अमानत हो
हर एक पल की ख़ुशी को गले लगा के जियो

ये ज़िन्दगी किसी मंज़िल पे रुक नहीं सकती
हर इक मुक़ाम से आगे क़दम बढ़ा के जियो

[रवि/महेन्द्र कपूर]

तू हुस्न है मैं इश्क़ हूँ, तू मुझमें है मैं तुझमें हूँ

हमराज़; 1967

अ : तू हुस्न है मैं इश्क़ हूँ, तू मुझमें है मैं तुझमें हूँ

ब : मैं इससे आगे क्या कहूँ, तू मुझमें है मैं तुझमें हूँ
पार नदी के मेरे यार का डेरा

अ : तेरे हवाले रब्बा दिलबर मेरा

ब : रात बला की बढ़ता जाए लहरों का घेरा
क़सम ख़ुदा की आज है मुश्किल मिलना तेरा

अ, ब : साथ जिएँगे, साथ मरेंगे, यही है फ़साना

अ : तू हुस्न है मैं इश्क़ हूँ, तू मुझमें है मैं तुझमें हूँ

ब : मैं इससे आगे क्या कहूँ, तू मुझमें है मैं तुझमें हूँ
कहाँ सलीम का रुत्बा कहाँ अनारकली
ये ऐसी शाख़े-तमन्ना है जो कभी न फली

अ : न बुझ सकेगी बुझाने से अहले-दुनिया के
वो शम्अ जो तेरी आँखों से मेरे दिल में जली

ब : हुज़ूर इक न इक दिन ये बात आएगी
कि तख़्तो-ताज भले हैं कि इक कनीज़ भली

अ : मैं तख़्तो-ताज को ठुकरा के तुझको ले लूँगा
कि तख़्तो-ताज से तेरी गली की ख़ाक भली

अ, ब : साथ जिएँगे, साथ मरेंगे, यही है फ़साना

अ : तू हुस्न है मैं इश्क़ हूँ, तू मुझमें है मैं तुझमें हूँ

ब : मैं इससे आगे क्या कहूँ, तू मुझमें है मैं तुझमें हूँ
फ़सीलें इतनी ऊँची और पहरा इतना संगीं है
जियाले रोमियो तू किस तरह आया बग़ीचे में

अ : ये मेरी जूलियट के शोख़ चेहरे की शुआएँ हैं
कि आधी रात को सूरज निकल आया दरीचे में

ब : मेरा कोई अज़ीज़ इस जा तुझे पा ले तो फिर क्या हो

अ : ये सब बातें वो क्यों सोचे जिसे तेरी तमन्ना हो

ब : ख़ुदा के वास्ते ऐ रोमियो इस ज़िद से बाज़ आ जा

अ : क़ज़ा आने से पहले मेरे पास ऐ दिल-नवाज़ आ जा

ब : तुझे ज़िद है तो प्यारे देख, मैं दीवानावार आई

अ : तू जब बाँहों में आई दिल की दुनिया में बहार आई

अ, ब : साथ जिएँगे, साथ मरेंगे, यही है फ़साना

अ : तू हुस्न है मैं इश्क़ हूँ, तू मुझमें है मैं तुझमें हूँ

ब : मैं इससे आगे क्या कहूँ, मैं तुझमें हूँ तू मुझमें है

[रवि/महेन्द्र कपूर, आशा भोसले]

यूँ तो हमने लाख हसीं देखे हैं

तुम सा नहीं देखा; 1967

यूँ तो हमने लाख हसीं देखे हैं तुम सा नहीं देखा-2
उफ़ ये नज़र उफ़ ये अदा कौन ना अब होगा फ़िदा
ज़ुल्फ़ें हैं या बदलियाँ आँखें हैं या बिजलियाँ
जाने किस किस की आएगी क़ज़ा
यूँ तो हमने लाख हसीं देखे हैं....2
तुम भी हसीं रुत भी हसीं आज ये दिल बस में नहीं
रास्ते ख़ामोश हैं धड़कनें मदहोश हैं
बिन पिये आज हमें चढ़ा है नशा
यूँ तो हमने लाख हसीं देखे हैं...2
तुम ना अगर बोलोगे सनम मर तो नहीं जाएँगे हम
क्या परी या हूर हो इतनी क्यों मगरूर हो
मान के तो देखो कभी किसी का कहा
यूँ तो हमने लाख हसीं देखे हैं तुम सा नहीं देखा...2

[ओ.पी. नैयर/मोहम्मद रफ़ी]

ग़ैरों पे करम अपनों पे सितम

आँखें; 1968

ग़ैरों पे करम अपनों पे सितम, ऐ जाने-वफ़ा, ये ज़ुल्म न कर
रहने दे अभी थोड़ा-सा भरम, ऐ जाने-वफ़ा, ये ज़ुल्म न कर

हम चाहने वाले हैं तेरे, यूँ हमको जलाना ठीक नहीं
महफ़िल में तमाशा बन जाएँ, इस तरह सताना ठीक नहीं
मर जाएँगे हम, मिट जाएँगे हम, ऐ जाने-वफ़ा, ये ज़ुल्म कर न कर

ग़ैरों के थिरकते शाने पर, ये हाथ गवारा कैसे करें
हर बात गवारा है लेकिन, ये बात गवारा कैसे करे
तुझको तेरी बेदर्दी की क़सम, ऐ जाने-वफ़ा, ये ज़ुल्म न कर

हम भी थे तेरे मंज़ूरे-नज़र, दिल चाहे तो अब इन्कार न कर
सौ तीर चला सीने पे मगर, बेगानों से मिलकर वार न कर
बेमौत कहीं मर जाएँ न हम, ऐ जाने-वफ़ा ये ज़ुल्म न कर

[रवि/लता मंगेशकर]

मिलती है ज़िन्दगी में मुहब्बत कभी-कभी

आँखें; 1968

मिलती है ज़िन्दगी में मुहब्बत कभी-कभी
होती है दिलबरों की इनायत कभी-कभी

शर्मा के मुँह न फेर नज़र के सवाल पर
लाती है ऐसे मोड़ पे क़िस्मत कभी-कभी

खुलते नहीं हैं रोज़ दरीचे बहार के
आती है जाने-मन ये क़यामत कभी-कभी

तन्हा न कट सकेंगे जवानी के रास्ते
पेश आएगी किसी की ज़रूरत कभी-कभी

फिर खो न जाएँ हम कहीं दुनिया की भीड़ में
मिलती है पास आने की मुहलत कभी-कभी

[रवि/लता मंगेशकर]

हर तरह के जज़्बात का एलान हैं आँखें

आँखें; 1968

हर तरह के जज़्बात का एलान हैं आँखें
शबनम कभी शोला कभी तूफ़ान हैं आँखें

आँखों से बड़ी कोई तराज़ू नहीं होती
तुलता है बशर[1] जिसमें वो मीज़ान[2] हैं आँखें

1. मनुष्य, 2. तराज़ू।

आँखें ही मिलाती हैं ज़माने में दिलों को
अनजान हैं हम-तुम, अगर अनजान हैं आँखें

लब कुछ भी कहें उससे हक़ीक़त नहीं खुलती
इनसान के सच झूट की पहचान हैं आँखें

आँखें न झुकें तेरी किसी ग़ैर के आगे
दुनिया में बड़ी चीज़ मेरी जान हैं आँखें

[रवि/मोहम्मद रफ़ी]

तुझको रक्खे राम, तुझको अल्लाह रक्खे

आँखें; 1968

तुझको रक्खे राम, तुझको अल्लाह रक्खे
दे दाता के नाम, तुझको अल्लाह रक्खे

शैख़ ब्रहमन मुल्ला पांडे
सब हैं इक माटी के भांडे
वेद वही क़ुरआन वही है
राम वही रहमान वही है
किसी का दामन थाम, तुझको अल्लाह रक्खे

गोरे उसके काले उसके
पूरब पच्छिम वाले उसके
सब में उसी का नूर समाया
कौन है अपना कौन पराया
सबको कर प्रणाम, तुझको अल्लाह रक्खे

मैं परदेसन राह न जानूँ
बढ़ते ग़म की थाह न जानूँ
लोग पराये देस बेगाना
कहीं मिला न तेरा ठिकाना

सुबह से हो गई शाम तुझको अल्लाह रक्खे
दे दाता के नाम, तुझको अल्लाह रक्खे

[रवि/मन्ना डे, महमूद, आशा भोसले]

जाके ये रुत सुहानी नहीं आनेवाली

आँखें; 1968

जाके ये रुत सुहानी नहीं आनेवाली
आरज़ुओं पे जवानी नहीं आनेवाली
आ भी जाए तो मेरी जान लहू में तेरे
फिर ये ग़र्मी ये रवानी नहीं आनेवाली

लुट जा लुट जा यही दिन हैं किसी पे लुट जा
तेरे सामने हैं प्यारे कई झूमते सहारे
छुट पाए तो ग़मों से छुट जा
लुट जा लुट जा

आस तेरी प्यास तेरी, भड़केगी दबाने से
छेड़ गेसू, थाम बाज़ू, किसी दिलकश बहाने से

मेरे हबीब आजा
दिल के क़रीब आजा
ऐ ख़ुशनसीब आजा
मत शर्मा, लुट जा लुट जा

रात बाक़ी और साक़ी, बड़ी नाज़ुक हसीना है
छोड़ तौबा तोड़ तौबा, आज पीना ही जीना है

लहरा के जाम ले ले
नामे-खय्याम ले ले
जुर्अत से काम ले ले
मत घबरा, लुट जा लुट जा

लुट जा लुट जा यही दिन हैं किसी पे लुट जा
तेरे सामने हैं प्यारे कई झूमते सहारे
छुट पाए तो ग़मों से छुट जा

[रवि/आशा भोसले, उषा मंगेशकर, कमल बारोट]

मेरी सुन ले अरज बनवारी

आँखें; 1968

मेरी सुन ले अरज बनवारी
तेरे द्वार खड़ी दुखियारी
आर न सूझे पार न सूझे
अब कोई दूजा द्वार न सूझे

कौन ठिकाने जाऊँ प्रभू, मैं छोड़ के शरण तिहारी
तेरे द्वार खड़ी दुखियारी
छिन गया मेरी आँख का मोती
खो गई इन नैनों की ज्योति

तेरे जगत में भटक रही हूँ मैं ममता की मारी
तेरे द्वार खड़ी दुखियारी
मेरी सुन ले अरज बनवारी

[रवि/लता मंगेशकर]

ये पर्बतों के दायरे, ये शाम का धुआँ

वासना; 1968

ये पर्बतों के दायरे, ये शाम का धुआँ
ऐसे में क्यों न छेड़ दें दिलों की दास्ताँ

ज़रा-सी ज़ुल्फ़ खोल दो
ख़िज़ाँ[1] में इत्र घोल दो

1. पतझड़।

नज़र जो कह चुकी है वो
बात मुँह से बोल दो
कि झूम उठे निगाह में बहारों का समाँ

ये चुप भी इक सवाल है
अजीब दिल का हाल है
ये इक ख़याल खो गया
बस अब यही ख़याल है
कि फ़ासला न कुछ रहे हमारे दरमियाँ

ये रंग रूप ये फबन
चमकते चाँद-सा बदन
बुरा न मानो तुम अगर
तो चूम लूँ किरन-किरन
कि आज हौसलों में हैं बला[1] की गर्मियाँ!

[चित्रगुप्त/लता मंगेशकर, मोहम्मद रफ़ी]

इतनी नाज़ुक न बनो

वासना; 1968

इतनी नाज़ुक न बनो
इतनी नाज़ुक न बनो
हद के अन्दर हो नज़ाकत तो अदा होती है
हद से बढ़ जाए तो आप अपनी सज़ा होती है
इतनी नाज़ुक न बनो

जिस्म का बोझ उठाए नहीं उठता तुमसे
ज़िन्दगानी का कड़ा बोझ सहोगी कैसे
तुम जो हल्की-सी हवाओं में लचक जाती हो
तेज़ झोंकों के थपेड़ों में रहोगी कैसे
इतनी नाज़ुक न बनो

1. बहुत अधिक।

ये न समझो कि हर इक राह में कलियाँ होंगी
राह चलनी है तो काँटों पे भी चलना होगा
ये नया दौर है, इस दौर में जीने के लिए
हुस्न को हुस्न का अन्दाज़ बदलना होगा
इतनी नाज़ुक न बनो

कोई रुकता नहीं ठहरे हुए पानी के लिए
जो भी देखेगा वो कतरा के गुज़र जाएगा
हम अगर वक़्त के हमराह न चलने पाए
वक़्त हम दोनों को ठुकरा के गुज़र जाएगा
इतनी नाज़ुक न बनो

[चित्रगुप्त/मोहम्मद रफ़ी]

जीने वाले झूम के मस्ताना होके जी

वासना; 1968

जीने वाले झूम के मस्ताना होके जी
आने वाली सुबह से बेगाना होके जी

अच्छा बुरा क्या है जाने भी दे
नित-नया जादू छाने भी दे
जाके ये जवानी आनी नहीं
दिलों को मुरादें पाने भी दे
शोख़ी भरे हुस्न का नज़राना हो के जी

ज़ीने का मज़ा ले मरता है क्यों
ठंडी-ठंडी आहें भरता है क्यों
लोगों की निगाहें कुछ भी कहें
करता जा ख़ताएँ डरता है क्यों
चूमें जिसे होंट, वो पैमाने होके जी

गिनी-चुनी साँसें लाया है तू
जाने को जहाँ में आया है तू

दोनों के लिए हैं गिनती के दिन
मैं हूँ परछाईं, साया है तू
करें जिसे याद, वो अफ़्साना होके जी
जीने वाले झूम के मस्ताना होके जी

[चित्रगुप्त/लता मंगेशकर]

आज इस दर्जा पिला दो कि न कुछ याद रहे

वासना; 1968

आज इस दर्जा पिला दो कि न कुछ याद रहे
बेख़ुदी इतनी बढ़ा दो कि न कुछ याद रहे
दोस्ती क्या है वफ़ा क्या है मुहब्बत क्या है
दिल का क्या मोल है एहसास की क़ीमत क्या है
हमने सब जान लिया है कि हक़ीक़त क्या है

आज बस इतनी दुआ दो कि न कुछ याद रहे
मुफ़्लिसी देखी अमीरी की अदा देख चुके
ग़म का माहौल मसर्रत की फ़िज़ा देख चुके
कैसी फिरती है ज़माने की हवा देख चुके

शम्अ यादों की बुझा दो कि न कुछ याद रहे
इश्क़ बेचैन ख़यालों के सिवा कुछ भी नहीं
हुस्न बेरूह उजालों के सिवा कुछ भी नहीं
ज़िन्दगी चन्द सवालों के सिवा कुछ भी नहीं

हर सवाल ऐसे मिटा दो कि न कुछ याद रहे
मिट न पाएगा जहाँ से कभी नफ़रत का रिवाज
हो न पाएगा कभी रूह के ज़ख़्मों का इलाज
सल्तनत ज़ुल्म, ख़ुदा वहम, मुसीबत है समाज

ज़ेह्न को ऐसे सुला दो कि न कुछ याद रहे
आज इस दर्जा पिला दो कि न कुछ याद रहे

[चित्रगुप्त/मोहम्मद रफ़ी]

मैं सदके जाऊँ मेरे सैयाँ तुम आए तो हो

वासना; 1968

मैं सदके जाऊँ मेरे सैयाँ तुम आए तो हो
जिद टूट गई इनकार की रुत जाग उठी दीदार की
तुम आज मेरे नजदीक तो यही जीत है मेरे प्यार की
दिल देके ग़म दे के शरमाये तो हो मैं सदके जाऊँ मेरे सैयाँ

तुम मेरा हसीं अरमान हो इक खोई हुई पहचान हो
कल गैरों के मेहमान थे आज इस घर के मेहमान हो
दुनिया के दुख पाके घबराए तो हो मैं सदके जाऊँ

मेरे दिल पे तुम्हारा हाथ है कैसे पिघली हुई ये रात है
कल तक जो नज़र मगरूर थी वही शोख भरी सौगात है
तरस के तड़पा के पछताए तो हो
मैं सदके जाऊँ मोरे सैयाँ तुम आए तो हो।

[चित्रगुप्त/लता मंगेशकर]

बड़ों का राज तो सदियों से है जमाने में

वासना; 1968

बड़ों का राज तो सदियों से है जमाने में
कभी हुआ नहीं दुनिया में राज छोटों का
अगर हमें भी मिले इख्तियार ऐ लोगों
तो हम दिखाएँ तुम्हें कामकाज छोटों का

मुल्क में बच्चों की अगर सरकार हो
जिन्दगी एक जश्न एक त्योहार हो

जंग के मैदान में सर्कस बनाएँ
रीछ नाचे शेर पहरेदार हो
मुल्क में बच्चों की अगर सरकार हो
जिन्दगी एक जश्न एक त्योहार हो

हुक्म दे हुक्म दे ऐसे कैलेंडर के लिए
जिसमें दो दिन बाद एक इतवार हो
मुल्क में बच्चों की अगर सरकार हो
जिन्दगी एक जश्न एक त्योहार हो

मोटी तोंदों पर लगाएँ टैक्स हम
पिचके मुँह वाला वजीफाखार हो
कौमी दौलत से खजाने हो भरें
ख़ुद ही ले ले जिसको जो दरकार हो
ईद दीवाली सभी मिलकर मनाएँ
आदमी को आदमी से प्यार हो
मुल्क में बच्चों की अगर सरकार हो
जिन्दगी एक जश्न एक त्योहार हो

सबको दे स्कूल जैसा यूनिफार्म
एक सी हर पैंट हर सलवार हो
हॉस्टल तामीर हो सबके लिए
कोई भी इंसान न बेघरबार हो

राष्ट्रभाषा हम इशारों को बनाएँ
दखन उतर में न फिर तकरार हो
मुल्क में बच्चों की अगर सरकार हो
जिन्दगी एक जश्न एक त्योहार हो

हम मिनिस्टर हों तो वो सिस्टम बने
जिसमें मुफलिस हो न साहूकार हो
देखकर ये रंग अपने काम का
सब बड़ों के लब पे जय जयकार हो
सात दिन में जन्मदिन कोई हो
फिर ये दावत क्यों न हफ्तावार वो
मुल्क में बच्चों की अगर सरकार हो
जिन्दगी एक जश्न एक त्योहार हो
आदमी को आदमी से प्यार हो

[चित्रगुप्त/लता मंगेशकर, आशा भोसले]

तुझको पुकारे मेरा प्यार

नीलकमल; 1968

तुझको पुकारे मेरा प्यार
आजा मैं तो लुटा हूँ तेरी चाह में
तुझको पुकारे मेरा प्यार

दोनों जहाँ की भेंट चढ़ा दी मैंने चाह में तेरी
अपने बदन की ख़ाक मिला दी मैंने राह में तेरी
अब तो चली आ इस पार

इतने युगों से इतने दुखों को कोई सह न सकेगा
तेरी क़सम मुझे तू है किसी की, कोई कह न सकेगा
मुझसे है तेरा इक़रार

आख़िरी पल है आख़िरी आहें तुझे ढूँढ़ रही हैं
डूबती साँसें बुझती निगाहें तुझे ढूँढ़ रही हैं
सामने आ जा इक बार
आजा मैं तो मिटा हूँ तेरी चाह में
तुझको पुकारे मेरा प्यार

[रवि/मोहम्मद रफ़ी]

वो ज़िन्दगी जो थी अब तक तेरी पनाहों में

नीलकमल; 1968

वो ज़िन्दगी जो थी अब तक तेरी पनाहों में
चली है आज भटकने उदास राहों में

तमाम उम्र के रिश्ते घड़ी में ख़ाक हुए
न हम हैं दिल में किसी के, न हैं निगाहों में

ये आज जान लिया अपनी कमनसीबी ने
कि बेगुनाही भी शामिल हुई गुनाहों में

किसी को अपनी ज़रूरत न हो तो क्या कीजे
निकल पड़े हैं सिमटने क़ज़ा की बाँहों में

[रवि/आशा भोसले]

शर्मा के यूँ न देख अदा के मुक़ाम से

नीलकमल; 1968

शर्मा के यूँ न देख अदा[1] के मुक़ाम से
अब बात बढ़ चुकी है हया[2] के मुक़ाम से

तस्वीर खेंच ली है तेरे शोख़[3] हुस्न की
मेरी नज़र ने आज ख़ता[4] के मुक़ाम से

दुनिया को भूलकर मेरी बाँहों में झूल जा
आवाज़ दे रहा हूँ वफ़ा के मुक़ाम से

दिल के मुआमले में नतीजे की फ़िक्र क्या
आगे है इश्क़ जुर्मो-सज़ा[5] के मुक़ाम से

[रवि/मोहम्मद रफ़ी]

बाबुल की दुआएँ लेती जा

नीलकमल; 1968

बाबुल की दुआएँ लेती जा, जा तुझको सुखी संसार मिले
मैके की कभी न याद आए, ससुराल में इतना प्यार मिले

नाज़ों से तुझे पाला मैंने, कलियों की तरह फूलों की तरह
बचपन में झुलाया है तुझको, बाँहों ने मेरी झूलों की तरह
मेरे बाग़ की ऐ नाज़ुक डाली, तुझे हर पल नई बहार मिले

जिस घर में बँधे हैं भाग तेरे, उस घर में सदा तेरा राज रहे
होंटों पे हँसी की धूप खिले, माथे पे ख़ुशी का ताज रहे
कभी जिसकी जोत न हो फीकी, तुझे ऐसा रूप-सिंघार मिले

बीतें तेरे जीवन की घड़ियाँ आराम की ठंडी छाँव में
काँटा भी न चुभने पाए कभी, मेरी लाडली तेरे पाँव में
उस द्वार से भी दुख दूर रहे जिस द्वार से तेरा द्वार मिले

[रवि/मोहम्मद रफ़ी]

---

1. हाव-भाव, 2. लज्जा, 3. चंचल, 4. भूल, 5. अपराध और दंड।

हे रोम-रोम में बसने वाले राम

नीलकमल; 1968

हे रोम-रोम में बसने वाले राम
जगत के स्वामी, हे अन्तर्यामी, मैं तुझसे क्या माँगूँ
आस का बंधन तोड़ चुकी हूँ, ताक़ पर सब कुछ छोड़ चुकी हूँ
नाथ मेरे मैं क्यों कुछ सोचूँ, तू जाने तेरा काम
जगत के स्वामी, हे अन्तर्यामी, मैं तुझसे क्या माँगूँ

तेरे चरण की धूल जो पाए, वो कंकर हीरा बन जाए
भाग्य मेरे जो मैंने पाया, इन चरणों में धाम
जगत के स्वामी, हे अन्तर्यामी, मैं तुझसे क्या माँगूँ

भेद तेरा कोई क्या पहचाने जो तुम-सा हो वो तुझे जाने
तेरे किए को हम क्या देवें भले-बुरे का नाम
जगत के स्वामी, हे अन्तर्यामी, मैं तुझसे क्या माँगूँ

[रवि/आशा भोसले]

ख़ाली डिब्बा ख़ाली बोतल ले ले मेरे यार

नीलकमल; 1968

ख़ाली डिब्बा ख़ाली बोतल ले ले मेरे यार
ख़ाली से मत नफ़रत करना ख़ाली सब संसार

बड़ा-बड़ा सर ख़ाली डिब्बा, बड़ा-बड़ा तन ख़ाली बोतल
वो भी आधे ख़ाली निकले जिन पे लगा था भरे का लेबल

हमने इस दुनिया के दिल में झाँका है सौ बार
ख़ाली डिब्बा ख़ाली बोतल ले ले मेरे यार

भरे थे तब बँगलों में ठहरे
ख़ाली हुए तो हम तक पहुँचे
महलों की ख़ुशियों के पाले
फ़ुटपाथों के ग़म तक पहुँचे

उन शरणार्थियों के सर पर दे दे थोड़ा प्यार
ख़ाली डिब्बा ख़ाली बोतल ले ले मेरे यार

ख़ाली की गारंटी दूँगा
भरे हुए की क्या गारंटी
शहद में गुड़ के मेल का डर है
घी के अन्दर तेल का डर है
तम्बाकू में घास का ख़तरा
सेंट में झूटी बास का ख़तरा
मक्खन में चर्बी की मिलावट
केसर में काग़ज़ की खिलावट
मिर्ची में ईंटों की घिसाई
आटे में पत्थर की पिसाई
व्हिस्की अन्दर टिंकचर घुलता
रबड़ी बीच ब्लॉटिंग तुलता
क्या जाने किस चीज़ में क्या हो
गर्म मसाला लीद भरा हो
ख़ाली की गारंटी दूँगा
भरे हुए की क्या गारंटी
क्यों दुब्धा में पड़ा है प्यारे
झाड़ दे पॉकेट खोल ले अंटी

छान-पीसकर ख़ुद भर लेना जो कुछ हो दरकार
ख़ाली डिब्बा ख़ाली बोतल ले ले मेरे यार
ख़ाली से मत नफ़रत करना ख़ाली सब संसार

[रवि/मन्ना डे]

आओ नी सखियो आओ निअड़ियो

नीलकमल; 1968

आओ नी सखियो आओ निअड़ियो देखो चीज निराली
ना ये मूंछों वाली शह है और ना ही चोटी वाली
मुझे तो सखी रूप इसका दोनों के बीच का लगता

देश देश से तेरे खातिर बीटल बनके घूमा
गा गाकर वो धूम मचाई सारा यूरोप झूमा
मुझे ना दुत्कार गोरिये मैं तेरा तो यार लगता
अरे जा जा जा दीवाने जा जा
आई लव यू, आई लव यू

जाने तू इंसान है कोई या भूतनी का बच्चा
ख़ुद को मेरा यार कहा तो खा जाऊँगी कच्चा
देखूँ तो मेरी जान निकले जो मेरा दिलदार लगता
मुझे ना दुत्कार गोरिये कि मैं तो तेरा यार लगता
अरे जा जा जा दीवाने जा
आई लव यू, आई लव यू

सात समन्दर पार से आया लेकर कपड़ा गहना
मैं ही तेरा यार हूँ गोरी मान ले मेरा कहना
बहाना ऐसा रूप करता तो लोगों को गंवार लगता

मुर्गी जैसी टाँगें तेरी बन्दर जैसा चेहरा
तू और मेरे घर आएगा बाँध के सर पे सेहरा
शीशे में जाके तक मुखड़ा तू कोई चिड़ीमार लगता
मुझे न दुत्कार गौरिये कि मैं तो तेरा यार लगता

देख पहन ली फिर से मैंने वो पोशाक पुरानी
अब तो मान ले अब तो कह दे मुझको अपना जानी
उसे सजना ओ बेलिया ओ साथिया

तुझपे सदके तुझ पे वारी मेरी भरी जवानी
तू सपनों का राजा बन जा मैं सपनों की रानी
मुझे ये तेरा रूप सजना बड़ा ही लच्छेदार लगता
तू मेरी दिलदार लगती मैं तेरा दिलदार लगता।

[रवि/आशा भोसले]

तुम्हारी नज़र क्यों ख़फ़ा हो गई

दो कलियाँ; 1968

अ : तुम्हारी नज़र क्यों ख़फ़ा हो गई,
ख़ता बख़्श दो गर ख़ता हो गई

ब : हमारा इरादा तो कुछ भी न था,
तुम्हारी ख़ता ख़ुद सज़ा हो गई

अ : सज़ा ही सही आज कुछ तो मिला है
सज़ा में भी इक प्यार का सिलसिला है
मुहब्बत का अब कुछ भी अंजाम हो
मुलाक़ात की इब्तिदा हो गई

ब : मुलाक़ात पे इतने मग़रूर क्यों हो
हमारी ख़ुशामद पे मजबूर क्यों हो
मनाने की आदत कहाँ पड़ गई
सताने की तालीम क्या हो गई

अ : सताते न हम तो मनाते ही कैसे,
तुम्हें अपने नज़्दीक लाते ही कैसे
इसी दिन का चाहत को अरमान था
क़ुबूल आज दिल की दुआ हो गई

ब : हमारा इरादा तो कुछ भी न था
तुम्हारी ख़ता ख़ुद सज़ा हो गई

[रवि/मोहम्मद रफ़ी, लता मंगेशकर]

बच्चे मन के सच्चे, सारे जग की आँख के तारे

दो कलियाँ; 1968

बच्चे मन के सच्चे, सारे जग की आँख के तारे
ये वो नन्हे फूल हैं जो भगवान को लगते प्यारे

ख़ुद रूठें ख़ुद मन जाएँ, फिर हमजोली बन जाएँ
झगड़ा जिसके साथ करें, अगले ही पल फिर बात करें
उनको किसी से बैर नहीं, उनके लिए कोई ग़ैर नहीं

उनका भोलापन मिलता है सबको बाँह पसारे

इंसाँ जब तक बच्चा है, तब तक समझो सच्चा है
ज्यों-ज्यों उसकी उम्र बढ़े, मन पर झूट का मैल चढ़े
क्रोध बढ़े, नफ़रत घेरे, लालच की आदत घेरे

बचपन इस सब पापों से हटकर अपनी उम्र गुज़ारे

तन कोमल, मन सुन्दर हैं, बच्चे बड़ों से बेहतर हैं
इनमें छूत और छात नहीं, झूटी ज़ात और पात नहीं
भाषा की तकरार नहीं, मज़हब की दीवार नहीं

उनकी नज़रों में एक हैं, मन्दिर, मस्जिद, गुरुद्वारे

[रवि/लता मंगेशकर]

सर की खेती साफ़ करा लो

दो कलियाँ; 1968

सर की खेती साफ़ करा लो
मुस्लिम को तस्लीम अर्ज़ है, हिन्दू को प्रणाम
प्यारे मैं हूँ इक हज्जाम
जब-जब दूजे का सर मूँडूँ तब-तब पाऊँ दाम
प्यारे मैं हूँ इक हज्जाम

सबकी ख़ातिर खुला हुआ है इस क़ैंची का खाता
क्या पंडित जी क्या मौलाना सबसे अपना नाता
सबके हुलिये चौकस रखना हम लोगों का काम
प्यारे मैं हूँ इक हज्जाम

ज़ुल्फ़ें एक्टर छाप बना दूँ आजा ओ मतवाले
आज के दिलबर को भाते हैं चेहरे मेकअप वाले

सब्ज़ परी पीछे पाएगा, पहले बन गुलफाम
प्यारे मैं हूँ इक हज्जाम

इस पेशे के रूप बहुत हैं क्या तुमको समझाएँ
जो गाहक के सर को मूँडे बिज़नेसमैन कहाएँ
जो पब्लिक की करें हजामत उनका लीडर नाम
प्यारे मैं हूँ इक हज्जाम

[रवि/मन्ना डे]

सजना ओ सजना ऐसे में जी ना जला

दो कलियाँ; 1968

सजना ओ सजना ऐसे में जी ना जला
रात सुहानी है प्यासी जवानी है आ मेरे पहलू में आ
सजना ओ सजना...
खोके ना पाएगा फिर ये सहारे
आ तेरी रातों में भर दूँ सितारे
सांसों में घुल जा आँखों में तुल जा
ओ मेरे दिलवर थोड़ा-सा खुल जा
मिलने की घड़ियाँ यूं ना गँवा
सजना ओ सजना ऐसे में जी ना जला
पी मेरी आँखों से बन जा शराबी
होने दे थोड़ी सी दुनिया गुलाबी
रंगों में बस जा फूलों में रच जा
ओ मेरे दिलबर ज़ुल्मों से बच जा
आ मेरी ज़ुल्फ़ों के साये में आ
सजना ओ सजना ऐसे में जी न जला
रात सुहानी है प्यासी जवानी
आ मेरे पहलू में आ

[रवि/आशा भोसले]

मुर्गा मुर्गी प्यार से देखें नन्हा चूजा खेल करे

दो कलियाँ; 1968

मुर्गा मुर्गी प्यार से देखें नन्हा चूजा खेल करे
मैं किसको बोलूँ जो मेरे मात पिता का मेल करे

चिड़िया और चिड़ा मिल जुल कर दाना दिन का लाए
अपने छोटे से बच्चे को खोल के चोंच खिलाए
मैं जब अपने भाग्य को सोचूँ आँख में आँसू आए
मुर्गा मुर्गी प्यार से देखें नन्हा चूजा खेल करे
मैं किसको बोलूँ जो मेरे मात पिता का मेल करे।

साथ के घर का नन्हा बच्चा मात पिता संग खेले
मेरा बचपन मात पिता की दूरी का दुख झेले
कोई मुझे वैसा घर दे दे महल दोमहले ले ले
मुर्गा मुर्गी प्यार से देखें नन्हा चूजा खेल करे

बड़ों के आगे बात करें ये हम बच्चों का काम नहीं
जब तक उनका मन न पिघले अपने लिए आराम नहीं
उस घर में क्या रहना जिसमें सीता संग राम नहीं
मुर्गा मुर्गी प्यार से देखें नन्हा चूजा खेल करे
मैं किसको बोलूँ जो मेरे मात पिता का मेल करे

[रवि/लता मंगेशकर]

चित नंदन आगे नाचूँगी

दो कलियाँ; 1968

चित नंदन आगे नाचूँगी
चित नंदन आगे नाचूँगी
नाच नाच प्रिय रसिक रिझाऊँ
नाच नाच प्रिया रसिक रिझाऊँ
प्रेमी जन को जांचूँगी

चित नंदन आगे नाचूँगी
प्रेम प्रीत का बाँध घूँघरा
सुप्त की कथनी काचूँगी
लोक लाज कुल की मर्यादा
या मैं एक ना राखूँगी
पिय के पलगां जा पड़ूँगी
मीरा हरि रंग राचूँगी
चित्त नंदन आगे नाचूँगी

[रवि/आशा भोसले]

ये समाँ ये रुत ये नजारे

दो कलियाँ; 1968

ये समाँ ये रुत ये नज़ारे, दिल मेरा मचलने लगा
जाने वफ़ा ऐ दिलरुबा ऐसे में आ मेरी बाँहों में आ
रोक ले निगाहों के इशारे, तन मेरा पिघलने लगा
मैं हूँ तेरी तू है मेरा आ मेरी दिल की पनाहों में आ

शाने पे मेरे गिरा दे ज़ुल्फ़ें
आँखों पे मेरे बिछा दे ज़ुल्फ़ें...2
ऐसा जगा दे प्यार का जादू
सारे जहाँ पे छाये नशा

रोक ले निगाहों के इशारे दिल मेरा पिघलने लगा
मैं हूँ तेरी, तू है मेरा आ मेरे दिल की पनाहों में आ
ये समाँ ये रुत ये नजारे दिल मेरा मचलने लगा

जाने वफ़ा ऐ दिलरुबा...
आँखों ने आँखों की पढ़ ली ज़ुबां
मेरे भी दिल में उमंगें हैं जवां
शौक से बढ़कर थाम ले बाजू
जान गई तेरे दिल में है क्या

ये समाँ ये रुत ये नज़रें
दिल मेरा मचलने लगा
रोक ले निगाहों के इशारे
तन मेरा पिघलने लगा

[रवि/मोहम्मद रफ़ी, लता मंगेशकर]

क्या मिलिए ऐसे लोगों से जिनकी फ़ितरत छुपी रहे

इज़्ज़त; 1968

क्या मिलिए ऐसे लोगों से जिनकी फ़ितरत[1] छुपी रहे
नक़ली चेहरा सामने आए, अस्ली सूरत छुपी रहे

ख़ुद से भी जो ख़ुद को छुपाए, क्या उनसे पहचान करें
क्या उनके दामन से लिपटें, क्या उनका अरमान करें
जिनकी आधी नीयत उभरे, आधी नीयत छुपी रहे
नक़ली चेहरा सामने आए, अस्ली सूरत छुपी रहे

जिनके ज़ुल्म से दुखी है जनता, हर बस्ती हर गाँव में
दया-धरम की बात करें वो बैठ के सजी सभाओं में
दान की चर्चा घर-घर पहुँचे, लूट की दौलत छुपी रहे
नक़ली चेहरा सामने आए, अस्ली सूरत छुपी रहे

देखें उन नक़ली चेहरों की कब तक जय-जयकार चले
उजले कपड़ों की तह में कब तक काला संसार चले
कब तक लोगों की नज़रों से छुपी हक़ीक़त छुपी रहे
नक़ली चेहरा सामने आए, अस्ली सूरत छुपी रहे

[लक्ष्मीकान्त-प्यारेलाल/मोहम्मद रफ़ी]

---

1. प्रकृति, धूर्तता।

बाँट के खाओ इस दुनिया में

इज़्ज़त; 1968

बाँट के खाओ इस दुनिया में, बाँट के बोझ उठाओ
जिस रस्ते में सबका सुख हो वो रस्ता अपनाओ
इस तालीम से बढ़कर जग में कोई नहीं तालीम
कह गए फ़ादर इब्राहीम!

कुत्ते से क्या बदला लेना गर कुत्ते ने काटा
तुमने गर कुत्ते को काटा, क्या थूका क्या चाटा
तुम इनसान हो यारो अपनी कुछ तो करो ताज़ीम
कह गए फ़ादर इब्राहीम!

झूट के सर पे ताज भी हो तो झूट का भांडा फोड़ो
सच चाहे सूली चढ़वा दे, सच का साथ न छोड़ो
कल वो सच अमृत होगा जो आज है कड़वा नीम
कह गए फ़ादर इब्राहीम!

[लक्ष्मीकान्त-प्यारेलाल/मन्ना डे]

जागी जागी बदन में ज्वाला, सैयाँ तूने क्या कर डाला

इज़्ज़त; 1968

जागी जागी बदन में ज्वाला, सैयाँ तूने क्या कर डाला...3
मना मना कर हारी माने नहीं मन मतवाला
बैरी तूने हठ ना छोड़ी मैंने तुझे कितना टाला
जागी बदन में ज्वाला सैयाँ तूने क्या कर डाला...2

आते जाते राहों में छेड़ा, इन्हीं तेरी बातों से पड़ा ये बखेड़ा...2
अच्छी की पहचान तेरे दो नैनों ने 2
अरे घायल कर दी जान तेरे दो नैनों ने
जागी बदन में ज्वाला सैयाँ तूने क्या कर डाला...2

रूठे मेरी आँखों से सपने, हुए तेरे काबू में दिन थे जो अपने...2
अब से पहले हाल न ऐसा देखा था...2
अरे सोलह साल में साल न ऐसा देखा था
जागी बदन में ज्वाला सैयाँ तूने क्या कर डाला...2

तेरे लिए रातों को भटकूँ आते जाते लोगों की नज़रों में खटकूँ...2
कैसी हलचल डाली मेरी जवानी में...2
अरे ज़ुल्मी तूने आग लगा दी पानी में
जागी बदन में ज्वाला सैयाँ तूने क्या कर डाला...2
मना मना कर हारी माने नहीं मन मतवाला...2
जागी बदन में...

[लक्ष्मीकान्त-प्यारेलाल/लता मंगेशकर]

रुक जा ज़रा हा किधर को चला हा

इज़्ज़त; 1968

रुक जा जरा हा किधर को चला हा
रुक जा जरा किधर को चला मैं सदके तेरे पे
बाबू रे बाबू रे...

रुक जा जरा हा किधर को चला हा...2
रुक जा ओ दीवाने फिर पछताएगा
ऐसी चाहने वाली कहीं ना पाएगा...2
ठीक नहीं तरसाना छोड़ भी दे तड़पाना
कर ले यहीं ठिकाना मत शरमा दुनिया से
बाबू रे... बाबू रे...

बाट तू चले तू ऐसे जैसे मोर चले
तेरे रूप के आगे कोई ना जोर चले...2
हाय रे तेरी जवानी अलबेली मस्तानी
हो गई मैं दीवानी तुझ से आँख मिला के
बाबू रे... बाबू रे...

लूट के दिल को मेरे क्यूँ अँधेर करे
यही है रुत मिलने की काहे देर करे...2
सुन ले मेरी दुहाई कर ले आज सगाई
थाम ले नरम कलाई गोरा हाथ बढ़ा के
बाबू रे... बाबू रे...
रुक जा जरा किधर को चला...

[लक्ष्मीकान्त-प्यारेलाल/लता मंगेशकर]

सर पे लम्बा टोप लेके आएगा

इज़्ज़त; 1968

लड़का : सर पे लम्बा टोप लेके आएगा
चोंच जैसी नाक पे खुजाएगा
तेरा दूल्हा दूल्हा दूल्हा दूल्हा
होगी थू थू सारे गाँव में गाँव में

लड़की : भैंस जैसी तोंद लेके आएगी
टक टक भैंगी आँख से शर्माएगी
तेरी दुलहन तेरी दुलहन
बैठा रोयेगा बड़ की छाँव में छाँव में

लड़का : सुन ओ काजल वाली तू पाएगी कोई मवाली
चोटी के बाल पकड़ के हर बात पे देगा गाली...2

लड़की : ओ सुन ओ ज़ुल्फ़ों वाले तू पाएगा दुलहन काली
जब माँगेगा पूरी भाजी मारेगी सर पे थाली

लड़का : सर पे लम्बा टोप लेके आएगा
चोंच जैसी नाक पे खुजाएगा
तेरा दूल्हा दूल्हा दूल्हा

सुन ओ ज़ुल्फ़ों वाले जब आएगी तेरी पटनदर
गली के बच्चे डर कर छुप जाएँगे घर के अन्दर

सुन ओ काजल वाली जब आएगा तेरा मचन्दर
कौवे गाएँगे सेहरा और नाच करेंगे बन्दर

भैंस जैसी...तोंद लेके आएगी
सर पे लम्बा टोप लेके आएगा
तेरा दूल्हा...तेरी दुलहन
बैठा रोयेगा बड़ की छाँव में

सुन ओ काजल वाली तुझे मिलेगा भूखा नंगा
आएगा बराती बनकर हर जूती चोर लफंगा...2

सुन ओ ज़ुल्फ़ों वाले तेरा ससुरा है भिखमंगा
माँगेगा दुलहन के पैसे, ओ उस पे करेगा चंगा
सर पे लम्बा टोप लेके आएगा
भैंस जैसी तोंद लेके आएगी...

[लक्ष्मीकान्त-प्यारेलाल/मोहम्मद रफ़ी, आशा भोसले]

प्यार के बुखार को उतार मेरे मनवा

इज़्ज़त; 1968

प्यार के बुखार को उतार मेरे मनवा...4
बड़ा दुख देगा संसार मेरे मनवा
तेरी हरकत से जलेंगे जग वाले...2
नित नई चालें चलेंगे जग वाले
देंगे तुझे जूता बहार मोरे मनवा
प्यार के बुखार को उतार मेरे मनवा...2
प्यार बड़े महंगे हैं यार बड़े महंगे...2
बिकते हैं शहरों में हार बड़े महंगे हैं
कहाँ कहाँ लेगा उधार मोरे मनवा
प्यार के बुखार को उतार मोरे मनवा
शादी हुई तेरी तो खोली नहीं मिलनी...2
साड़ी कोई ले ली तो चोली नहीं मिलनी
बीवी देगी ताने हजार मेरे मनवा

प्यार के बुखार को उतार मेरे मनवा...2
बच्चे हुए पैदा तो कहाँ से खिलाएगा...2
कौन तेरा राशन बिदेश से मंगाएगा
बिना औरत ही अब गुजार मेरे मनवा
प्यार के बुखार को उतार मेरे मनवा...2
बड़ा दुख देगा संसार मेरे मनवा

[लक्ष्मीकान्त-प्यारेलाल/मन्ना डे]

इनसानों ने पैसे के लिए आपस का प्यार मिटा डाला

पैसा या प्यार; 1969

इनसानों ने पैसे के लिए आपस का प्यार मिटा डाला
हँसते-बसते घर फूँक दिए, धरती को नर्क बना डाला

मिट्टी से निकाला सोने को, सोने से बनाए महल मगर
जज़्बात के नाज़ुक रिश्तों को मिट्टी के तले दफ़्ना डाला

दीन और धरम को हार दिया, नेकी को बदी पर वार दिया
मन्दिर-मस्जिद और गिरजों को बैंकों की भेंट चढ़ा डाला

प्यार अपनी जगह ख़ुद दौलत है, ये बात न समझी इंसाँ ने
क़ुदरत की बनाई दौलत का सिक्कों का मोल लगा डाला

[रवि/हेमन्त कुमार]

जाने क्यों बार-बार-बार मेरा दिल

पैसा या प्यार; 1969

जाने क्यों बार-बार-बार मेरा दिल
मुझे कहे उससे मिल

जिससे मिलते नहीं बिलकुल ही ख़यालात तेरे
क्यों परेशान हैं उसके लिए जज़्बात तेरे

जब भी वो मुझसे मिला, उसने सताया मुझे
मुझको बुरा तो लगा, फिर भी वो भाया मुझे
जाने क्यों बार-बार-बार मेरा दिल
मुझे कहे उससे मिल

जो तेरे हुस्न की तौहीन करे उससे न मिल
जो किसी दूसरी सज-धज पे मरे उससे न मिल
मुझको तो जो भी देखे, राहों में आहें भरे
मैं क्यों किसी पे मरूँ, मुझ पर ज़माना मरे
जाने क्यों बार-बार-बार मेरा दिल
मुझे कहे उससे मिल

हो सके तो कोई संगीन सज़ा दे उसको
तेरे क़ाबिल नहीं वो, दिल से भुला दे उसको
उसको भुलाऊँ कैसे इतना बता दो मुझे
उसका इरादा क्या है, कुछ तो पता दो मुझे
जाने क्यों बार-बार-बार मेरा दिल
मुझे कहे उससे मिल

[रवि/आशा भोसले]

मिल ले, मिल ले, मिल ले, मुझे छू नहीं वैसे ही मिल ले

पैसा या प्यार; 1969

ब : मिल ले, मिल ले, मिल ले, मुझे छू नहीं वैसे ही मिल ले
अ : दिल ले, दिल ले, दिल ले, मेरे सीने से लग मेरा दिल ले

ब : जब भी मुझे तेरा हाथ लगे, मेरे तन में अजब-सी आग लगे
अ : इतना हसीं तेरा साथ लगे, सारी धरती पे छाया सुहाग लगे

ब : मिल ले, मिल ले, मिल ले, मुझे छू नहीं वैसे ही मिल ले
अ : मतवाले भौंरों को देख, कैसे लिपट के कलियों को प्यार करें

ब : शर्मीली कलियों को देख ज़रा, कैसे सिमटें बहाने हज़ार करें
मिल ले, मिल ले, मिल ले, मुझे छू नहीं वैसे ही मिल ले

अ : वो मिलना क्या मिलना है जिसमें सदा का साथ न हो
तन से तन भी छू न सकें, लब से लब की बात न हो

ब : मिल ले, मिल ले, मिल ले, मुझे छू नहीं वैसे ही मिल ले
अ : दिल ले, दिल ले, दिल ले, मेरे सीने से लग मेरा दिल ले

[रवि/मोहम्मद रफ़ी, आशा भोसले]

तू भी नम्बर एक है प्यारे, मैं भी नम्बर एक

पैसा या प्यार; 1969

तू भी नम्बर एक है प्यारे, मैं भी नम्बर एक
पूरे सिंडीकेट के हमने दिए हैं घुटने टेक
नई नस्ल से टक्कर ले ली, कर बैठे मिस्टेक

तू भी नम्बर एक है, मैं भी नम्बर एक
पूरे सिंडीकेट के हमने दिए हैं घुटने टेक
जिनकी अक़्लें बूढ़ी तोंदें मोटी शक्लें भद्दी
कहते थे हम जिसको चाहें दे दें देश की गद्दी

हमने ऐसी सूई चुभोई, कर दिया तोंद में छेद
तू भी नम्बर एक है प्यारे मैं भी नम्बर एक
पूरे सिंडीकेट के हमने दिए हैं घुटने टेक

[रवि/किशोर कुमार, आशा भोसले]

बेर लेओ बेर लेओ

पैसा या प्यार; 1969

बेर लेओ बेर लेओ
मेवा ग़रीबों का
तेरे-मेरे नसीबों का
ये खट्टे-खट्टे भी हैं, ये मीठे-मीठे भी हैं
और इनमें मज़ा है कई ज़ात का

कच्चा भी काम का है, पक्का भी काम का है
इत्ता बड़ा साइज़ और इत्ते कम दाम का
माल यहाँ रख प्यारे
इसे देख नहीं चख प्यारे

झिझक ना ओ राजा लेले लेले झिझक ना
बेर लेओ बेर लेओ
मेवा ग़रीबों का
तेरे-मेरे नसीबों का

साठ पैसे मोल क्यों इत्ते बड़े ढेर का
लेले मेरे साब यहाँ काम नहीं देर का
तू जो ले तो साठ पैसा
मैं जो दूँ तो साठ पैसा

खिसक ना ओ बाबू धीरे-धीरे खिसक ना
बेर लेओ बेर लेओ
मेवा ग़रीबों का
तेरे-मेरे नसीबों का

रख मेरे बेर अरे तू तो बड़ा तेज़ है
ऐसे ले चला है जैसे जोरू का जहेज़ है
आगे से हट जा रे मार दूँगी पलट जा रे
चिपक ना यूँ ही ख़ाली-पीली चिपक ना
बेर लेओ बेर लेओ
मेवा ग़रीबों का

[रवि/आशा भोसले]

तुझ में ईश्वर, अल्लाह तुझ में, तुझ में जीसस पाया

नन्हा फ़रिश्ता; 1969

तुझ में ईश्वर, अल्लाह तुझ में, तुझ में जीसस पाया
बच्चे में है भगवान
बच्चे में है रहमान
बच्चा जीसस की शान

गीता इसमें, बाइबल इसमें, इसमें है क़ुरआन
बोलो बच्चा है महान, बोलो बच्चा है महान

मन्दिर-मस्जिद और गिरजे में जिसका नूर समाया
इक नन्ही-सी जान छुपा के वो अपने घर आया
पापी मन को पावन करती उसकी हर मुस्कान
बोलो बच्चा है महान, बोलो बच्चा है महान

ज्ञानी जग में फूट कराएँ, बच्चा मेल कराए
हम जैसे भूले-भटकों को सीधी राह दिखाए
इसके भोलेपन पर सदक़े दुनिया भर का ज्ञान
बोलो बच्चा है महान, बोलो बच्चा है महान

दीन-धर्म और ज़ात-पात का, बच्चा भेद न जाने
अपने को वो सबका समझे, सबको अपना माने
ईश्वर को पाना चाहे तो बच्चे को पहचान
बोलो बच्चा है महान, बोलो बच्चा है महान

[कल्याणजी-आनन्दजी/मोहम्मद रफ़ी, मन्ना डे, किशोर कुमार]

नटखट-नन्ही लाड़ली, तुझे देखे तेरा मामा चंदा मामा

नन्हा फ़रिश्ता; 1969

नटखट-नन्ही लाड़ली, तुझे देखे तेरा मामा चंदा मामा
अब झटपट कहना मान री, तुझे देखे तेरा मामा चंदा मामा

हर रात को चंदा आए और दूध मलाई लाए
चाँदी की थाली में, सोने की प्याली में, तू खाए चंदा मुस्काए
नटखट नन्ही लाड़ली, तुझे देखे तेरा मामा चंदा मामा

तू गुड़िया प्यारी-प्यारी, मामा की राज दुलारी
चुन-चुनके तारों को, बुन-बुन के हारों को, तेरा मामा तुझको पहनाए
नटखट नन्ही लाड़ली, तुझे देखे तेरा मामा चंदा मामा

यूँ तेरा मुखड़ा दमके ज्यों नभ पे चंदा चमके
वो अम्बर का मोती है, तू धरती की ज्योति है, तेरी ज्योति जुग-जुग लहराए
नटखट नन्ही लाड़ली, तुझे देखे तेरा मामा चंदा मामा

[कल्याणजी-आनन्दजी/लता मंगेशकर]

तुम अपनी सहेली को इतना बता दो

समाज को बदल डालो; 1970

अ : तुम अपनी सहेली को इतना बता दो
कि उससे कोई प्यार करने लगा है
जो अब तक सदा मुस्कुराता रहा था
हर इक बात पर आह भरने लगा है
तुम्हारी सहेली बला की हसीं है
हमें भी ख़बर है उसे भी यक़ीं है
किसी की तो बनना है आख़िर उसे भी
बुरा क्या है गर कोई मरने लगा है
किसी और की बात माने ना माने
मगर तुम कहोगी तो वो मान लेगी
ज़रा अपने बीमार को कुछ दवा दे दो
कि अब दर्द हद से गुज़रने लगा है

ब : बस अब नाज़ छोड़ो ज़रा पास आओ
बहुत हो चुका अब न इसको सताओ
मैं कैसे न उसकी सिफ़ारिश करूँ
कि बेचारा बेमौत मरने लगा है

[रवि/मोहम्मद रफ़ी, आशा भोसले]

धरती माँ का मान, हमारा प्यारा लाल निशान

समाज को बदल डालो; 1970

धरती माँ का मान, हमारा प्यारा लाल निशान
नव युग की मुस्कान, हमारा प्यारा लाल निशान

पूँजीवाद से दब न सकेगा, ये मज़दूर किसान का झंडा
मेहनत का हक़ लेके रहेगा, मेहनतकश इनसान का झंडा
योद्धा और बलवान हमारा, हमारा प्यारा लाल निशान

इस झंडे से साँस उखड़ती चोर मुनाफ़ा-ख़ोरों की
जिन्होंने इनसानों की हालत कर दी डंगर-ढोरों की
उनके खिलाफ़ एलान हमारा, प्यारा लाल निशान

फ़ैक्टरियों के धूल-धुएँ में हमने ख़ुद को पाला
ख़ून पिलाकर लोहे को इस देश का भार सँभाला
मेहनत के इस पूजाघर पर, पड़ न सकेगा ताला

देश का साधन, देश का धन है जान ले पूँजीवाला
जीतेगा मैदान, हमारा प्यारा लाल निशान
धरती माँ का मान, हमारा प्यारा लाल निशान

[रवि/मोहम्मद रफ़ी, मन्ना डे, कोरस]

अम्माँ इक रोटी दे, बाबा इक रोटी दे

समाज को बदल डालो; 1970

अम्माँ इक रोटी दे, बाबा इक रोटी दे
भूके बच्चे माँग रहे हैं कब से हाथ पसार के

एक नहीं तो आधी दे दे, आधा पेट ही भर लेंगे
रूखी-सूखी जो भी मिलेगी, खाके गुज़ारा कर लेंगे
सब खाते हैं और हम कब से खड़े हैं मन को मारे

दूध मलाई ना माँगें हम लड्डू पेड़ा ना माँगें
रोटी का टुकड़ा दिलवा दो रुपया-पैसा न माँगें
छोटा-सा ये पेट हमारा सबसे कहे पुकार के

तूने या तेरे बच्चों ने जो भी झूटा छोड़ा हो
पास बुलाकर दे दे हमको, बहुत हो चाहे थोड़ा हो
कुछ तो दे दो यूँ ही ना लौटा देना दुत्कार के
अम्माँ इक रोटी दे, बाबा इक रोटी दे

[रवि/लता मंगेशकर, उषा मंगेशकर]

पायल छम छम बोले सखी पायल छम छम बोले

समाज को बदल डालो; 1970

पायल छम छम बोले सखी पायल छम छम बोले
भेद जियरवा के खोले सखी पायल छम छम बोले

पवन बसंती सन सन सनके छन छन छन हार घुँघरू छनके
नस नस में अरुन्दाती बोले सखी पायल छम छम बोले

चाल चलूँ तो अंचरा ढलके पग पग यौवन गगरी छलके
मन लहराये तन डोले सखी पायल छम छम बोले

नभ तक गूंजे तान रसीली दुनिया लगे रंग रंगीली
मन उड़ने को पर डोले सखी पायल छम छम बोले

[रवि/आशा भोसले, उषा मंगेशकर]

बिन पानी की मछली है तू

समाज को बदल डालो; 1970

बिन पानी की मछली है तू
बिन पतवार की नाव
क्या जाने अब दुनिया तुझसे क्या करेगी बर्ताव

अब अकेले ही चलना पड़ेगा ज़िन्दगानी के लम्बे सफ़र में
पावों के ज़ख़्मों से कैसे बचेंगे लाख कांटे हैं इस रहगुज़र में
अब अकेले ही चलना पड़ेगा

तुमको गोदी में जिसने खिलाया आज सर से उठा उसका साया
आज तू जिस कदर है अकेली उतनी तनहा न थी उम्र भर में
अब अकेले ही चलना पड़ेगा ज़िन्दगानी के लंबे सफ़र में
ये भयानक अंधेरों की दुनिया क़ातिलों लुटेरों की दुनिया
कौन है जो तेरा हाथ थामे संग इन जालिमों के नगर में
अब अकेले ही चलना पड़ेगा ज़िन्दगानी के लंबे सफ़र में

[रवि/मन्ना डे]

ये मौसम ये खुली हवा

समाज को बदल डालो; 1970

ये मौसम ये खुली हवा
झूम के चल और झूम के गा
आज का दिन है तेरा आज हॉलिडे
हॉलिडे हो जॉलीडे हो जॉलीडे

उड़ते बादल गाते झरने उस पर साथ जवानी का
आज मुरादें पूरी कर लें मौसम है मनमानी का
झूम रही है फ़िज़ा आज हॉलिडे, हॉलिडे, जॉलीडे...
ये मौसम और खुली हवा झूम के चल और झूम के गा
आज का दिन है तेरा तेरा आज हॉलिडे, हॉलिडे जॉलीडे
आज के दिन क्या नाता अपना बंजर ख़ुश्क किताबों से
आज के दिन शाखों से लिपटें खेलें सुर्ख़ गुलाबों से
आज बहक लें जरा आज हॉलिडे, हॉलिडे जॉलीडे
सांसों की ख़ुशबू को पकड़ें नज़रों की आवाज़ सुनें
किसी को अपना भेद बताएँ किसी से उसका राज सुनें
आज माफ़ है ख़ता आज हॉलिडे, हॉलिडे, जॉलीडे

ये मौसम ये खुली हवा
झूम के चल और झूम के गा
आज का दिन है तेरा आज हॉलिडे
हॉलिडे हो जॉलीडे हो जॉलीडे

[रवि/लता, उषा मंगेशकर, मोहम्मद रफ़ी]

समाज को बदल डालो

समाज को बदल डालो; 1970

समाज को बदल डालो
जुल्म और लूट के रिवाज को बदल डालो

समाज को बदल डालो
कितने घर हैं जिनमें आज रोशनी नहीं
कितने तन बदन हैं जिनमें ज़िन्दगी नहीं
मुल्क और कौम के मिज़ाज को बदल डालो

समाज को बदल डालो
सैकड़ों की मेहनतों पर एक क्यूँ पले
ऊँच नीच से भरा नजाम क्यों चले
आज है यही तो ऐसे आज को बदल डालो
समाज को बदल डालो

[रवि/मोहम्मद रफ़ी]

तारों की छाँव में सपनों के गाँव में

समाज को बदल डालो; 1970

तारों की छाँव में सपनों के गाँव में
परियों के संग तुम्हें जाना है

सो जाओ चैन से इस काली रैन से
आगे जो देश है सुहाना है

गगन तले पवन चले ठंडी सुहानी
धीमी धीमी लय में कहे मन की कहानी
आई रे आई रे आई हिंडोला लेके निंदिया की रानी
सो जाओ सो जाओ सो जाओ

तारों की छाँव में सपनों के गाँव में
परियों के संग तुम्हें जाना है

भौंहें तेरी पिता जैसी माँ जैसी अँखियां
ग़ज़ब करे जिया हरे ढूँढ़े कनकिया
आई हैं तुम्हें लेने फूलों की सखियाँ
सो जाओ सो जाओ सो जाओ

तारों की छाँव में सपनों के गाँव में
परियों के संग तुम्हें जाना है

खिली रहे सजी रहे यूं ही ये क्यारी
हँसी खुशी जियो सभी माँ तुम पे वारी
आई रे चन्दा के रथ की सवारी
सो जाओ सो जाओ

[रवि/लता मंगेशकर, मोहम्मद रफ़ी]

नीले पर्वतों की धारा आई ढूँढ़ने किनारा

आदमी और इनसान; 1970

ब : नीले पर्वतों की धारा आई ढूँढ़ने किनारा बड़ी दूर से
सबको सहारा चाहिए
अ : कोई हमारा चाहिए

ब : फूल में जैसे फूल की ख़ुशबू, दिल में है यूँ तेरा बसेरा
अ : धरती से अम्बर तक फैला चाहत की बाँहों का घेरा

ब : नीले पर्वतों की धारा आई ढूँढ़ने किनारा बड़ी दूर से
सबको सहारा चाहिए
अ : कोई हमारा चाहिए

ब : सूरज पीछे घूमे धरती, साँझ के पीछे सवेरा
अ : जिस नाते ने उनको बाँधा वो नाता है तेरा-मेरा
सबको सहारा चाहिए

अ : कोई हमारा चाहिए

[रवि/महेन्द्र कपूर, आशा भोसले]

ज़िन्दगी के रंग कई रे, साथी रे

आदमी और इनसान; 1970

ज़िन्दगी के रंग कई रे, साथी रे
ज़िन्दगी के रंग कई रे

ज़िन्दगी दिलों को कभी जोड़ती भी है
ज़िन्दगी दिलों को कभी तोड़ती भी है
ज़िन्दगी के रंग कई रे

ज़िन्दगी की राह में ख़ुशी के फूल भी
ज़िन्दगी की राह में ग़मों की धूल भी
ज़िन्दगी के रंग कई रे

ज़िन्दगी कभी यक़ीं, कभी गुमान है
हर क़दम पे तेरा-मेरा इम्तिहान है
ज़िन्दगी के रंग कई रे

[रवि/आशा भोसले]

ज़िन्दगी इत्तिफ़ाक़ है

आदमी और इनसान; 1970

ब : ज़िन्दगी इत्तिफ़ाक़ है
कल भी इत्तिफ़ाक़ थी
आज भी इत्तिफ़ाक़ है

जाम पकड़ बढ़ा के हाथ
माँग दुआ घटे न रात
जाने-वफ़ा तेरी क़सम
कहते हैं दिल की बात हम
गर कोई मेल हो सके
आँखों का खेल हो सके
अपने को ख़ुशनसीब जान
वक़्त को मेह्रबान मान
मिलते हैं दिल कभी-कभी
वरना हैं अजनबी सभी
मेरे हमदम मेरे मेह्रबाँ

हर ख़ुशी इत्तिफ़ाक़ है
कल भी इत्तिफ़ाक़ थी
आज भी इत्तिफ़ाक़ है

हुस्न है और शबाब है
ज़िन्दगी कामयाब है
बज़्म यूँ ही खिली रहे
अपनी नज़र मिली रहे
रंग यूँ ही जमा रहे
वक़्त यूँ ही थमा रहे
साज़ की लय पे झूम ले
ज़ुल्फ़ के फन को चूम ले
मेरे किए से कुछ नहीं
तेरे किए से कुछ नहीं
मेरे हमदम मेरे मेह्रबाँ

ये सभी इत्तिफ़ाक़ है
ज़िन्दगी इत्तिफ़ाक़ है
कल भी इत्तिफ़ाक़ थी
आज भी इत्तिफ़ाक़ है

[रवि/आशा भोसले]

हर ख़ुशी इत्तिफ़ाक़ है

आदमी और इनसान; 1970

ब : ज़िन्दगी इत्तिफ़ाक़ है
कल भी इत्तिफ़ाक़ थी
आज भी इत्तिफ़ाक़ है
कोई तो बात कीजिए
यारों का साथ दीजिए

अ : कभी ग़ैरों पे भी अपनों का गुमाँ होता है
कभी अपने भी नज़र आते हैं बेगाने-से
कभी ख़्वाबों में चमकते हैं मुरादों के महल
कभी महलों में उभर आते हैं वीराने-से

ब : कोई रुत भी सदा नहीं
क्या हो कब कुछ पता नहीं
ग़म फ़ुज़ूल है ग़म न कर
आज का जश्न कम न कर
मेरे हमदम मेरे मेह्रबाँ
हर ख़ुशी इत्तिफ़ाक़ है
कल भी इत्तिफ़ाक़ थी
आज भी इत्तिफ़ाक़ है
खोए से क्यों हो इस कदर
ढूँढ़ती है किसे नज़र

अ : आज मालूम हुआ पहले ये मालूम न था
चाहतें बढ़ के पशेमान भी हो जाती हैं

दिल के दामन से लिपटती हुई रंगीं नज़रें
देखते-देखते अनजान भी हो जाती हैं

ब : यार जब अजनबी बने
प्यार जब बेरुख़ी बने
दिल पे सह जा गिला न कर
सबसे हँसकर मिला नज़र
मेरे हमदम मेरे मेहबाँ
दोस्ती इत्तिफ़ाक़ है
कल भी इत्तिफ़ाक़ थी
आज भी इत्तिफ़ाक़ है
ज़िन्दगी इत्तिफ़ाक़ है

[रवि/महेन्द्र कपूर, आशा भोसले]

दिल करता ओ यारा दिलदारा मेरा दिल करता

आदमी और इनसान; 1970

दिल करता ओ यारा दिलदारा मेरा दिल करता
ऐसा कुछ कर पाएँ, यादों में बस जाएँ
सदियों जहान में हो चर्चा हमारा
दिल करता ओ यारा दिलदारा मेरा दिल करता

जलती मशालें लेके मिलने की रातों में
आगे-आगे हम चलें यारों की बारातों में
हँसे कोई भोली-भाली अपनी ही बातों में
किसी की कलाई आए अपने भी हाथों में

सदियों जहान में हो चर्चा हमारा
दिल करता ओ यारा दिलदारा मेरा दिल करता

नित-नई धूमें मचें नित-नए मेले हों
परियों में घिरे रहें कभी न अकेले हों

ग़मों की घटाएँ हों कि ख़ुशियों के रेले हों
दोनों से निभाने वाले हम अलबेले हों

सदियों जहान में हो चर्चा हमारा
दिल करता ओ यारा दिलदारा मेरा दिल करता

हम-सा जियाला कोई मिले न हज़ारों में
मरें चाहे जिएँ, रहें अगली क़तारों में
झलके हमारा लहू कल की बहारों में
अश्कों का तुहफ़ा होके बँट जाएँ यारों में

सदियों जहान में हो चर्चा हमारा
दिल करता ओ यारा दिलदारा मेरा दिल करता
ऐसा कुछ कर पाएँ यादों में बस जाएँ

[रवि/महेन्द्र कपूर]

जागेगा इनसान ज़माना देखेगा

आदमी और इनसान; 1970

जागेगा इनसान ज़माना देखेगा
उट्ठेगा तूफ़ान ज़माना देखेगा
बहता चलेगा मीलों नहरों का पानी
झूमेगी खेती जैसे झूमे जवानी
चमकेगा देश हमारा मेरे साथी रे
आँखों में कल का नज़ारा मेरे साथी रे
नवयुग का वरदान ज़माना देखेगा

फिरते थे मुल्कों-मुल्कों झोली पसारे
अब के जिएँगे हम भी अपने सहारे
चमकेगा देश हमारा मेरे साथी रे
आँखों में कल का नज़ारा मेरे साथी रे
भरे हुए खलियान ज़माना देखेगा

फूटेगा मोती बनके अपना पसीना
दुनिया की क़ौमें हमसे सीखेंगी जीना

चमकेगा देश हमारा मेरे साथी रे
आँखों में कल का नज़ारा मेरे साथी रे

कल का हिन्दुस्तान ज़माना देखेगा
जागेगा इनसान ज़माना देखेगा

[रवि/महेन्द्र कपूर]

बिना सिफ़ारिश मिले नौकरी

आदमी और इनसान; 1970

बिना सिफ़ारिश मिले नौकरी, बिन रिश्वत हो काम
इसी को अनहोनी कहते हैं, इसी का कलजुग नाम

वतन का क्या होगा अंजाम, बचा ले ऐ मौला ऐ राम
रिश्वत पर पलते थे अफ़्सर छोटे हों या मोटे
बन्द हुई ये रस्म तो धंदे हो जाएँगे खोटे
घर-घर में मातम होगा, दफ़्तर-दफ़्तर कुहराम
बचा ले ऐ मौला ऐ राम...

यही चला जो ढंग तो यारो होंगे बुरे नतीजे
भूके मरेंगे नेताओं के बेटे और भतीजे
जितनी इज़्ज़त बनी थी अब तक, सब होगी नीलाम
बचा ले ऐ मौला ऐ राम...

रिश्वत से मुँह बन्द थे सब के अब फूटेंगे भांडे
पता चलेगा किसके किससे मिले हुए थे डांडे
कौन-सा ठेका लेकर किसने कितना माल बनाया
कितनी उज्रत दी लोगों को कितना बिल दिखलाया
कौन-सी फ़ाइल किस दफ़्तर से कैसे हो गई चोरी
किसने कितनी ग़द्दारी की, कितनी भरी तिजोरी

किस मिल मालिक के पैसे ने कितने वोट कमाए
कुर्सी मिली तो देशभक्त ने कितने नोट कमाए
रिश्वत से ही छुपे हुए थे सब काले करतूत
नंगे होकर सामने आएँगे अब सभी सपूत

दुनिया भर के मुल्कों में होगा भारत बदनाम
बचा ले ऐ मौला ऐ राम...

वतन का क्या होगा अंजाम, बचा ले ऐ मौला ऐ राम

[रवि/मोहम्मद रफ़ी]

ईश्वर अल्लाह तेरे नाम सबको सन्मति दे भगवान

नया रास्ता; 1970

ईश्वर अल्लाह तेरे नाम सबको सन्मति दे भगवान
सारा जग तेरी संतान सबको सन्मति दे भगवान

इस धरती पर बसने वाले सब हैं तेरी गोद के पाले
सब हैं तेरी गोद के पाले कोई नीच न कोई महान

सबको सन्मति दे भगवान
सारा जग तेरी संतान

जातों नस्लों के बंटवारे छूत कहाँ सब तेरे द्वारे
छूत कहाँ सब तेरे द्वारे तेरे लिए सब एक समान

सबको सन्मति दे भगवान
सारा जग तेरी संतान

जनम का कोई मोल नहीं है जनम मनुष्य का तोल नहीं है
जनम मनुष्य का तोल नहीं है करम से है सबकी पहचान
सबको सन्मति दे भगवान

[एन. दत्ता/मोहम्मद रफ़ी]

पोंछकर अश्क अपनी आँखों से

नया रास्ता; 1970

पोंछकर अश्क अपनी आँखों से, मुस्कुराओ तो कोई बात बने
सर झुकाने से कुछ नहीं होता, सर उठाओ तो कोई बात बने

ज़िन्दगी भीक में नहीं मिलती, ज़िन्दगी बढ़के छीनी जाती है
अपना हक़ संगदिल ज़माने से छीन पाओ तो कोई बात बने

रंग और नस्ल, ज़ात और मज़हब, जो भी है आदमी से कमतर है
इस हक़ीक़त को तुम भी मेरी तरह मान जाओ तो कोई बात बने

नफ़रतों के जहान में हमको प्यार की बस्तियाँ बसानी हैं
दूर रहना कोई कमाल नहीं, पास आओ तो कोई बात बने

[एन. दत्ता/मोहम्मद रफ़ी]

मैंने पी शराब, तुमने क्या पिया

नया रास्ता; 1970

मैंने पी शराब, तुमने क्या पिया? आदमी का ख़ूँ
मैं ज़लील हूँ
तुम को क्या कहूँ

तुम पियो तो ठीक — हम पिएँ तो पाप
तुम जियो तो पुन — हम जिएँ तो पाप
तुम शरीफ़ लोग — तुम अमीर लोग
हम तबाह हाल — हम फ़क़ीर लोग
ज़िन्दगी भी रोग — मौत भी अज़ाब
मैंने पी शराब...

तुम कहो तो सच — हम कहें तो झूट
तुम को सब मुआफ़ — ज़ुल्म हो कि लूट
तुमने कितने दिल — चाक कर दिए
कितने बसते घर — ख़ाक कर दिए
मैंने तो किया ख़ुद को ही ख़राब
मैंने पी शराब...

रीत और रिवाज — सब तुम्हारे साथ
धर्म और समाज — सब तुम्हारे साथ
अपने साथ क्या — धूल और धुआँ
आज चाहे तुम — नोच लो ज़बाँ

आनेवाला दौर लेगा सब हिसाब
मैंने पी शराब...

तुमने क्या पिया आदमी का ख़ूँ
मै ज़लील हूँ, तुमको क्या कहूँ

[एन. दत्ता/मोहम्मद रफ़ी]

होली आई है आई है आई है

नया रास्ता; 1970

होली आई है आई है आई है
चुनर मोरी कोरी कोरी
उमर मोरी बाली बाली
धीरे रंग डारो
धीरे रे धीरे रे धीरे
अरे धीरे रंग डारो करो ना जोरा जोरी
करो ना जोरा जोरी चुनर मोरी कोरी

बरस भर बीते तब आए कहीं होली
झिझक नहीं हमसे निकट आजा गोरी

धीरे धीरे पिचकारी मारो
नहीं मारो बेदर्दी छत पे से
हो ओ ओ देखो देखो बईयाँ ना खींचो
मोहे रेशम की चोली ना मसके
मोहे तुमरी कसम मोहे लागे शरम
मानो मानो अरज मोरी
चुनर मोरी कोरी उमर मोरी बाली करो न जोरा जोरी

भीगी-भीगी चुनरी से झांके तोरे मतवाले अंगों का जादू
आजा मेरी बाँहों में छुप जा आजा मेरी बाँहों में छुप जा
गोरी घबरा के यूँ ना सिमट तू मिले तन से जो तन, बुझे मन की अगन
कहें हम भी कि आई है होली

जानू जानू सब तेरी बातें कैसे लिपटूँ बहाने बनाके
तीखी तीखी नज़रें ना डारो रह ना जाऊँ कहीं डगमगा के
दोष किसके धरूँ हाथ रे क्या करूँ भई दुश्मन जवानी निगोड़ी
चुनर मोरी मोरी...

[एन. दत्ता/मोहम्मद रफ़ी, आशा भोसले]

ज़ुल्फ़ों के महकते साये हैं बाँहों का लचकता घेरा है

नया रास्ता; 1970

ज़ुल्फ़ों के महकते साये हैं बाँहों का लचकता घेरा है
इस वक़्त किसी की फ़िक्र न कर इस वक़्त ज़माना तेरा है
ज़ुल्फ़ों के महकते साये हैं...

सागर की खनक छागल की झनक
उस पर ये जवानी की रातें
पहलू में धड़कती जन्नत है
कदमों में खुशी का डेरा है पहलू में धड़कती ज़न्नत है
ज़ुल्फ़ों के महकते साये हैं बाँहों का लचकता घेरा है

आँखों से मिला ले आँखों को होंठों पे झुका दे होंठों को
कल चाहे किसी का हो जाना इस रात मगर तू मेरा है
ज़ुल्फ़ों के महकते साये हैं बाँहों का लचकता घेरा है

[एन. दत्ता/आशा भोसले]

मोरे सैयाँ पड़ूँ पैयाँ अपना बनाके ठुकराना ना

नया रास्ता; 1970

मोरे सैयाँ पड़ूँ पैयाँ अपना बनाके ठुकराना ना ना
अपना बना के ठुकराना ना ना सैयाँ पड़ूँ पैयाँ

मीठी सी एक आग सुहानी भड़क रही है मेरे अंग अंग में
हो ऐसा जादू डारा तूने रंगी मैं तो ज़ुल्मी, ज़ुल्मी तेरे रंग में
मेरे रसिया बन बसिया ओ तरसी हूँ अब तरसाना ना ना
अब तरसाना ना ना सैयाँ पड़ूँ पैयाँ अपना बना के ठुकराना ना ना

जागी आँखों सपने देखूँ सारी सारी रैना तेरे प्यार के
तेरे कारण ओ बेदर्दी बैठी हूँ मैं अपना सब कुछ हार के
मोहे मिल के राजा दिल के दर्द निशानी देके जाना ना ना
मेरे सैयाँ पड़ूँ पैयाँ अपना बना के ठुकराना ना ना

तन बेचैन है मन बेकाबू इस अलबेली ख़ुशियों वाली रात में
ओ चुड़े वाली बैयाँ मोरी थाम ले सजना बढ़के अपने हाथ में
खाके कसमें करके बसमें नाज़ुक दिल तड़पाना ना ना
मेरे सैयाँ पड़ूँ पैयाँ अपना बना के ठुकराना ना ना

[एन. दत्ता/आशा भोसले]

अपने अन्दर ज़रा झाँक मेरे वतन

नया रास्ता; 1970

अपने अन्दर ज़रा झाँक मेरे वतन
अपने ऐबों को मत ढाँक मेरे वतन

तेरा इतिहास है ख़ूँ में लिथड़ा हुआ
तू अभी तक है दुनिया में पिछड़ा हुआ
तूने अपनों को अपना न माना कभी
तूने इंसाँ को इंसाँ न जाना कभी
तेरे धर्मों ने ज़ातों[1] की तक़्सीम[2] की
तेरी रस्मों ने नफ़रत की तालीम[3] दी
वहशतों[4] का चलन तुझमें जारी रहा
क़त्लो-ख़ूँ का जुनूँ[5] तुझ पे तारी रहा
अपने अन्दर ज़रा झाँक मेरे वतन

---

1. जाति, 2. विभाजन, 3. शिक्षा, 4. भय, 5. जुनून का लघु, पागलपन।

तू द्राविड़ है या आर्य नस्ल है
जो भी है अब इसी ख़ाक की फ़स्ल है
रंग और नस्ल के दायरे से निकल
गिर चुका है बहुत देर अब तो सँभल
तेरे दिल से नफ़रत न मिट पाएगी
तेरे घर में ग़ुलामी पलट आएगी
तेरी बर्बादियों का तुझे वास्ता
ढूँढ़ अपने लिए अब नया रास्ता
अपने अन्दर ज़रा झाँक मेरे वतन!
अपने ऐबों को मत ढाँक मेरे वतन!

[एन. दत्ता/मोहम्मद रफ़ी]

दिल कहे रुक जा रे रुक जा यहीं पे कहीं

मन की आँखें; 1970

दिल कहे रुक जा रे रुक जा यहीं पे कहीं
जो बात इस जगह है कहीं पर नहीं

पर्बत ऊपर खिड़की खोले झाँके सुन्दर भोर, चले पवन सुहानी
नदियों के ये राग रसीले झरनों का ये शोर, बहे झर-झर पानी
मद भरा, मद भरा समाँ बन धुला-धुला
हर पल सुख पल यहाँ रस घुला-घुला
दिल कहे रुक जा रे रुक जा यहीं पे कहीं

ऊँचे-ऊँचे पेड़ घनेरे छनती जिनसे धूप, खड़े बाँह पसारे
नीली-नीली झील में झलके नील गगन का रूप, बहें रंग के धारे
डाली-डाली चिड़ियों का सदा सुर मिला मिला
चम्पई-चम्पई फ़िज़ा, दिन खिला-खिला
दिल कहे रुक जा रे रुक जा यहीं पे कहीं

परियों के ये जमघट जिनके फूलों जैसे गाल, सभी शोख़ हठीली
उनमें है वो अल्हड़ जिसकी हिरनी जैसी चाल, बड़ी छैल-छबीली

मनचली-मनचली अदा छब जवाँ-जवाँ
हर घड़ी चढ़ रहा नशा, सुध रही कहाँ
दिल कहे रुक जा रे रुक जा यहीं पे कहीं
जो बात इस जगह है कहीं पर नहीं

[लक्ष्मीकान्त-प्यारेलाल/मोहम्मद रफ़ी]

क्या तुम वही हो, क्या तुम वही हो

मन की आँखें; 1970

ब : क्या तुम वही हो, क्या तुम वही हो
जो नींदों में चोरी से आता रहा है
जो साँसों में छुप-छुप के गाता रहा है
मेरे अनछुए जिस्म को जिसका साया
बड़े प्यार से छूके जाता रहा है
क्या तुम वही हो, क्या तुम वही हो

अ : क्या तुम वही हो, क्या तुम वही हो
ख़यालों में जो मुस्कुराती रही है
धनक बनके नज़रों पे छाती रही है
मेरे दिल के सुनसान आँगन में अक्सर
जो रातों में पायल बजाती रही है
क्या तुम वही हो, क्या तुम वही हो

ब : मैं जिसके लिए फूल चुनती रही हूँ
तमन्नाओं के हार बुनती रही हूँ
धड़कते हुए दिल की शहनाइयों में
सदा जिसके क़दमों की सुनती रही हूँ
क्या तुम वही हो, क्या तुम वही हो

अ : वो सूरत जो दिल में मचलती रही है
निगाहों में करवट बदलती रही है

वो तरशा हुआ जिस्म परछाईं जिसकी
सदा मेरे हमराह चलती रही है
क्या तुम वही हो, क्या तुम वही हो

[लक्ष्मीकान्त-प्यारेलाल/मोहम्मद रफ़ी, सुमन कल्याणपुर]

चला भी आ हो...

मन की आँखें; 1970

चला भी आ हो...
आजा रसिया... ओ
जाने वाले आजा तेरी याद सताए
ख़्वाबों का घरौंदा कहीं टूट ना जाए
मुर्झा चले हैं अरमान सारे
धुँधला गए हैं सभी उजले नज़ारे
कैसे जिऊँगी ग़मों के सहारे
तरसे निगाहें मेरी तुझको सदाएं दें, पुकारें
बैठी हूँ मैं कब से तेरी आस लगाए
जाने वाले आजा तेरी याद सताए
मेरी लगन को कहाँ तूने जाना
तेरे लिए तो मेरा दिल है दीवाना
हर साँस मेरी तेरा ही तराना
ये ज़िन्दगानी क्या है तेरी कहानी तेरा फ़साना
तेरा मेरा वो है रिश्ता
के टूटे जो बलाएँ भी तो
टूट ना पाएँ...
ख्वाबों का घरौंदा...
इतना बता जा तेरे दिल में क्या है
लाके दोराहे पे बिछड़ना बुरा है
इस ज़िन्दगी का तू ही आसरा है
क्या है ख़ता मेरी जिस पर तू ख़फ़ा है

दिल तो गया मेरा कहीं जान न जाए
चला भी आ रसिया
ओ ओ ओ ओ

[लक्ष्मीकान्त-प्यारेलाल/लता मंगेशकर, मोहम्मद रफ़ी]

मेरी जाँ मेरी जाँ दिलवर माहि और बलखाती

मन की आँखें; 1970

मेरी जाँ मेरी जाँ दिलवर माहि और बलखाती
चली आ चली आ मेरी जाँ
आँखें शराब के छलके छलके पैमाने...2
साँसें गुलाब के महके महके अफ़साने
हाय मेरे शबाब के महफ़िल महफ़िल दीवाने
आँखें शराब के...
मेरी जाँ मेरी जाँ...
दावत है बेख़ुदी की हर एक निगाह में
काहे पुकारते हैं आजा पनाह में
दावत है बेख़ुदी...
ये शोख रातें खोना ना जागी आँखें सोना ना
आज गाफ़िल होना ना कहते हैं जवानी कभी
दामन के दाग को भूले से भी धोना ना...2
मेरी जाँ मेरी जाँ...
चली आ चली आ...
वो ही मज़े में हैं जो आशिक मिज़ाज हैं
कल कुछ नहीं है प्यारे जो कुछ है आज है
इस वक़्त को ठुकराना ना अपने को तरसाना ना
देख अब शर्माना ना कहती है ये जवानी
ये ही दो दिन बहार है
मेरी जाँ मेरी जाँ...

[लक्ष्मीकान्त-प्यारेलाल/मन्ना डे]

मेरी माँ गौरी माँ

मन की आँखें; 1970

मेरी माँ गौरी माँ
मेरी माँ गौरी माँ शुभ घड़ी है शुभ समाँ...2
इस घड़ी इस समय भर दे सब की झोलियाँ
आई हैं तेरे द्वार पे तेरी दासियाँ
ऐसे वर का दान दे जो ग्वालों में श्याम हो...2
जिसकी शोभा यूँ लगे जो देवों में राम हो...
ऐसे वर का दान...
ऐसा पति ऐसा पिया जो नभ लगे और मैं धरा...2
निश दिन रहे गरवा लगा बीते सुखी जीवन मेरा
चरणों में तेरे हो चरणों में तेरे विनती करूँ ऐ देवी माँ
ऐसे वर का दान दे जो तारों में चाँद हो...2
जिसके मुख के सामने हर एक ज्योतिवान हो
ऐसा वर का दान दे...
जीवन से हो जीवन बँधा खुशियों से हो आँगन भरा...2
पुष्पांजलि मन की चढ़ा पूजा करूँ उसकी सदा
चरणों में तेरे हो चरणों में तेरे विनती करूँ ऐ देवी माँ
ऐसे वर का दान दे सुख हो जिसकी छाँव में...2
हो कंकड़ भी हीरा बने पड़कर जिसके पाँव में
ऐसे वर का दान दे...

[लक्ष्मीकान्त-प्यारेलाल/आशा भोसले]

इस धरती इस खुले गगन का क्या कहना

गंगा तेरा पानी अमृत; 1971

अ : इस धरती इस खुले गगन का क्या कहना
मदमाती मदभरी पवन का क्या कहना

फूलों भरे ये गुलशन हरे, मगन हुआ तन-मन क्या कहना
ग्वालनों का रूप घूँघटों की आड़ में
पंछियों का प्यार बेरियों के झाड़ में

बाँसुरी की तान खेतियों के पार से
पनघटों की नार बोले उस उतार से
धड़कन बढ़े नशा-सा चढ़े थिरक उठे झाँझन क्या कहना

चप्पुओं के राग कह रहे हैं प्यार से
जुड़ गए हैं घाट कश्तियों के तार से
जा रहा है मौन जाने किसकी चाह में
बस रहा है कौन जाने किस निगाह में
दो दिल मिलें तो कलियाँ खिलें, मचल उठे धड़कन क्या कहना

अ : थक गई निगाह तब कहीं तुम आए हो
क्या मेरी पुकार सुनके भी पराए हो
इतना इन्तिज़ार रोज़ कर न पाऊँगी
रोक लूँगी आज या मैं साथ जाऊँगी
दूरी कटे, ये दुब्धा हटे तो फिर मेरे साजन क्या कहना

अ, ब : इस धरती इस खुले गगन का क्या कहना
मदमाती मदभरी पवन का क्या कहना

[रवि/मोहम्मद रफ़ी, आशा भोसले]

हमें यारी से ग़रज़, यार जो भी करे

गंगा तेरा पानी अमृत; 1971

हमें यारी से ग़रज़, यार जो भी करे
दिलदारी से ग़रज़, यार जो भी करे
यारी यार की न छोड़ें, चाहे दम तोड़ दें
हाथ-हाथ से न छोड़ें, चाहे जग छोड़ दें

तेरी ख़ातिर जान भी हाज़िर जीवंदा रह मित्रा
कैडी हड्डी-पसली तोड़िए सानू कह मित्रा

मारा-मारी से ग़रज़, यार जो भी करे
चाहे अच्छा हो कि बुरा यार, यार होता है
हमें यार वाले ऐबों से भी प्यार होता है
दोस्तदारी से ग़रज़, यार जो भी करे

यारी लाइए ताँ इस जहान विचूँ
यारी वाला चुका के भुल जाइए
कदे यार दा बाल न होवे बिंगा
पावें ख़ुद फाँसी ते झुल जाइए
यार मिलता है मतलबी दुनिया में कब
यार मिले तो ये समझो कि मिल गया रब

ताबेदारी से ग़रज़, यार जो भी करे
हमें यारी से ग़रज़, यार जो भी करे

[रवि/मन्ना डे, महेन्द्र कपूर]

ओ लड़के मक्खन-से, झगड़ मत अप्पन से

गंगा तेरा पानी अमृत; 1971

ओ लड़के मक्खन-से, झगड़ मत अप्पन से
हँसकर कर ले बात, तेरा क्या बिगड़ेगा
मैं तुझ पर मरती हूँ, तेरा दम भरती हूँ
रख ले अपने साथ, तेरा क्या बिगड़ेगा
हाय तेरा ये जोबन, हाए तेरे ये झगड़े
मेरे दिल को ले गए, तेरी चाल के लटके
महकते बालों पर, चमकते गालों पर
रख लेने दे हाथ, तेरा क्या बिगड़ेगा
ओ लड़के मक्खन-से...

अरे होंट चबाकर क्यों देता है गाली
मुझ-सी न मिलेगी कोई चाहने वाली
ज़रा पास आने दे, गले लग जाने दे
ओ छोरे की ज़ात, तेरा क्या बिगड़ेगा
ओ लड़के मक्खन-से...

बड़ी देर सताया मुझे तूने अकड़ के
मैं तो चूम ही लूँगी तुझे आज पकड़ के
फ़िक्र मत कर प्यारे न इतना डर प्यारे

मैं हूँ तेरे साथ तेरा क्या बिगड़ेगा
ओ लड़के मक्खन-से, झगड़ मत अप्पन से
हँसकर कर ले बात, तेरा क्या बिगड़ेगा

[रवि/आशा भोसले]

गंगा तेरा पानी अमृत झर-झर बहता जाए

गंगा तेरा पानी अमृत; 1971

गंगा तेरा पानी अमृत झर-झर बहता जाए
युग-युग से इस देश की धरती तुझसे जीवन पाए
दूर हिमालय से तू आई गीत सुहाने गाती
बस्ती-बस्ती जंगल-जंगल सुख सन्देश सुनाती
तेरी चाँदी जैसी धारा मीलों तक लहराए
गंगा तेरा पानी अमृत...

कितने सूरज उभरे-डूबे गंगा तेरे द्वारे
युगों-युगों की कथा सुनाएँ तेरे बहते धारे
तुझको छोड़ के भारत का इतिहास लिखा न जाए
गंगा तेरा पानी अमृत...

इस धरती का दुख-सुख तूने अपने बीच समोया
जब-जब देश ग़ुलाम हुआ है तेरा पानी रोया
जब-जब हम आज़ाद हुए हैं तेरे तट मुस्काए
गंगा तेरा पानी अमृत...

खेतों-खेतों तुझसे जागी धरती की हरियाली
फ़स्लें तेरा राग अलापें, झूमे बाली-बाली
तेरा पानी पीकर मिट्टी सोने में ढल जाए
गंगा तेरा पानी अमृत...

तेरे दान की दौलत ऊँचे खलिहानों में ढलती
ख़ुशियों के मेले लगते, मेहनत की डाली फलती
लहक-लहक के धूम मचाते तेरी गोद के जाए
गंगा तेरा पानी अमृत...

गूँज रही है तेरे तट पर नवजीवन की सरगम
तू नदियों का संगम करती, हम खेतों का संगम
यही वो संगम है जो दिल का दिल से मेल कराए
गंगा तेरा पानी अमृत...

हर-हर गंगे कहके दुनिया तेरे आगे झुकती
तुझी से हम सब जीवन पाएँ तुझी से पाएँ मुक्ति
तेरी शरण मिले तो मैया जनम सफल हो जाए
गंगा तेरा पानी अमृत झर-झर बहता जाए
युग-युग से इस देश की धरती तुझ से जीवन पाए

[रवि/मोहम्मद रफ़ी, कोरस]

मिले जितनी शराब, मैं तो पीता हूँ

संसार; 1971

मिले जितनी शराब, मैं तो पीता हूँ
रखे कौन ये हिसाब, मैं तो पीता हूँ

एक इनसान हूँ मैं फ़रिश्ता नहीं
जो फ़रिश्ते बनें, उनसे रिश्ता नहीं
कहो अच्छा या ख़राब, मैं तो पीता हूँ
मिले जितनी शराब मैं तो पीता हूँ

होश मुझको रहे तो सितम घेर ले
कई दुख घेर लें, कई ग़म घेर लें
सहे कौन ये अज़ाब, मैं तो पीता हूँ
मिले जितनी शराब, मैं तो पीता हूँ

कोई अपना अगर हो तो टोके मुझे
मैं ग़लत कर रहा हूँ तो रोके मुझे
किसे देना है हिसाब, मैं तो पीता हूँ
मिले जितनी शराब मैं तो पीता हूँ

[चित्रगुप्त/किशोर कुमार]

न तू ज़मीं के लिए है न आसमाँ के लिए

दास्तान; 1972

न तू ज़मीं के लिए है न आसमाँ के लिए
तेरा वुजूद[1] है अब सिर्फ़ दास्ताँ के लिए

पलट के सूए-चमन[2] देखने से क्या होगा
वो शाख़[3] ही न रही जो थी आश्याँ[4] के लिए

ग़रज़-परस्त[5] जहाँ में वफ़ा तलाश न कर
ये शै बनी थी किसी दूसरे जहाँ के लिए

[लक्ष्मीकान्त-प्यारेलाल/मोहम्मद रफ़ी]

आजा मेरी जवानी को मस्तानी को आजा

भाई हो तो ऐसा; 1972

आजा मेरी जवानी को मस्तानी को आजा
मेरी जवानी को...
रूप के लोभी घूर रहे हैं भर के मुँह में पानी
कि मैंने सबकी नज़र पहचानी है
ओ सैयाँ आ जा कि तू दिलजानी है
रे आजा मेरी...जवानी को मस्तानी को, रूप के लोभी घूर रहे हैं
हर कोई डोरे डाले और बढ़कर प्यार उछाले
जान जले वश ना चले आकर मुझे बचाले
ऐसा ना हो तेरी अमानत हो जाए बेगानी
मैंने सबकी नज़र पहचानी है
ओ सैयाँ आजा कि तू दिलजानी है
रे आजा मेरी जवानी को मस्तानी को,
बैरन बिजली कड़के तन काँपे और दिल धड़के
सांस घुटे दर्द उठे नस-नस में आग भड़के
बैरन बिजली...
अब भी देर करे तो बैरी कर देंगे मनमानी

1. अस्तित्व, 2. बाग़ की ओर, 3. डाली, 4. घोंसला, 5. स्वार्थी।

कि मैंने सबकी नज़र पहचानी है
ओ सैयाँ आजा कि तू दिलजानी है
रे आजा मेरी जवानी को मस्तानी को आजा
मेरी जवानी को...

[सोनिक ओमी/लता मंगेशकर]

मेरे दिल में आज क्या है, तू कहे तो मैं बता दूँ

दाग़; 1973

मेरे दिल में आज क्या है, तू कहे तो मैं बता दूँ
तेरी ज़ुल्फ़ फिर सँवारूँ, तेरी माँग फिर सजा दूँ

मुझे देवता बनाकर तेरी चाहतों ने पूजा
मेरा प्यार कह रहा है मैं तुझे ख़ुदा बना दूँ

कोई ढूँढ़ने भी आए तो हमें न ढूँढ़ पाए
तू मुझे कहीं छुपा दे, मैं तुझे कहीं छुपा दूँ

मेरे बाज़ुओं में आकर तेरा दर्द चैन पाए
तेरे गेसुओं में छुपकर मैं जहाँ[1] के ग़म बुला दूँ

तेरी ज़ुल्फ़ फिर सँवारूँ, तेरी माँग फिर सजा दूँ
मेरे दिल में आज क्या है, तू कहे तो मैं बता दूँ

[लक्ष्मीकान्त-प्यारेलाल/किशोर कुमार]

जब भी जी चाहे नई दुनिया बसा लेते हैं लोग

दाग़; 1973

जब भी जी चाहे नई दुनिया बसा लेते हैं लोग
एक चेहरे पे कई चेहरे लगा लेते हैं लोग

याद रहता है किसे गुज़रे ज़माने का चलन
सर्द पड़ जाती है चाहत, हार जाती है लगन

1. संसार।

अब मुहब्बत भी है क्या
इक तिजारत के सिवा
हम ही नादाँ थे जो ओढ़ा बीती यादों का कफ़न
वर्ना जीने के लिए सब कुछ भुला देते हैं लोग

जाने वो क्या लोग थे जिनको वफ़ा का पास था
दूसरे के दिल पे क्या गुज़रेगी, ये एहसास था
अब हैं पत्थर के सनम
जिनको एहसास न ग़म
वो ज़माना अब कहाँ जो अह्ले-दिल को रास था
अब तो मतलब के लिए नामे-वफ़ा लेते हैं लोग

[लक्ष्मीकान्त-प्यारेलाल/लता मंगेशकर]

यार ही मेरा कपड़ा-लत्ता, यार ही मेरा गहना

दाग़; 1973

यार ही मेरा कपड़ा-लत्ता, यार ही मेरा गहना
यार मिले तो इज़्ज़त समझूँ कंजरी बनकर रहना

 नी मैं यार मनाना नी, चाहे लोग बोलियाँ बोलें
मैं तो बाज़ न आना नी, चाहे ज़हर सौतनें घोलें

मुखड़ा उसका चाँद का टुकड़ा, क़द सरो का बूटा
उसकी बाँह का हर-हर पोरा, लगता काँच है टूटा
यार मिले तो जग क्या करना, यार बिना जग सूना
जग के बदले यार मिले तो यार का मोल दूँ दूना

मैं तो नईं शर्माना नी, चाहे लोग बोलियाँ बोलें
मैं तो सेज सज़ाना नी, चाहे ज़हर सौतनें घोलें

थिरक रही मेरे पैर की झाँझर, झनक रहा मेरा चूड़ा
उड़-उड़ जाए आँचल मेरा, खुल-खुल जाए जूड़ा

बैठ अकेली करती थी मैं दीवारों से बातें
आज मिला वो यार तो बस गईं फिर से सूनी रातें

मैं तो झूमर पाना नी, चाहे लोग बोलियाँ बोलें
नच के यार मनाना नी, चाहे ज़हर सौतनें घोलें

बिछड़े यार ने फेरा डाला, प्रीत सुहागन हुई
आज मिली जो दौलत, उसका मोल न जाने कोई

[लक्ष्मीकान्त-प्यारेलाल/लता मंगेशकर]

आप न जाने मुझको समझते हैं क्या

दाग़; 1973

आप न जाने मुझको समझते हैं क्या?
मैं तो कुछ भी नहीं
इस क़दर प्यार इतनी बड़ी भीड़ का
मैं रखूँगा कहाँ?
इस क़दर प्यार रखने के क़ाबिल नहीं मेरा दिल मेरी जाँ
मुझको इतनी मुहब्बत न दो दोस्तो, सोच लो दोस्तो
इस क़दर प्यार कैसे सँभालूँगा मैं
मैं तो कुछ भी नहीं

प्यार इक शख़्स का भी अगर मिल सके
तो बड़ी चीज़ है ज़िन्दगी के लिए
आदमी को मगर ये भी मिलता नहीं, ये भी मिलता नहीं
मुझको इतनी मुहब्बत मिली आपसे
ये मेरा हक़ नहीं, मेरी तक़दीर है
मै ज़माने की नज़रों में कुछ भी न था
मेरी आँखों में अब तक वो तस्वीर है
इस मुहब्बत के बदले में क्या नज़्र दूँ
मैं तो कुछ भी नहीं

इज़्ज़तें, शुहरतें, चाहतें, उल्फ़तें
कोई भी चीज़ दुनिया में रहती नहीं
आज मैं हूँ जहाँ कल कोई और था
ये भी इक दौर है, वो भी इक दौर था

[लक्ष्मीकान्त-प्यारेलाल/राजेश खन्ना]

आज इतनी मुहब्बत न दो दोस्तो

दाग़; 1973

आज इतनी मुहब्बत न दो दोस्तो
कि मेरे कल की ख़ातिर न कुछ भी बचे
आज का प्यार थोड़ा बचाकर रखो
मेरे कल के लिए

कल जो गुमनाम है, कल जो सुनसान है
कल जो अनजान है, कल जो वीरान है
मैं तो कुछ भी नहीं
मैं तो कुछ भी नहीं

[लक्ष्मीकान्त-प्यारेलाल/राजेश खन्ना]

हवा चले कैसे हवा चले कैसे

दाग़; 1973

हवा चले कैसे हवा चले कैसे
ना तू जाने ना मैं जानूँ जाने वो ही जाने
हवा चले कैसे...2
ना तू जाने ना मैं...
घटा उड़े कैसे घटा उड़े कैसे
ना तू जाने ना मैं जानूँ जाने वो ही जाने
थाम अगर एक पंखुड़ी का हाथ चुपके-चुपके
फूल से तितली ने की क्या बात चुपके-चुपके
आ जरा करे पता वो शायद दे बता हवा चले कैसे...
न तू न मैं जानूं जाने वो ही जाने
पर्वतों के सर पे झुकती घटाएँ
डालियों को छूती ठंडी हवाएँ
ख़ामोशी के लय पे गाती फ़िज़ाएँ
मस्तियों में डूबी मीठी सदाएँ
कहो कौन भेजे कौन लाए कहाँ से लाये

बोलो कहाँ से लाये तुम भी सोचो मैं भी सोचूँ
मिल जुल के बुझे पहेली
हवा चले कैसे...
ना तू जाने ना मैं जानूँ जाने वो ही जाने
बोलो बर्फ़ की चादर किसने डाली है
बोलो धुँध में ये धूप किसने पाली है
कैसे मीठे सपनों का जादू चलता है
कैसे सूरज उगता है चँदा ढलता है
तुमको सब मालूम है टीचर हमको भी बतलाओ ना
सात समन्दर पार है एक सपनों का संसार
उसका जादूगर सरदार रखता परियों का दरबार
उसको आते खेल हज़ार करता सब बच्चों से प्यार
जाने जाने जाने वो ही जाने

[लक्ष्मीकान्त-प्यारेलाल/लता मंगेशकर]

आप क्या जानें मुझको समझते हैं क्या

दाग़; 1973

आप क्या जानें मुझको समझते हैं क्या, मैं तो कुछ भी नहीं
इस कदर प्यार इतनी बड़ी भीड़ मैं रखूँगा कहाँ
इस कदर प्यार रखने के काबिल नहीं
मेरा दिल मेरी जां, मुझको इतनी मोहब्बत न दो दोस्तो
सोच लो दोस्तो इस कदर प्यार कैसे सँभालूँगा मैं
आज इतनी मुहब्बत न दो दोस्तो
कि मेरे कल की ख़ातिर न कुछ भी बचे
आज का प्यार थोड़ा बचाकर रखो
मेरे कल के लिए
कल जो गुमनाम है, कल जो सुनसान है
कल जो अनजान है, कल जो वीरान है
मैं तो कुछ भी नहीं
मैं तो कुछ भी नहीं

[लक्ष्मीकान्त-प्यारेलाल/राजेश खन्ना]

संसार की हर शै का इतना ही फ़साना है

धुंध; 1973

संसार की हर शै का इतना ही फ़साना है
इक धुँध से आना है इक धुँध में जाना है

ये राह कहाँ से है, ये राह कहाँ तक है
ये राज़ कोई राही समझा है न जाना है

इक पल की पलक पर है ठहरी हुई ये दुनिया
इक पलक झपकने तक हर खेल सुहाना है

क्या जाने कोई किस पर किस मोड़ पर क्या बीते
इस राह में ऐ राही हर मोड़ बहाना है

हम लोग खिलौना हैं इक ऐसे खिलाड़ी का
जिसको अभी सदियों तक ये खेल रचाना है

[रवि/महेन्द्र कपूर]

उलझन सुलझे ना रस्ता सूझे ना

धुंध; 1973

उलझन सुलझे ना रस्ता सूझे ना
जाऊँ कहाँ मैं जाऊँ कहाँ?

मेरे दिल का अँधेरा हुआ और घनेरा
कुछ समझ न पाऊँ क्या होना है मेरा
खड़ी दोराहे पर
ये पूछूँ घबराकर
जाऊँ कहाँ मैं जाऊँ कहाँ?

वो साँझ भी आए, तन चीर के जाए
इस हाल में कोई किस तरह निभाए
न मरना रास आया
न जीना मन भाया
जाऊँ कहाँ मैं जाऊँ कहाँ?

बहुत की तद्बीरें, न टूटी ज़ंजीरें
रुत ग़म की मिटे ना, कोई आस फले ना
तक़दीर के आगे, मेरी पेश चले ना
जाऊँ कहाँ मैं जाऊँ कहाँ?

[रवि/आशा भोसले]

जो यहाँ था वो वहाँ क्योंकर हुआ

धुंध; 1973

जो यहाँ था वो वहाँ क्योंकर हुआ
दो जगह वो जाने-जाँ क्योंकर हुआ

दिल तड़पता है हमारे इश्क़ में, कहते हो तुम
ये भी कहते हो कि हम दिल को चुराकर ले गए

जो यहाँ था वो वहाँ क्योंकर हुआ
कोई भी क़ातिल नहीं मेरा अगर
फिर ये क़त्ले-नागहाँ[1] क्योंकर हुआ

धुआँ उठा तो कहीं आग भी लगी होगी
गला कटा तो छुरी भी कोई चली होगी
हुज़ूर आप अभी मेरे दोस्त हैं लेकिन
कोई तो होगा जिसे मुझ से दुश्मनी होगी

फिर ये क़त्ले-नागहाँ क्योंकर हुआ
आशिक़ों से पूछने आए हैं वो
उन पे क़ातिल का गुमाँ क्योंकर हुआ
ज़ुल्फ़ ज़ंजीर-सी
हर नज़र तीर-सी
जिस्म लहका हुआ
रंग दहका हुआ
आँख शोले की लौ

1. अचानक हत्या।

साँस बिजली की ज़ौ[1]
अश्रुओं की कमाँ[2]
दुश्मने-क़्लबो-जाँ[3]
हर थिरकती अदा
इक पयामे-क़ज़ा[4]
फिर भी देखे कोई
उनकी ये सादगी

आशिक़ों से पूछने आए हैं वो
उन पे क़ातिल का गुमाँ क्योंकर हुआ
जो यहाँ था वो वहाँ क्योंकर हुआ

[रवि/आशा भोसले]

जोबना से चुनरिया खिसक गई रे

धुंध; 1973

जोबना से चुनरिया खिसक गई रे...2
जोबना से चुनरिया जोबना से
चुनरिया खिसक गई रे जोबना से
दुनिया की नज़रिया बहक गई रे...2
जोबना से चुनरिया
नाजुक तन ओर उसपे जवानी
नाजुक तन और उसपे जवानी...2
हाय पतली कमरिया
हाय रे हाय रे पतली कमरिया
लचक गई रे
दुनिया की नज़रिया बहक गई रे
जोबना से चुनरिया...
बलखाती जुल्फें जो दुनिया ने देखीं...3
डाल फंसी गले में लटक गई रे...2
दुनिया की नज़रिया बहक गई रे
जोबना से चुनरिया...

---

1. प्रकाश, 2. धनुष जैसी भौंहें, 3. दिल और जान की दुश्मन, 4. मौत का सन्देश।

हाय ओय ओय ओय ओय
गुस्से में इनके ये तेवर तो देखो...
गुस्से में इनके ये तेवर तो देखो...2
जैसे बादल में बिजली कड़क गई रे
दुनिया की नज़रिया बहक गई रे
जोबना से चुनरिया...

[रवि/आशा भोसले, मन्ना डे]

तेरा मुझसे है पहले का नाता कोई

आ गले लग जा; 1973

तेरा मुझसे है पहले का नाता कोई
यूँ ही नहीं दिल लुभाता कोई
जाने तू या जाने ना
माने तू या माने ना

धुआँ-धुआँ-सा था वो समाँ
यहाँ-वहाँ, जाने कहाँ
तू और मैं वहीं थे पहले
देखा तुझे तो दिल ने कहा
जाने तू या जाने ना
माने तू या माने ना
देखो कभी खोना नहीं
कभी जुदा होना नहीं

आगे क्या है पाया मैं तो भूल ही गया
वादे गए बातें गईं
जागी-जागी रातें गईं
चाहा जिसे मिला नहीं
तो हमें भी गिला नहीं
अपना है क्या?

जीएँ-मरें चाहे कुछ कहो
तुमको तो जीना रास आ गया

जाने तू या जाने ना
माने तू या माने ना

[आर.डी. बर्मन/किशोर कुमार]

ऐ मेरे बेटे सुन मेरा कहना

आ गले लग जा; 1973

ऐ मेरे बेटे सुन मेरा कहना
चाहे दुख होवे हँसते ही रहना
ऐ मेरे बेटे...2
तू मेरे बेटे क्यूँ रोये
अँखियों के मोती क्यूँ खोये
मैं तेरा घोड़ा मैं हाथी
मैं तेरे दुख सुख का साथी
तेरा मैं सहारा हूँ तू मेरा सहारा है
जान से भी प्यारा है आजा आजा
ऐ मेरे बेटे सुन मेरा...2
रखना भरोसा उस पे सदा
जिसने है सबको जनम दिया
कल तेरा पापा रहे ना रहे
अब जो कहा फिर कहे ना कहे
कहा ना भुलाना तू
वही रखवाला है
उसी को बुलाना तू आजा आजा
ऐ मेरे बेटे सुन मेरा कहना
चाहे दुख होवे हँसते ही रहना
सोचा था क्या और क्या लाया
देते हुए जी भर आया
ले ये बैसाखी ले ले रे
मेरे अभागे होंठों से
इसी के सहारे चल
चल मेरे प्यारे चल

पापा के दुलारे चल आजा आजा
ऐ मेरे बेटे...
ऐ मेरे पापा सुन मेरा कहना
चाहे दुख होए हँसते ही रहना

[आर.डी. बर्मन/किशोर कुमार]

ना कोई दिल में समाया ना कोई पहलू में आया

आ गले लग जा; 1973

ना कोई दिल में समाया ना कोई पहलू में आया
जा के भी पास रहीं तुम ही
ओ जान-ए-जाँ जान-ए-मन जानती हो
ना कोई दिल में...2
क्यों तुमने दामन छुड़ाया तुम जानो मैं क्या बताऊँ
मुझमें ही कुछ ऐब होगा क्यों तुम पर तोहमत लगाऊँ
मैं तो यही कहूँगा पूछोगी जब भी
जा के भी पास रहीं तुम ओ जान-ए-जाँ
जान-ए-मन जानती हो
तुम जो मुझे दे गई हो इक ख़ूबसूरत निशानी
लिपटा के सीने से उसको कट जाएगी ज़िन्दगानी
मैं तो यही कहूँगा पूछोगी जब भी
जा के भी पास रहीं तुम ही ओ जान-ए-जाँ
जान-ए-मन जानती हो
ना कोई दिल में समाया...2

[आर.डी. बर्मन/किशोर कुमार]

ओ ठहरो मेरी जान

आ गले लग जा; 1973

ओ ठहरो मेरी जान
वादा करो नहीं छोड़ोगी तुम मेरा साथ
जहाँ तुम हो वहाँ मैं भी हूँ...2

छुओ नहीं देखो जरा पीछे रखो हाथ
जवाँ तुम भी हो जवाँ मैं भी हूँ...2
सुनो मेरी जाँ हँस के मुझे ये कह दो
भीगे-भीगे लबों की नरमी मेरे लिए है
जवाँ नज़र की मस्ती मेरे लिए है
हसीं अदा की शोख़ी मेरे लिए है
मेरे लिए ले के आई हो ये सौगात
जहाँ तुम हो वहाँ मैं भी हूँ
छुओ नहीं देखो...
मेरे ही पीछे आख़िर पड़े हो तुम क्यों
इक मैं जवाँ नहीं हूँ और भी तो हैं
हो मुझे ही घेरे आख़िर खड़े हो तुम क्यों
मैं ही यहाँ नहीं हूँ और भी तो हैं
जाओ जा के ले लो जो भी दे दे तुम्हें हाथ
जहाँ सब हैं वहाँ मैं भी हूँ
वादा करो...
जवान कई हैं लेकिन जहाँ में कोई
तुम सा हसीं नहीं है हम क्या करें
ओ तुम्हें मिलूँ मैं इसका तुम्हें यक़ीं है
हम को यकीं नहीं हैं हम क्या करें
ऐसे नहीं भूलो जरा देखो औकात
किसी का तो देना होगा दे दो मेरा साथ
जहाँ तुम हो...
जवां तुम हो...

[आर.डी. बर्मन/लता मंगेशकर, किशोर कुमार]

किसका रस्ता देखे ऐ दिल, ऐ सौदाई

जोशीला; 1973

किसका रस्ता देखे ऐ दिल, ऐ सौदाई
मीलों है ख़ामोशी, बरसों है तन्हाई
भूली दुनिया कभी की, तुझे भी मुझे भी

फिर क्यों आँख भर आई
कोई भी साया नहीं राहों में
कोई भी आएगा नहीं बाँहों में

तेरे लिए मेरे लिए कोई नहीं रोने वाला
झूटा भी नाता नहीं चाहूँ मैं
तू ही क्यों डूबा रहे आहों में

कोई किसी संग मरे, ऐसा नहीं होने वाला
कोई नहीं जो यूँ ही जहाँ में बाँटे पीर पराई
किस का रस्ता देखे ऐ दिल, ऐ सौदाई

तुझे क्या बीती हुई रातों से
मुझे क्या खोई हुई बातों से

सेज नहीं, चिता सही जो भी मिले सोना होगा
गई हो डोरी टूट हाथों से
लेना क्या छूटे हुए साथों से

ख़ुशी जहाँ माँगी तूने, वहीं मुझे रोना होगा
ना कोई तेरा, ना कोई मेरा, फिर किस की याद आई
किसका रस्ता देखे ऐ दिल, ऐ सौदाई

[आर.डी. बर्मन/किशोर कुमार]

शर्मा न यूँ, घबरा न यूँ, पर्दा किए ये रात है

जोशीला; 1973

शर्मा न यूँ, घबरा न यूँ, पर्दा किए ये रात है
तराना धड़कन का, न सीने में दबा, न कोई जानेगा
ये आपस की बात है

खोया-खोया है क्यों हर ख़ुशी है तेरी
फूल-से जिस्म की ताज़गी है तेरी
ये तुह्फ़ा गुलशन का न पा के यूँ गँवा
कि अब जो भी है, वो तेरे हाथ है
शर्मा न यूँ, घबरा न यूँ, पर्दा किए ये रात है

प्यासा-प्यासा है क्यों, ऐश का जाम ले
मैं तुझे थाम लूँ, तू मुझे थाम ले
बहाना भोलेपन का, बनाके न सता
कि बड़ी मुश्किल से फिर आती ये रात है
शर्मा न यूँ, घबरा न यूँ, पर्दा किए ये रात है

[आर.डी. बर्मन/आशा भोसले]

कुछ भी कर लो एक दिन तुमको मेरी होना होगा

जोशीला; 1973

कुछ भी कर लो एक दिन तुमको मेरी होना होगा
हमारा तुम्हारा ओ दिलबर दिलारा ना होगा गुज़ारा
अरे होगा...कुछ भी कर लो एक दिन तुमको मेरी होना होगा
बालों की महक मेरे लिए है अरे रे रे
गालों की चमक मेरे लिए है ला हाथ ला आ
हो ऐसे ना बहक मैं ना मिलूँगी ता रा रम
और कोई तक मैं ना मिलूँगी पीछे ना आ
अरे होगा...कुछ भी कर लो एक दिन तुमको मेरी होना होगा
होना है तुझे यूँ भी किसी की अरे रे रे
ऐसी भी क्या है मेरे में कमी ये तो बता आ
हो होना होगा जब मुझे किसी का ता रा रम
सोच लूंगी तब तेरे लिए भी जल्दी है क्या आ
हमारा तुम्हारा ओ दिलबर दिलारा न होगा गुज़ारा
अरे होगा...कुछ भी कर लो एक दिन तुमको मेरी होना होगा

[आर.डी. बर्मन/लता मंगेशकर, किशोर कुमार]

ओ सोना रूपा सोना रूपा लायो रे

जोशीला; 1973

ओ सोना रूपा सोना रूपा लायो रे
ये सोना ले जा रे ये रूपा ले जा रे
मुझे तो दिल दे जा मुझे तो दिल दे जा

सोना मिले तो लोग आजकल दिल को कभी ना लें
प्रीत के मुँह पर कालिख मल दें प्यार को ठोकर दें

ओ सखी री अब है ज़माना दूसरा
ये सोना ले जा रे ये रूपा ले जा रे
मुझे तो दिल दे जा मुझे तो दिल दे जा

जादू भरे इशारे सब झूठे हैं मतलब भरे सहारे सब झूठे हैं
वादे कभी ना सुनना पछताएगी
सपने कभी ना बुनना लुट जाएगी
सोना रूपा ले जा रे ये रूपा ले जा रे ये रूपा ले जा रे
मुझे तो दिल दे जा मुझे तो दिल दे जा
ओ सखी री अब है ज़माना दूसरा

पलकों तले ठिकाना कोई मांगे ना
दिल का भरा ख़ज़ाना कोई मांगे ना
अपना इन्हें ना कहना संसारी हैं
सदमे पड़ेंगे कहना व्योपारी हैं
ओ सखी री अब है ज़माना दूसरा
सोना रूपा ले जा रे ये रूपा ले जा रे
मुझे तो दिल दे जा मुझे तो दिल दे जा

[आर.डी. बर्मन/आशा भोसले]

जो बात इशारों में कही तुम नहीं समझे

जोशीला; 1973

जो बात इशारों में कही तुम नहीं समझे
हमने तो हज़ारों में कही तुम नहीं समझे
तुम नहीं समझे तुम नहीं समझे

हमने ये चाहा था कदमों में बस रहते
ओ लेकिन हम ये हसरत अपने मुँह से कैसे कहते
सांसों की पुकारों में कही तुम नहीं समझे
जो बात इशारों में कही तुम नहीं समझे

ओ हमने नींदें हारीं तुमने चाहत की
ओ भीगी रुत में तपते दिल पर
तुम बिन जो जो बीती
अश्कों की फुहारों में कही तुम नहीं समझे
जो बात इशारों में कही तुम नहीं समझो

[आर.डी. बर्मन/आशा भोसले]

महफ़िल में छुपाने पड़े जज़्बात किसी से

जोशीला; 1973

महफ़िल में छुपाने पड़े जज़्बात किसी से
होकर भी ना हो पाई मुलाक़ात किसी से

दिन रात कसक रहती है कुछ रोज से दिल में
ले बैठे हैं हम दर्द की सौगात किसी से

कुछ उनको तकल्लुफ़ सा है कुछ हमको हया सी
ऐसे में जो हो भी तो हो क्या बात किसी से

वो रात जो भर देती है दामन में सितारे
मांगी है मेरे दिल ने वही रात किसी से

[आर.डी. बर्मन/आशा भोसले]

काँप रही मैं अभी

जोशीला; 1973

काँप रही मैं अभी
जरा थम जानम
बाकी है रात अभी
हाँफ रही मैं
ले लूँ जरा दम जानम
ना कर ये बात अभी

तूने ओ मेरे जानी, जो है जी में ठानी
उससे डरूँ मैं, डरूँ मैं डरूँ मैं
तू जो पास मेरे आए जान मेरी जाए आहें भरूँ मैं
जाने दे रे रोक जरा हाथ अभी काँप रही मैं

अभी जरा थम जानम
बाकी है रात अभी
हाँफ रही मैं
ले लूँ जरा दम जानम
न कर ये बात अभी

अभी गुल हैं दिए सारे अभी
पास आजा प्यारे
बन जा दीवाना दीवाना
जरा मस्त मैं भी हो लूँ
तो ये तुझे बोलूँ तू है निशाना
मैं भी हूँ तू भी है साथ अभी
काँप रही मैं
अभी जरा थम जानम हाँफ रही मैं

[आर.डी. बर्मन/आशा भोसले]

दिल में जो बातें हैं चलो आज हम कह दें

जोशीला; 1973

दिल में जो बातें हैं चलो आज हम कह दें
कल का भरोसा क्या आओ इसी दम कह दें

हाँ थोड़ी हमें मोहलत दो ऐसे कैसे हम कह दें
पूरी ही समझ लेना चाहे जरा कम कह दें

आँखों ने चाहा दिल ने सराहा
पर मैं ज़ुबाँ से नहीं कह पाई
दिल की कहानी दिल में रही तो
मिट ना सकेगी कभी तनहाई

हो ख्वाबों में तुमको हर बात कह दी
ऐसे बताते हुए शरमाई
दिल में जो बातें हैं चलो आज हम कह दें
कल का भरोसा क्या इसी दम कह दें

ए सहेली रे आना
जी ना जलाओ नज़दीक आओ
हम चाहते हैं तुम्हें अपनाना
बढ़ने लगी है सीने की धड़कन
आगे ना आना वहीं रुक जाना

हो ना तुम पराई ना हम पराये
अपनों से कैसा भला शरमाना
मिलते ही मुझको अपने लगे तुम
कब मैंने जाना तुम्हें बेगाना
दिल में जो बातें हैं चलो आज हम कह दें
कल का भरोसा क्या इसी दम कह दें

[आर.डी. बर्मन/किशोर, आशा भोसले]

चुप हो आज कहो क्या बात है ज़रा बोलो ना

36 घंटे; 1974

चुप हो आज कहो क्या बात है ज़रा बोलो ना
ढल ना जाए कहीं ढलती रात ज़रा बोलो ना...2
ना तो जागती ना तो सोई सी बड़ी दूर हो कहीं खोई सी
ज़रा बोलो ना चुप हो आज कहो क्या है बात
ज़रा बोलो ना बोलो ना
ढल ना जाए कहीं ढलती रात
यूँ तो साथ हो सबके
पर जुदा-जुदा सी हो
इस हसीन महफ़िल में कुछ ख़फ़ा-ख़फ़ा सी हो
साँस की ख़ुशबू आँख का जादू
इस महफ़िल में घोलो न

चुप हो आज कहो क्या है बात
जरा बोलो न...
इन हसीन आँखों में बेरुख़ी नहीं सजती
फूल जैसे होंठों पे ख़ामोशी नहीं सजती
नाज ये क्या है राज़ ये क्या है
चुप ना रहो कुछ तो कहो दिल खोलो ना
चुप हो आज कहो क्या बात है ज़रा बोलो ना
ढल ना जाए रात कहीं ढलती रात ज़रा बोलो ना
ना तो जागती ना सोई सी
बड़ी दूर हो कहीं खोई सी
ज़रा बोलो ना चुप हो आज कहो क्या है बात
ज़रा बोलो ना बोलो ना
ढल ना जाए...

[सपन चक्रवर्ती/किशोर कुमार]

यहाँ बन्धु आते को है जाना

36 घंटे; 1974

यहाँ बन्धु आते को है जाना
कोई हो
यहाँ बन्धु आते को है जाना
बोले ये है बन्धु तोसे
बहती नदी कहती यही
उठती घटा चलती हवा
गाती यही गाना
कोई हो नहीं यहाँ, किसी का ठिकाना
बोले ये है बन्धु तोसे
जल की लहर कल हो कहाँ किसको ख़बर
बोले यही साँसों का तराना
कोई हो नहीं यहाँ...

[सपन चक्रवर्ती/मुकेश]

तीन लोक पर राज तिहारा

36 घंटे; 1974

तीन लोक पर राज तिहारा, चार खूँट तोरा धाम रे
तू जो करे सो होए, तुझ सा ना दूजा कोए
रखियो नज़र श्री राम रे...2
तीन लोक पर राज तिहारा चार खूट तोरा धाम रे...2
प्रभु तुमरे हाथ हजार, सदा रखियो लाज हमार...2
ओ तुम हो जगत के स्वामी, हम हैं मूर्ख अज्ञानी
गिरने लगे तो लीजो थाम रे, रखियो नज़र श्री राम रे
तोरी रचना सब संसार, तोरी लीला अपरम्पार...2
ओ संकट को टाले तू ही, डूबे को उबारे तू ही
दुख भंजन है तेरो नाम रे, रखियो नज़र श्री राम रे
तीन लोक पर राज तिहारा, चार खूट तेरा धाम रे
जो तू करे सो होए
तुझ सा दूजा ना कोए, रखियो नज़र श्री राम रे

[सपन चक्रवर्ती/महेन्द्र कपूर]

दिल में किसी के प्यार का जलता हुआ दीया

इक महल हो सपनों का; 1975

दिल में किसी के प्यार का जलता हुआ दीया
दुनिया की आँधियों से भला ये बुझेगा क्या
साँसों की आँच पा के भड़कता रहेगा ये
सीने में दिल के साथ धड़कता रहेगा ये
वो नक़्श क्या हुआ जो मिटाए से मिट गया
वो दर्द क्या हुआ जो दबाए से दब गया
दिल में किसी के प्यार का जलता हुआ दीया

ये ज़िन्दगी भी क्या है अमानत उन्हीं की है
ये शायरी भी क्या है इनायत उन्हीं की है

अब वो करम करें कि सितम उनका फ़ैसला
हमने तो दिल में प्यार का शोला जला लिया
दिल में किसी के प्यार का जलता हुआ दीया

[रवि/लता मंगेशकर]

इक महल हो सपनों का

इक महल हो सपनों का; 1975

अ, ब : इक महल हो सपनों का
फूलों भरा आँगन हो और साथ हो अपनों का

उड़ते बादल फ़र्श बनें और धुंद की हों दीवारें
छत के झिलमिल तारे तेरा-मेरा नाम पुकारें
इक महल हो सपनों का...

ब : सपनों के उस महल में बिखरें मुस्कानों के मोती
अ : मेरे प्यार की ख़ुशबू फैले तेरे प्यार की ज्योति

अ, ब : इक महल हो सपनों का...

अ : मैं तेरे नैनों पर कर दूँ अपना सब कुछ वारी
ब : मैं तेरी बाँहों में छुपकर भुलूँ दुनिया सारी

अ, ब : इक महल हो सपनों का...

[रवि/रवि, लता मंगेशकर]

देखा है ज़िन्दगी को कुछ इतने क़रीब से

इक महल हो सपनों का; 1975

देखा है ज़िन्दगी को कुछ इतने क़रीब से
चेहरे तमाम लगने लगे हैं अजीब-से

कहनी थी दिल की बात जिन्हें ढूँढ़ते थे हम
महफ़िल में आ गए हैं वो अपने नसीब से

नीलाम हो रहा था किसी नाज़नीं का प्यार
क़ीमत नहीं चुकाई गई इक ग़रीब से

तेरी वफ़ा की लाश पे ला मैं ही डाल दूँ
रेशम का ये कफ़न जो मिला है रक़ीब से

[रवि/किशोर कुमार]

ज़िन्दगी गुज़ारने को साथी एक चाहिए

इक महल हो सपनों का; 1975

ज़िन्दगी गुज़ारने को साथी एक चाहिए
हुस्न गर नहीं शराब ही सही
जब से वो गए हैं अपनी ज़िन्दगी में एक नया दौर आ गया है
उनसे कह दो अपने दिल में उनसे भी हसीन कोई और आ गया है

ज़र के आगे सर झुका के हुस्न बेवफ़ा हुआ
आज कोई हमसफ़र नहीं रहा तो क्या हुआ
मेरे हमसफ़र जनाब ही सही
ज़िन्दगी गुज़ारने को साथी एक चाहिए

इश्क़ और वफ़ा का सिर्फ़ नाम है, जहाँ में काम कुछ भी नहीं है
दिल की चाहे कितनी अज़मतें गिनाओ दिल का काम कुछ भी नहीं है
आज मैंने तय किया है हर तिलिस्म तोड़ना
एक नए रास्ते पे ज़िन्दगी को मोड़ना

अब ये फ़ैसला ख़राब ही सही
ज़िन्दगी गुज़ारने को साथी एक चाहिए
हुस्न गर नहीं शराब ही सही

[रवि/मोहम्मद रफ़ी]

मेरी चाहत रहेगी हमेशा जवाँ

मेहमान; 1975

मेरी चाहत रहेगी हमेशा जवाँ,
जिस्म ढलने से जज़्बात ढलते नहीं
मौत आने से भी प्यार मरता नहीं,
दम निकलने से अरमाँ निकलते नहीं

लाख तूफ़ान हो हम न घबराएँगे,
तू न आएगी मिलने तो हम आएँगे
जान पर खेलने से झिझकते हैं जो,
वो मुहब्बत की राहों पे चलते नहीं

हमने छोड़ा न छोड़ेंगे दामन तेरा,
जिसको अपना लिया उसको अपना लिया
हो सके तो हमें उम्र भर आज़मा,
मौसमों की तरह हम बदलते नहीं

तू मिले न मिले पर सलामत रहे,
दूर ही की सही मुझसे निस्बत रहे
ज़िन्दगी भर तेरी मुझको हसरत रहे,
हसरतों के बिना ख़्वाब पलते नहीं

[रवि/मोहम्मद रफ़ी]

राम रहीम कृष्ण करीम

मेहमान; 1975

राम रहीम कृष्ण करीम
यसू मसीह और इब्राहीम
सबकी है इक ही तालीम

भले कर्म कर दुनिया में ये कर्म हैं नेक कमाई
इन्हीं कर्मों में छुपी है सारे धर्मों की सच्चाई
जिसने अच्छे कर्म किए हर धर्म की लाज निभाई

सबकी है इक ही तालीम
राम रहीम कृष्ण करीम
यसू मसीह और इब्राहीम

ईश्वर से अल्लाह अलग, अल्लाह से ईश्वर जुदा नहीं
ये मत सोच तेरे कर्मों का उस मालिक को पता नहीं
सौ पर्दों में पाप करे तो फिर भी उससे छुपा नहीं

सबकी है इक ही तालीम
राम रहीम कृष्ण करीम
यसू मसीह और इब्राहीम

[रवि/महेन्द्र कपूर, दीदार सिंघ, मीनू पुरुषोत्तम, कोरस]

तुम भी चलो, हम भी चलें, चलती रहे ज़िन्दगी

ज़मीर; 1975

तुम भी चलो, हम भी चलें, चलती रहे ज़िन्दगी
न ज़मीं मंज़िल न आसमाँ, ज़िन्दगी है ज़िन्दगी

पीछे देखे न कब मुड़ के राहों में
मुझे मेरा दिल तुम्हें ले के बाँहों में
धड़कनों की ज़बाँ, नित कहे दास्तान
प्यार की झिलमिल छाँव में पलती रहे ज़िन्दगी

बहते चलें हम मस्ती के धारों में
गूँजते ही रहें सदा दिल के तारों में
अब रुके न कहीं प्यार का कारवाँ
नित-नई रुत के ढंग ढलती रहे ज़िन्दगी

[सपन चक्रवर्ती/किशोर कुमार]

आज तो जलाऊँगा मैं ख़ुशी के दीये

जमीर; 1975

आज तो जलाऊँगा मैं ख़ुशी के दीये
जीये मेरे दाता सदा यूँ तू जीये
आज तो जलाऊँगा मैं ख़ुशी के दीये
तेरे न्याय ने एक लिया था
दोगुना लौटाऊँगा
बड़े दिनों के बाद ख़ुशी का दिन आया
बड़े दिनों के बाद ख़ुशी का दिन आया
अरे आज कोई ना पूछो मुझसे
क्या मैंने पाया
बड़े दिनों के बाद ख़ुशी का दिन आया...3

[सपन चक्रवर्ती/महेन्द्र कपूर]

फूलों के डेरे हैं साये घनेरे हैं

जमीर; 1975

फूलों के डेरे हैं साये घनेरे हैं
झूम रही हैं हवाएँ
ऐसे नज़ारों में, खिलती बहारों में
प्यार मिले तो रुक जाएँ
फूलों के डेरे हैं...
कहीं भी आसमान के नीचे गाती निगाहों का
लहराती बाँहों का हार मिले तो रुक जाएँ...2
फूलों के डेरे हैं साये घनेरे हैं
झूम रही हैं हवाएँ
चले हैं दूर हम दीवाने कोई रसीला सा
बाँका सजीला सा यार मिले तो रुक जाएँ...2
यार मिले तो रुक जाएँ
फूलों के डेरे हैं साये घनेरे हैं
झूम रही हैं हवाएँ

ऐसे नज़ारों में खिलती बहारों में
प्यार मिले तो रुक जाएँ
हे प्यार मिले तो रुक जाएँ...

[सपन चक्रवर्ती/किशोर कुमार]

ज़िन्दगी हँसने गाने के लिए है पल दो पल

जमीर; 1975

ज़िन्दगी हँसने गाने के लिए है पल दो पल...2
इसे खोना नहीं खो के रोना नहीं...2
ज़िन्दगी हँसने गाने के लिए है...2

तेरे गिरने में तेरी हार नहीं
कि तू आदमी है अवतार नहीं...2
जो हो देश वो भेस बना प्यारे
चले जैसे काम चला प्यारे
प्यारे तू ग़म ना कर
ज़िन्दगी हँसने गाने के लिए है...2

जहाँ सच ना चले वहाँ झूठ सही...2
जहाँ हक ना मिले वहाँ लूट सही...2
यहाँ चोर हैं सब कोई साधु नहीं
सुख ढूँढ़ ले सुख अपराध नहीं
प्यारे तू ग़म ना कर
ज़िन्दगी हँसने गाने के लिए है पल दो पल...2
इसे खोना नहीं खोके रोना नहीं...2
ज़िन्दगी हँसने गाने के लिए है...

[सपन चक्रवर्ती/किशोर कुमार]

दीवारों का जंगल जिसका आबादी है नाम

दीवार; 1975

दीवारों का जंगल जिसका आबादी है नाम
बाहर से चुप-चुप लगता है अन्दर है कुहाम

दीवारों के इस जंगल में भटक रहे इनसान
अपने-अपने उलझे दामन झटक रहे इनसान

अपनी बीती छोड़ के आए कौन किसी के काम
बाहर से चुप-चुप लगता है अन्दर है कुह्राम
सीने ख़ाली, आँखें सूनी, चेहरे पे हैरानी
जितने घने हंगामे उसमें उतनी घनी वीरानी

रातें क़ातिल, सुब्हें मुजरिम, मुल्ज़िम है हर शाम
बाहर से चुप-चुप लगता है अन्दर है कुह्राम
हाल न पूछें, दर्द न बाँटें इस जंगल के लोग
अपना-अपना सुख है सबका अपना-अपना राग

कोई नहीं जो हाथ बढ़ाकर गिरतों को ले थाम
बाहर से चुप-चुप लगता है अन्दर है कुह्राम
बेबस को दोषी ठहराए इस जंगल का न्याय
सच की लाश पे कोई न रोए झूठ को सीस नवाए

पत्थर की इन दीवारों में पत्थर हो गए राम
बाहर से चुप-चुप लगता है अन्दर है कुह्राम

[आर.डी. बर्मन/मन्ना डे]

इधर का माल उधर का माल

दीवार; 1975

इधर का माल उधर का माल
इधर का माल उधर जाता है उधर का माल इधर आता है
अरे हम सब जाने हम सब जाने
अरे हम सब जाने किधर किधर
कितना घपला हो जाता है
इधर का माल उधर का माल
इधर का माल उधर जाता है उधर का माल इधर आता है...2
ऐ कितना धंधा कानूनी है कितना धंधा चोरी का...2
सागर सागर फैला है जल सुनहरी डोरी का
अरे माल पकड़कर कोई कोई...2

कितना माल बनाता है
हम सब जाने हम सब जाने...2
अरे हम सब जाने हम सब जाने
किधर किधर कितना घपला हो जाता है
इधर का माल उधर का माल
ऐ चोरों से कोतवाल मिले तो फिर चोरी कब रुकती है...2
मज़दूरों से आँख मिलाके आँख सभी की झुकती है
कस्टम से नेताओं के घर तक
कस्टम से नेताओं के घर तक किसका किससे नाता है
हम सब जाने हम सब जाने...2
अरे हम सब जाने हम सब जाने
इधर का माल उधर का माल

[आर.डी. बर्मन/भूपेन्द्र सिंह]

मैंने तुझे माँगा तुझे पाया है

दीवार; 1975

मैंने तुझे माँगा तुझे पाया है...2
आगे हमें जो भी मिले या ना मिले गिला नहीं
मैंने तुझे माँगा तुझे पाया है
तूने मुझे माँगा मुझे पाया है
छाँव घनी ही नहीं धूप कड़ी भी होती है राहों में
ग़म हो कि ख़ुशियाँ हों हमको सभी को लेना है बाँहों में
यों दुखी हो के जीने वाले क्या ये तुमको पता नहीं
मैंने तुम्हें माँगा तुझे पाया है
तूने मुझे माँगा मुझे पाया है
आगे हमें जो भी मिले या ना मिले गिला नहीं
मैंने तुझे...
ज़िद है तुम्हें तो लो लब पे न शिकवा, कभी ना लाएँगे
हँस के सहेंगे जो दर्द या ग़म ये जहाँ से पाएँगे
तुझको जो बुरा लगे ऐसा भी किया नहीं
मैंने तुझे माँगा तुझे पाया है

तूने मुझे माँगा मुझे पाया है
आगे हमें जो भी मिले या ना मिले गिला नहीं
मैंने तुझे माँगा तुझे पाया है...

[आर.डी. बर्मन/आशा भोसले, किशोर कुमार]

कोई मर जाए किसी पर ये कहाँ देखा है

दीवार; 1975

कोई मर जाए किसी पर ये कहाँ देखा है...2
छोड़िए छोड़िए हमने भी जहाँ देखा है...
कोई मर जाए किसी पर ये कहाँ देखा है...
हाँ छोड़िए, छोड़िए हमने भी जहाँ देखा है
जहाँ देखा है, जहाँ देखा है
छोड़िए छोड़िए...
आप मरते हैं हम पर बड़ी बात है
ये मोहब्बत मगर रात की रात है
आप मरते हैं हम पर ये बड़ी बात है...2
रात ढल जाएगी, बात टल जाएगी
हाँ रात ढल जाएगी...
ये तबीयत अजी कल सँभल जाएगी...2
इश्क़ करते हैं सभी, जान छिड़कते हैं सभी
ये मगर चन्द ही घड़ियों का समाँ देखा है
हाँ छोड़िए, छोड़िए हाँ छोड़िए हमने भी जहाँ देखा है
कोई मर जाए...
एक नई शक्ल का तुमको अरमान है
आज इस पे कल उस पे इमान है
नई शक्ल देखी मचल ही जाओगे...2
मौसमों की तरह बदल ही जाओगे...2
हमने पहले भी कई चाहने वाले देखे हैं
हमने पहले भी ये सब खेल मियाँ देखा है
हाँ छोड़िए छोड़िए हमने भी जहाँ देखा है
कोई मर जाए किसी पर...

[आर.डी. बर्मन/आशा भोसले, किशोर कुमार]

कभी-कभी मेरे दिल में ख़याल आता है

कभी-कभी; 1976

कभी-कभी मेरे दिल में ख़याल आता है
कि जैसे तुझको बनाया गया है मेरे लिए
तू अब से पहले सितारों में बस रही थी कहीं
तुझे ज़मीं पे बुलाया गया है मेरे लिए

कभी-कभी मेरे दिल में ख़याल आता है
कि ये बदन ये निगाहें मेरी अमानत हैं
ये गेसुओं की घनी छाँव है मेरी ख़ातिर
ये होंट और ये बाँहें मेरी अमानत हैं

कभी-कभी मेरे दिल में ख़याल आता है
कि जैसे बजती हैं शहनाइयाँ-सी राहों में
सुहागरात है घूँघट उठा रहा हूँ मैं
सिमट रही है तू शरमा के अपनी बाँहों में

कभी-कभी मेरे दिल में ख़याल आता है
कि जैसे तू मुझे चाहेगी उम्र भर यूँ ही
लुटेगी मेरी तरफ़ प्यार की नज़र यूँ ही
मैं जानता हूँ कि तू ग़ैर है मगर यूँ ही

कभी-कभी मेरे दिल में ख़याल आता है!

[खय्याम/लता मंगेशकर, मुकेश]

मैं पल-दो पल का शायर हूँ

कभी-कभी; 1976

मैं पल-दो पल का शायर हूँ
पल-दो पल मेरी कहानी है
पल-दो पल मेरी हस्ती है
पल-दो पल मेरी जवानी है

मुझसे पहले कितने शायर
आए और आकर चले गए
कुछ आहें भरकर लौट गए
कुछ नग़मे गाकर चले गए

वो भी इक पल का क़िस्सा थे
मैं भी इक पल का क़िस्सा हूँ
कल तुमसे जुदा हो जाऊँगा
गो आज तुम्हारा हिस्सा हूँ
मैं पल-दो पल का शायर हूँ

कल और आएँगे नग़मों की
खिलती कलियाँ चुनने वाले
मुझ से बेहतर कहने वाले
तुम से बेहतर सुनने वाले
क्यों मुझको कोई याद करे
मस्रूफ़ ज़माना मेरे लिए
क्यों वक़्त अपना बर्बाद करे

मैं पल-दो पल का शायर हूँ
पल दो पल मेरी जवानी है

[ख़य्याम/मुकेश]

प्यार कर लिया तो क्या प्यार है ख़ता नहीं

कभी-कभी; 1976

प्यार कर लिया तो क्या प्यार है ख़ता नहीं
तेरी-मेरी उम्र में किसने ये किया नहीं
तेरे होंट, मेरे होंट मिल गए तो क्या हुआ
दिल की तरह जिस्म भी मिल गए तो क्या हुआ

इससे पहले क्या कभी ये सितम हुआ नहीं
मैं भी होशमंद हूँ, तू भी होशमंद है

उस तरह जिएँगे हम, जिस तरह पसन्द है
उनकी बात क्यों सुनें, जिनसे वास्ता नहीं

रस्म क्या, रिवाज क्या, धर्म क्या समाज क्या
दुश्मनों का ख़ौफ़ क्यों, दोस्तों की लाज क्या
ये वो शौक़ है कि जिससे कोई भी बचा नहीं
प्यार कर लिया तो क्या प्यार है ख़ता नहीं
तेरी-मेरी उम्र में किसने ये किया नहीं

[खय्याम/किशोर कुमार]

मैं हर इक पल का शायर हूँ

कभी-कभी; 1976

मैं हर इक पल का शायर हूँ
हर इक पल मेरी कहानी है
हर इक पल मेरी हस्ती है
हर इक पल मेरी जवानी है

रिश्तों का रूप बदलता है
बुनियादें ख़त्म नहीं होतीं
ख़्वाबों की और उमंगों की
मीआदें[1] ख़त्म नहीं होतीं

हर फूल में तेरा रूप बसा
हर फूल में तेरी जवानी है
इक चेहरा तेरी निशानी है
इक चेहरा मेरी निशानी है

तुमको मुझको जीवन अमृत
इन हाथों से ही पीना है
इनकी धड़कन में बसना है
इनकी साँसों में जीना है

1. अवधि।

तू अपनी अदाएँ बख़्श इन्हें
मैं अपनी वफ़ाएँ देता हूँ
जो अपने लिए सोची थीं कभी
वो सारी दुआएँ देता हूँ

[खय्याम/मुकेश]

मेरे घर आई एक नन्ही परी

कभी-कभी; 1976

मेरे घर आई एक नन्ही परी
चाँदनी के हसीन रथ पे सवार
मेरे घर आई एक नन्ही परी

उसकी बातों में शहद जैसी मिठास
उसकी साँसों में इत्र की महकार
होंट जैसे कि भीगे-भीगे गुलाब
गाल जैसे कि दहके-दहके अनार
मेरे घर आई एक नन्ही परी

उसके आने से मेरे आँगन में
खिल उठे फूल, गुनगुनाई बहार
देखकर उसको जी नहीं भरता
चाहे देखूँ उसे हज़ारों बार
मेरे घर आई एक नन्ही परी

मैंने पूछा उसे कि कौन है तू
हँस के बोली कि मैं हूँ तेरा प्यार
मैं तेरे दिल में थी हमेशा से
घर में आई हूँ आज पहली बार
मेरे घर आई एक नन्ही परी

[खय्याम/लता मंगेशकर]

तेरे चेहरे से नज़र नहीं हटती नज़ारे हम क्या देखें

कभी-कभी; 1976

तेरे चेहरे से नज़र नहीं हटती नज़ारे हम क्या देखें
तुझे मिलके भी प्यास नहीं घटती नज़ारे हम क्या देखें
पिघले बदन तेरी तपती निगाहों से
शोलों की आँच आए बर्फ़ीली राहों से
लगे कदमों से आग लिपटती
नज़ारे हम क्या देखें...
रंगों की बरखा है ख़ुशबू का साथ है
किसको पता है अब दिन है या रात है
लगे दुनिया ही आज सिमटती
नज़ारे हम क्या देखें...
पलकों पे फैला तेरी पलकों का साया है
चेहरे ने तेरा मेरा चेहरा छुपाया है
तेरे जलवों की धुंध नहीं छँटती
नज़ारे हम क्या देखें...

[खय्याम/लता मंगेशकर, किशोर कुमार]

तेरा फूलों जैसा रंग तेरा शीशे जैसा अंग

कभी-कभी; 1976

(लड़का) अ : तेरा फूलों जैसा रंग तेरा शीशे जैसा अंग
पड़ी जैसे ही नज़र मैं तो रह गया दंग
(लड़की) ब : आते जाते करे तंग तेरे अच्छे नहीं ढंग
मैं तो करूँगी सगाई किसी दूसरे के संग
अ : हो मेरे होते कोई और करे तेरे बारे गौर...2
ये ना होगा किसी तौर चाहे चले छुरियाँ...2
अ : सीधे-सीधे हाँ करती है या चलना है थाने...2
ब : थाने जाते-जाते मर गए तुझ से कई दीवाने
अरे थाने जाते जाते...

अ : यूँ ही नखरे ना कर तेरी चोटी को पकड़...2
तुझे लाऊँगा मैं घर चाहे चले छुरियाँ
तुझे लाऊँगा मैं घर...
ब : हाय तेरी बातें हैं अजब अरे हो ले होना है जो अब
अ : तुझे मेरी ही कसम कहीं ढाना ना ग़ज़ब
हो तुझे छोड़ेंगे ना हम चाहे रोके हमें रब
ब : तू है है इतना ही तंग तो मैं रंगी तेरे रंग
ले मैं चली तेरे संग चाहे चलें छुरियाँ...2
अ : ओ दिल आने की बात है जब जो लग जाए प्यारा
दिल पर किसका जोर है दिल के आगे हर कोई हारा
हाय ओ मेरे यारा
ओ दिल आने की बात है जब जो लग जाए प्यारा
दिल पर किसका ज़ोर...
हो ओ ओ
अ : दिल मिलने से तेरा मेरा मेल है
ब : दिल मिलना मुक़द्दरों का खेल है
अ : ओ दिल मिलने का मेला ये जहान है
दिल मिलने से दुनिया जवान है
अ : हो ओ ओ तिरे इश्क़वाला कोई माने या न माने
दिल आने की बात है जब जो लग जाए प्यारा
दिल पर किसका ज़ोर है...
मोहब्बत हर दिल का आ हा, मोहब्बत हर दिल का अरमान
मोहब्बत हर धड़कन आ हा, मोहब्बत
मोहब्बत हर धड़कन की जान
किसी से कर ले तू हाँ, किसी से कर ले तू पहचान
किसी को दे दे दिल, किसी को दे दे दिल और जान
किसी को रख दिल में किसी को रख दिल में मेहमान
किसी को रख दिल में मेहमान
जवानी आती है हाय जवानी आती है एक बार
ये मौसम रहता है हाय ये मौसम रहता है दिन चार
ना खोना इस रुत को क्यों ना खोना इस रुत को बेकार
नहीं नित खिलता है ये क्या, नहीं नित खिलता ये गुलज़ार
किसी से कर लेना क्या किसी से कर लेना इकरार
किसी से कर लेना इकरार

ओ ओ किसी की ख़ातिर हों बदनाम यही है दिलवालों का काम
ज़माना चाहे दे इल्ज़ाम समझ हर तोहमत को इनाम
किसी से ले दिल का आ हा किसी से ले दिल का पैग़ाम
किसी को दे दिल का पैग़ाम...

[खय्याम/लता मंगेशकर, किशोर कुमार]

साड्डा चिड़िया का चंबा वे

कभी-कभी; 1976

साड्डा चिड़िया का चंबा वे, बाबुल असां उड़ जाना
साड्डी लम्बी उडारी वे बाबुल केडे देश जाना
सुर्ख जोड़े की ये जगमगाहट शोख बिंदिया की ये झिलमिलाहट
चूड़ियों का ये रंगीन तराना धड़कनों का ये सपना सुहाना
जगा जगा सा कजरे का जादू भीनी भीनी सी गजरे की ख़ुशबू
नरम होंठों का ये कंपकंपाना गरम चेहरे का ये तमतमाना
जिस्म का महका-महका पसीना हुस्न का दहका दहका नगीना
झांझनों का ये थम थम के बजना
ये सँवरना, निखरना ये सजना
किसकी ख़ातिर है किसके लिए है...2
तेरे महल दे विच विच वे बाबुल डोला नइयो लंगदा
एक एक पुता देवा पिए घर जा अपने...
साड्डा चिड़िया का चम्बा वे, बाबुल ऐसा उड़ जाना

[खय्याम/लता मंगेशकर]

इस रेशमी पाज़ेब की झनकार के सदक़े

लैला मजनूँ; 1976

ब : इस रेशमी पाज़ेब की झनकार के सदक़े
जिसने ये पहनाई है उस दिलदार के सदक़े

अ : उस ज़ुल्फ़ के क़ुर्बां लबो-रुख़सार के सदक़े
हर जल्वा था इक शोला हुस्ने-यार के सदक़े

ब : जवानी माँगती थी ये हसीं झनकार बरसों से
तमन्ना बुन रही थी धड़कनों के हार बरसों से
छुप-छुप के आने वाले तेरे प्यार के सदक़े

अ : जवानी सो रही थी हुस्न की रंगीं पनाहों में
चुरा लाए हम उनके नाज़नीं जल्वे निगाहों में
क़िस्मत से जो हुआ है उस दीदार के सदक़े

ब : नज़र लहरा रही है जिस्म पे मस्ती-सी छाई है
अ : दोबारा देखने के शौक़ ने हलचल मचाई है

ब : दिल को जो लग गया है उस आज़ार के सदक़े

[मदन मोहन/मोहम्मद रफ़ी, लता मंगेशकर]

हुस्न हाज़िर है मुहब्बत की सज़ा पाने को

लैला मजनूँ; 1976

हुस्न हाज़िर है मुहब्बत की सज़ा पाने को
कोई पत्थर से न मारे मेरे दीवाने को

मेरे दीवाने को इतना न सताओ लोगो
ये तो वहशी है तुम्ही होश में आओ लोगो
बहुत रंजूर है ये, ग़मों से चूर है ये
ख़ुदा का ख़ौफ़ खाओ बहुत मजबूर है ये
क्यों चले आए हो बेबस पे सितम ढाने को

मेरे जल्वों की ख़ता है जो ये दीवाना हुआ
मैं हूँ मुजरिम ये अगर होश से बेगाना हुआ
मुझे सूली चढ़ा दो कि शोलों में जला दो
कोई शिक्वा नहीं है जो जी चाहे सज़ा दो
बख़्श दो इसको मैं तैयार हूँ मर जाने को

पत्थरों को भी वफ़ा फूल बना सकती है
ये तमाशा भी सरे-आम दिखा सकती है
लो अब पत्थर उठाओ ज़माने के ख़ुदाओ
तुम्हें मैं आज़माऊँ मुझे तुम आज़माओ
अब दुआ अर्श पे जाती है असर लाने को
कोई पत्थर से न मारे मेरे दीवाने को

[मदन मोहन/लता मंगेशकर]

तेरे दर पे आया हूँ, कुछ करके जाऊँगा

लैला मजनूँ; 1976

तेरे दर पे आया हूँ, कुछ करके जाऊँगा
झोली भर के जाऊँगा या मरके जाऊँगा

तू सब कुछ जाने है, हर ग़म पहचाने है
जो दिल की उलझन है, सब तुझ पे रौशन है
घायल परवाना हूँ, वहशी दीवाना हूँ

दिल ग़म से हैराँ है, मेरी दुनिया वीराँ है
नज़रों की प्यास बुझा, मेरा बिछड़ा यार मिला

अब या ये ग़म छूटेगा वर्ना दम टूटेगा
अब जीना मुश्किल है, फ़रियादें लाया हूँ
तेरे दर पे आया हूँ...

[मदन मोहन/मोहम्मद रफ़ी]

बर्बाद मुहब्बत की दुआ साथ लिये जा

लैला मजनूँ; 1976

बर्बाद मुहब्बत की दुआ साथ लिये जा
टूटा हुआ इक़रारे-वफ़ा[1] साथ लिये जा

1. प्रेम प्रतिज्ञा।

इक दिल था जो पहले ही तुझे सौंप दिया था
ये जान भी ऐ जाने-अदा साथ लिये जा

तपती हुई राहों से तुझे आँच न पहुँचे
दीवानों के अश्कों[1] की घटा लिये जा

शामिल है मेरा ख़ूने-जिगर तेरी हिना[2] में
ये कम हो तो अब ख़ूने-वफ़ा साथ लिये जा

हम जुर्मे-मुहब्बत[3] की सज़ा पाएँगे तन्हा
जो तुझ से हुई हो वो ख़ता[4] साथ लिये जा

[मदन मोहन/मोहम्मद रफ़ी]

कहना इक दीवाना तेरी याद में आहें भरता है

लैला मजनूँ; 1976

अ : कहना इक दीवाना तेरी याद में आहें भरता है
लिखकर तेरा नाम ज़मीं पर उसको सज्दे करता है

चाक-गिरेबाँ ख़ाक-ब-सर फिरता है ख़ूनी राहों में
सायों को लिपटाता है और लैला-लैला करता है

तेरी एक झलक की ख़ातिर जान आँखों में अटकी है
जी का ऐसा हाल हुआ है जीता है न मरता है

ख़ुद को भूल गया है लेकिन याद नहीं भूला
दिल के जितने ज़ख़्म हैं उनमें तेरा ही अक्स उभरता है

ब : कहना मेरे दीवाने से लैला तेरी अमानत है
तेरी बाँहों में दम देगी तू जिसका दम भरता है

अ : सद्क़े जाऊँ उस क़ासिद पर जिससे ये पैग़ाम मिला
मेरा क़ातिल, मेरा मसीहा अब भी मुझ पर मरता है

[मदन मोहन/मोहम्मद रफ़ी, लता मंगेशकर]

---

1. आँसुओं, 2. मेहँदी, 3. प्रेम का अपराध, 4. ग़लती।

लैला मजनूँ दो बदन इक जान थे

लैला मजनूँ; 1976

लैला मजनूँ दो बदन इक जान थे
जज़्बए-ए-इश्क़ो-वफ़ा[1] की शान[2] थे
दो क़बीले आमरी और सरवरी
उन क़बीलों के थे ये नूरे-नज़र[3]
जिनके दिल में कर लिया उल्फ़त ने घर
और ये उल्फ़त इबादत[4] बन गई
हुक्मे-रब[5] मंशाए-क़ुदरत[6] बन गई
मक़्सद उनका का'बए-उल्फ़त बना
जल्वए-रुख़[7] दीद[8] की जन्नत बना
एक दिन मक्तब[9] में मुल्ला ने कहा
सब लिखो तख़्ती पे नाम अल्लाह का
सबने लिखा सिर्फ़ मजनूँ ही मगर
लैला-लैला लिख रहा था बेख़बर
तैश[10] उस पर आ गया उस्ताद को
कैसे सहता कुफ़्र[11] और इल्हाद[12] को
उसने मजनूँ को सज़ाए-सख़्त दी
हर सज़ा की ज़र्ब[13] लैला पर पड़ी
मौलवी काँपा ये मंज़र देखकर
आबदीदा[14] हो गया इस भूल पर
प्यार मासूमों का रुसवा[15] हो गया
जा-ब-जा[16] दोनों का चर्चा हो गया
जब सुना लैला के वालिद[17] ने ये हाल
शर्म आई और हुआ बेहद मलाल[18]
उसने लैला से कहा मक्तब न जाए
घर की चौखट से क़दम बाहर न लाए
एक दिन बेकार पहरे हो गए
लैला और मजनूँ अचानक खो गए

---

1. प्रेम भाव, 2. गौरव, 3. आँख की रौशनी, 4. उपासना, 5. ईश्वरादेश, 6. ईश्वरेच्छा, 7. मुख दर्शन, 8. दर्शन, 9. पाठशाला, 10. क्रोध, 11. अस्वीकृति, 12. नास्तिकता, 13. चोट, 14. रुआँसा, 15. बदनाम, 16. जगह-जगह, 17. पिता, 18. दुख।

दोनों सरदारों पे वहशत छा गई
मियान से तलवार बाहर आ गई
पर जो गुज़रे एक नख़्लिस्तान[1] से
देखते ही रह गए हैरान से
लैला मजनूँ खेल में मसरूफ़ थे
वालिदे-मजनूँ ने देखा ग़ौर से
और कहा लैला के वालिद से हुज़ूर
खेलने दीजे इन्हें कीजे न दूर
तैश में लैला के वालिद ने कहा
कल यही खेल इक वबा बन जाएगा
बददुआ होगा घरानों के लिए
शर्म होगा ख़ानदानों के लिए
ये कहा और खेंच कर लैला का हाथ
ले गया इस तरह उसको अपने साथ
फिर न कोई देखने पाया उन्हें
जाने किस बस्ती में ठहराया उन्हें

[जयदेव/राजकुमार रिज़्वी, अनुराधा प्रीति]

हो के मायूस तेरे दर से सवाली न गया

लैला मजनूँ; 1976

हो के मायूस तेरे दर से सवाली न गया
झोलियाँ भर गईं सबकी कोई ख़ाली न गया

तेरे दरबार में जो भी परेशाँ हो के आए
दुआएँ दे के जाए और मुरादें ले के जाए

तू रहमत का फरिश्ता है तू उजड़े घर बसाए
तू रूहों का मसीहा है तू हर ग़म को मिटाए

1. रेगिस्तान में हरा-भरा टुकड़ा।

अहले दिल अहले मोहब्बत पे इनायत तेरी
तूने डूबों को उबारा है ये शोहरत है तेरी

अनोखी शान तेरी निराली आन तेरी
तू मस्ती का ख़ज़ाना तेरा हर दिल दीवाना

तू महबूबे ख़ुदा है तू हर ग़म की दवा है
तभी तो सब कहते हैं...
होके मायूस तेरे दर से सवाली न गया

जमाले यार देखा है, रुखे दिलदार देखा
किसी का नाजनीं जलवा सरे दरबार देखा
तमन्नाओं के सहरा में हसीं गुलज़ार देखा

जबसे देखा है तुझे दिल का अजब आलम है।
जानो ईमाँ भी अगर नज़र करूँ तो कम है

था सुनने में आया तुझे वैसा ही पाया है
तू अरमानों का साहिल तू उम्मीदों की मंज़िल

तू हर बिगड़ी बनाए तू बिछड़ों को मिलाए
तभी तो कहते हैं कहते हैं कहते हैं,

होके मायूस तेरे दर से सवाली ना गया
झोलियाँ भर गईं सबकी कोई ख़ाली ना गया

[जयदेव/शंकर शंभू, अजीज नजा, अम्बर कुमार]

अब अगर हमसे ख़ुदाई भी ख़फ़ा हो जाए

लैला मजनूँ; 1976

अब अगर हमसे ख़ुदाई भी ख़फ़ा हो जाए
ग़ैरमुमकिन है कि दिल दिल से जुदा हो जाए

जिस्म मिट जाए कि अब जान फ़ना हो जाए
ग़ैरमुमकिन है कि दिल दिल से जुदा हो जाए
अब अगर हमसे ख़ुदाई भी ख़फ़ा हो जाए

जिस घड़ी मुझको पुकारेंगी तुम्हारी बाँहें
रोक पाएँगी न सहरा की सुलगती राहें

चाहे हर साँस झुलसने की सज़ा हो जाए
ग़ैरमुमकिन है कि दिल दिल से जुदा हो जाए
अब अगर हमसे ख़ुदाई भी ख़फ़ा हो जाए

लाख ज़ंजीरों में जकड़ें ये जमाने वाले
तोड़ कर बंद निकल आएँगे आने वाले

शर्त इतनी है कि तू जलवा-नुमाँ हो जाए
ग़ैरमुमकिन है कि दिल दिल से जुदा हो जाए
अब अगर हमसे ख़ुदाई भी ख़फ़ा हो जाए

जलजले आएँ गरजदार घटाएँ घेरें
खंदकें राह में हों तेज़ हवाएँ घेरें

चाहे दुनिया में क़यामत ही बरपा हो जाए
ग़ैरमुमकिन है कि दिल दिल से जुदा हो जाए
अब अगर हमसे ख़ुदाई भी ख़फ़ा हो जाए

[जयदेव/मोहम्मद रफ़ी, लता मंगेशकर]

क़ज़ा ज़ालिम सही ये ज़ुल्म वो भी कर नहीं सकती

लैला मजनूँ; 1976

क़ज़ा ज़ालिम सही ये ज़ुल्म वो भी कर नहीं सकती
जहाँ में क़ैस ज़िन्दा है तो लैला मर नहीं सकती

ये दावा आज दुनिया भर से मनवाने की ख़ातिर आ
ये दीवाने की ज़िद है अपने दीवाने की ख़ातिर आ

तेरे दर से मैं ख़ाली लौट जाऊँ क्या क़यामत है
तू मेरी रूह का काबा मेरी जाने इबादत है

जबीने शौक के सजदों को अपनाने की ख़ातिर आ
ये दीवाने की ज़िद है अपने दीवाने की ख़ातिर आ

मेरी दीवानगी की मेरी दहशत की कसम तुझको
गुरूरे इश्क़ की नाजे मोहब्बत की कसम तुझको

ज़माने को वफ़ा की शान दिखलाने की ख़ातिर आ
ये दीवाने की ज़िद है अपने दीवाने की ख़ातिर आ

मैं तेरे हुस्न का सजदा उतारूँ सामने आजा
गिरेबान धज्जियाँ कर कर के वारूं सामने आजा

शिकस्त पर परेशां हाल परवाने की ख़ातिर आ
ये दीवाने की ज़िद है अपने दीवाने की ख़ातिर आ
ज़माने को वफ़ा की शान दिखलाने की ख़ातिर आ

[जयदेव/मोहम्मद रफ़ी]

मेरा दिल चुरा कर ना आँखें चुरा

शंकर शंभू; 1976

मेरा दिल चुरा कर ना आँखें चुरा
मेरा दिल चुरा कर ना आँखें चुरा
सब कहेंगे तुझे बेवफ़ा बेवफ़ा
बेवफ़ा बेवफ़ा
देख दिल को लगा कर ना देना दगा
देख दिल को लगा...
सब कहेंगे तुझे बेवफा बेवफ़ा
बेवफ़ा बेवफ़ा
मेरा दिल चुरा कर ना आँखें चुरा
हमने दे दी है तुझको ज़ुबां
हो हमने दे दी है...
तेरे कदमों में निकलेगी जान...2

दिल का नाज़ुक सा है ये आईना...2
तोड़ देना ना हो मेहरबान...2
बनके टूटा अगर सिलसिला सिलसिला...2
सब कहेंगे तुझे बेवफ़ा बेवफ़ा
बेवफ़ा बेवफ़ा
मेरा दिल चुरा कर ना आँखें चुरा
ग़ैर के घर ना रखना कदम
हो ग़ैर के घर ना रखना कदम...
ये सितम सह ना पाएँगे हम...2
तूने अगर हमको धोखा दिया
तूने अगर...
ज़हर खा लेंगे तेरी कसम...2
जब जनाजा उठा प्यार का प्यार का...2
सब कहेंगे तुझे बेवफ़ा बेवफ़ा
बेवफ़ा बेवफ़ा
मेरा दिल चुरा कर ना आँखें चुरा

[कल्याणजी-आनन्दजी/सुमन कल्याणपुर]

ना जाओ रे

शंकर शंभू; 1976

ना जाओ रे
अगर निभाने की हिम्मत ना थी आपमें
अगर निभाने की...
दिल लगाना ना था दिल लगाना ना था
हाथ थामा था मेरा तो यूँ राह में
छोड़ जाना ना था छोड़ जाना ना था
अगर निभाने की...
ना जाओ रे
टूट जाए जो पल में वो इक़रार क्या

टूट जाए जो पल में...
जिसको दुनिया का डर हो वो दिलदार क्या
प्यार की राह में जब कदम रख दिया
प्यार की राह में...
डगमगाना ना था डगमगाना ना था
अगर निभाने की हिम्मत ना थी आपमें
दिल लगाना ना था दिल...
अगर निभाने की हिम्मत ना थी

[कल्याणजी-आनन्दजी/आशा भोसले]

भीगे हुए जलवों पर ऐसे ना नज़र डालो

शंकर शंभू; 1976

भीगे हुए जलवों पर ऐसे ना नज़र डालो
भीगे हुए जलवों पर...
भीगे हुए जलवों पर...
दिल चाहे इधर रखो पर आँख उधर डालो
भीगे हुए जलवों पर
इन गर्म निगाहों से जज़्बात भड़कते हैं
इन गर्म निगाहों से...
एहसास सुलगता है अरमां धड़कते हैं
रुक जाओ रुक जाओ
रुक जाओ अभी दिल पर इतना ना असर डालो
भीगे हुए जलवों पर इतना ना नज़र डालो
भीगे हुए...
सोई हुई धड़कन को ख़ुद तुमने जगाया है
सोई हुई...
साँसों से पुकारा है नज़रों से बुलाया है
मत अपनी ख़ताओं को
मत अपनी ख़ताओं को अब और के सर डालो

भीगे हुए जलवों पर ऐसे ना नज़र डालो
भीगे हुए जलवों पर
कब हमने कहा तुमसे हम तुम पे नहीं मरते
कब हमने कहा...
तुम कुछ भी कहो तुम पर इल्ज़ाम नहीं धरते
बेरहम हो बेरहम हो
बेरहम हो, क़ातिल हो ये क़त्ल भी कर डालो
दिल चाहे इधर रखो पर आँख उधर डालो...

[कल्याणजी-आनन्दजी/मोहम्मद रफ़ी, आशा भोसले]

ये दुनिया ये दुनिया ये दुनिया

शंकर शंभू; 1976

ये दुनिया ये दुनिया ये दुनिया
है नकली चेहरों का मेला
है नकली...
अरे ऊपर से कुछ और अन्दर से कुछ और
यूँ ही रहा सदा यूँ ही रहेगा ये दौर
कोई नहीं ऐसा देखा
जो बदल सके ये दौर बदल सके ये दौर
जो बदल सके...
ओये आ पहुँची है आ पहुँची है इस मेले में
साड्डी आज सवारी साड्डी आज सवारी
आए सच कहने और सच सुनने भी
आए सच कहने...
हमको है बीमारी हमको है बीमारी
अपनी इस बीमारी से है
अपनी इस...
वाक़िफ़ दुनिया सारी ओये आ पहुँची है
ओये आ पहुँची है इस मेले में
साड्डी आज सवारी...2

कैसे पीछे देखो दौड़ रही है
दौड़ रही है दौड़ रही है
कैसे पीछे...
आज के युग की नारी आज के युग की नारी
सलमा हो या सुलक्षणा... सलमा हो...
सलमा हो या...
रीता या करतारी रीता या करतारी इस व्यापारी
इस व्यापारी दुनिया दे विच धोखा है दिलदारी
ओए होए चुप हो जा ओ दिलदारा
तेरी अक्ल गई है मारी अक्ल गई है मारी
तू क्या जाने तू क्या समझे, नारी की दिलदारी
नारी चाहे जान से जाए, कभी न तोड़े यारी
ओए आ पहुँची है इस मेले में साड्डी यार सवारी
हमने माना बुरा काम है चोरी और चकारी
इन सब जुर्मों को जानती है कुरबत और बेकारी
डाके से भी बड़ा जुर्म है जनता से गद्दारी
अरे यारों ने बस चोरी की
लेकिन ये झक न मारी
अब सभी के भांडे फूटेंगे
अब सभी के ये खटके छूटेंगे
ओ बैठे बैठे वो छाती कूटेंगे
ओ लाख चिल्लाएँ पर न छूटेंगे
ले जाएगी लाद के इन सबको लारी सरकारी
ओ आ पहुँची है इस मेले में साड्डी सवारी

[कल्याणजी-आनन्दजी/सुलक्षणा पंडित, महेन्द्र कपूर, किशोर कुमार]

किया था जो तुम से वादा निभा दिया हमने

शंकर शंभू; 1976

किया था जो तुम से वादा निभा दिया हमने
तुम्हारी बज़्म में आकर दिखा दिया हमने

हो हो अब से आगे जो होना है वो भी सुन लीजै
और उसके बाद जो करना है शौक से कीजै
क्या कह रहे हो छोटे मियाँ...
हम लूटने आए हैं हम लूट के जाएँगे...2
अरे आप लोग ख़ामख़ां घबरा गए
भई हम दौलत के नहीं हुस्न के लुटेरे हैं
इस हुस्न के महफ़िल को हर रूह को हर दिल को
साँसों के तराने को धड़कन के ख़ज़ाने को
चाँद सितारों को रंगी बहारों को
हम लूटने आए हैं हम लूट के जाएँगे
सौ जाल बिछाए थे रस्ते में रक़ीबों ने
नाकाम किया उनको ख़ुद उनके नसीबों ने
हम उनके मुक़ाबिल थे वो जान नहीं पाए
और किस रंग में डूबे हैं पहचान नहीं पाए
हमें पहचान नहीं पाए
पछताएँगे वो जब होश में आएँगे
हम लूटने आए हैं हम लूट के जाएँगे
महफ़िल का हर एक जलवा जागीर हमारी
वो ख्वाब किसी का भी ताबीर हमारी
अपना भी तो कुछ हक है गुलशन की बहारों पर
शादाब नज़ारों पर फूलों की क़तारों पर इशरत के फ़सानों पर
इशरत के फ़सानों पर, राहत के ज़मानों पर
दुनिया की मशरत पर धरती ख़ज़ानों पर
फैली हुई ज़ंजीरें कुछ काम न आएँगी
तानी हुई शमशीरें कुछ काम ना आएंगी
पहरे की हक़ीक़त तुम ख़ुद ही समझ लोगे
है राजे हक़ीक़त क्या तुम ख़ुद ही समझ लोगे
उतरे हुए चेहरे को आईना दिखाएँगे
जिस शान से आए हैं उस शान से जाएँगे
हम लूटने आए हैं हम लूट के जाएँगे...

[कल्याणजी-आनन्दजी/जानी भाई कव्वाल, नजन]

मेह्रबाँ कैसे-कैसे, क़द्रदाँ कैसे-कैसे

जागृति; 1977

मेह्रबाँ[1] कैसे-कैसे, क़द्रदाँ[2] कैसे-कैसे
आज महफ़िल में आए हुए हैं

रिन्द[3] भी इनमें हैं पारसा[4] भी
कश्तिए-क़ौम[5] के नाख़ुदा[6] भी
मो'तबर[7] कैसे-कैसे, राहबर[8] कैसे-कैसे
आज मस्नद[9] सजाए हुए हैं

क़ौम की ख़िदमत काम है उनका
इस ख़िदमत से नाम है उनका
भूकों के ग़म में घुलते हैं
सोने-चाँदी में तुलते हैं
दूर उनकी बलाएँ, उन पे क़ुर्बान जाएँ
ये जो नज़रें झुकाए हुए हैं

साज़ और साज़ के नग़मे क्या हैं
हुस्न और हुस्न के जल्वे क्या हैं
शर्म है क्या और ग़ैरत[10] क्या है

इज़्ज़त क्या है, इस्मत[11] क्या है
ये हवस[12] के परिन्दे, नेक सूरत दरिन्दे
दाम सब पर लगाए हुए हैं

ये यतीमों[13] का हक़ खानेवाले
बेबसों पे सितम ढानेवाले
बस चले तो वतन बेच डालें
ये मन्दिरों के सनम[14] तक न छोड़ें

ये जो बदकारियों से, चोर बाज़ारियों से
शानो-शौकत बढ़ाए हुए हैं

[लक्ष्मीकान्त-प्यारेलाल/आशा भोसले]

1. दयालु, मित्र, 2. गुण पहचाननेवाला, 3. शराबी, 4. संयमी, 5. राष्ट्र की नाव, 6. नाविक, 7. विश्वसनीय, 8. नेता, 9. गोल तकिया, 10. लज्जा, स्वाभिमान, 11. सतीत्व, 12. लालसा, वासना, 13. अनाथ, 14 मूर्ति।

ऐ मेरे नन्हे गुलफ़ाम

जागृति; 1977

ऐ मेरे नन्हे गुलफ़ाम
मेरी नींदें तेरे नाम
तेरा बचपन पाक रहे
मुझ पर तो हैं सौ इल्ज़ाम

किसका पड़ा तुझ पर साया
किसने ये रस्ता दिखलाया?
कौन मुझे इस घर में लाया?
ये घर है रुसवा बदनाम

इन गलियों की क़िस्मत है
टूटे गजरे झूटे जाम
ज़ख़्मी सेजों की झंकार
घायल गीतों की गुंजार

दुखते मन की चीख़ पुकार
ऐयाशों के खेल का नाम
इन कूचों में होता है
अरमानों का क़त्ले-आम

इस बस्ती में ज़हर घुले
हर बोटी रोटी में तुले
इन गलियों की आँख खुले
जब धरती पर छाए शाम

सो न गया तो देखेगा
माँ बहनों के लगते दाम

[लक्ष्मीकान्त-प्यारेलाल/आशा भोसले]

दूर रहकर न करो बात, क़रीब आ जाओ

अमानत; 1977

दूर रहकर न करो बात, क़रीब आ जाओ
याद रह जाएगी ये रात, क़रीब आ जाओ

एक मुद्दत से तमन्ना थी तुम्हें छूने की
आज बस में नहीं जज़्बात, क़रीब आ जाओ

सर्द झोंकों से भड़कते हैं बदन में शोले
जान ले लेगी ये बरसात, क़रीब आ जाओ

इस क़दर हम से झिझकने की ज़रूरत क्या है
ज़िन्दगी भर का है अब साथ, क़रीब आ जाओ

[रवि/मोहम्मद रफ़ी]

भुस भर दिया मेरी चाहत में

अमानत; 1977

भुस भर दिया मेरी चाहत में
भुस भरने वाले लोगों ने
ये क्या किया देखो तो सही
मिल-जुलकर साले लोगों ने
करी सौ-सौ हेरा फेरी थी
तब जाके परी इक घेरी थी

मेरा जुड़ता टाँका तोड़ दिया
यूँ ऐब उछाले लोगों ने
पुरखों ने जो पूँजी जोड़ी थी
बस एक दुकाँ ही छोड़ी थी

उस एक दुकाँ के फाटक पर
लगवा दिए ताले लोगों ने
इस इश्क़ से यारो बच के रहो

इस इश्क़ में कितने लोगों के
मुँह कर दिए काले लोगों ने

[रवि/मन्ना डे]

मतलब निकल गया है तो पहचानते नहीं

अमानत; 1977

मतलब निकल गया है तो पहचानते नहीं
यूँ जा रहे हैं जैसे हमें जानते नहीं

अपनी ग़रज़ थी जब तो लिपटना क़ुबूल था
बाँहों के दायरे में सिमटना क़ुबूल था
अब हम मना रहे हैं मगर मानते नहीं

हमने तुम्हें पसन्द किया, क्या बुरा किया
रुतबा[1] ही कुछ बुलन्द[2] किया, क्या बुरा किया
हर इक गली की ख़ाक तो हम छानते नहीं

मुँह फेरकर न जाओ हमारे क़रीब से
मिलता है कोई चाहनेवाला नसीब से
इस तरह आशिक़ों पे कमाँ[3] तानते नहीं

[रवि/मोहम्मद रफ़ी]

बुझे-बुझे रंग हैं नज़ारों के

अमानत; 1977

बुझे-बुझे रंग हैं नज़ारों के
लुट गए क़ाफ़िले बहारों के
फूलों की तमन्ना की थी हार मिले ख़ारों के
लुट गए क़ाफ़िले बहारों के

1. पद, महत्ता, 2. ऊँचा, 3. कमान का लघु, धनुष।

बीती रुतों को कोई कैसे पुकारे
हम कल तलक थे सब के सब थे हमारे

आज मुहताज हैं सहारों के
लुट गए क़ाफ़िले बहारों के

कल ज़िन्दगी थी अपनी सुख का तराना
मरने का ढूँढ़ते हैं आज हम बहाना

कैसे-कैसे खेल हैं सितारों के
लुट गए क़ाफ़िले बहारों के

[रवि/आशा भोसले]

तेरी जवानी तपता महीना, ऐ नाज़जीना

अमानत; 1977

तेरी जवानी तपता महीना, ऐ नाज़जीना
छू ले नज़र तो आए पसीना, ऐ नाज़नीना

हाए ये तेरा लहरा के चलना, इठला के चलना
रह-रह के धड़के धरती का सीना, ऐ नाज़नीना

तेरे बदन में फूलों की नर्मी, शोलों की गर्मी
हर अंग तेरा तरशा नगीना, ऐ नाज़नीना

आँखों में बिजली, ज़ुल्फ़ों में बादल, साँसों में हलचल
तुझ-सी नहीं कोई क़ातिल हसीना, ऐ नाज़नीना

जीने का कोई सामान कर दे, एहसान कर दे
तेरे बग़ैर मुश्किल है जीना, ऐ नाज़नीना

[रवि/मोहम्मद रफ़ी]

साइकिल पे हसीनों की टोली

अमानत; 1977

अ : साइकिल पे हसीनों की टोली
देखी तो तबीअत यूँ बोली
ऐ काश कि हम साइकिल होते
उन हाथों में हैंडिल होते
पैरों के तले पैडिल होते
दबती-उठती सैंडिल होते
भर जाती मुरादों की झोली

ब : साइकिल पे जवानों की टोली
देखी तो तबीअत यूँ बोली
ऐ काश कि हम सैंडल होते
सोडे की भरी बोतल होते
तब ठीक से तुम टैकल होते
सब झगड़े अभी सेटल होते
पछताते कि नीयत क्यों डोली

अ : सड़कों पे परेड ये फ़ैशन की
इक शक्ल है इन्विटेशन की
गत कुछ भी बनाओ नेशन की
तुम जान हो इस जनरेशन की
जो दिल पे चलाते हैं गोली

ब : क्या बात है एजूकेशन की
हालत है ये सिविलाइज़ेशन की
कुछ शर्म करो पोज़ीशन की
यूँ हमसे जो कन्वरसेशन की
करवाओगे खोपड़ियाँ पोली

अ : कुछ नाज़ो-अदा के रूल बनें
रोमांस के कुछ स्कूल बनें

ब : तफ़रीह के हम क्यों टूल बनें
दिल देके तुम्हें क्यों फूल बनें
इतनी न हमें समझो भोली

ऐ काश कि हम सैंडल होते
सोडे की भरी बोतल होते
तब ठीक से तुम टैकल होते
सब झगड़े अभी सैटल होते
पछताते कि नीयत क्यों डोली

[रवि/मोहम्मद रफ़ी, मन्ना डे, आशा भोसले, उषा मंगेशकर]

हर तरफ़ हुस्न है जवानी है

त्रिशूल; 1978

अ : हर तरफ़ हुस्न है जवानी है
आज की रात क्या सुहानी है
रेशमी जिस्म सरसराते हैं
मरमरीं ख़्वाब गुनगुनाते हैं
धड़कनों में सुरूर फैला है
रंग नज़्दीको-दूर फैला है
दावते-इश्क़ दे रही है फ़िज़ा
आज हो जा किसी हसीं पे फ़िदा
मुहब्बत बड़े काम की चीज़ है

ब : मुहब्बत के दम से है दुनिया की रौनक़
मुहब्बत न होती तो कुछ भी न होता
नज़र और दिल की पनाहों के पीछे
ये जन्नत न होती तो कुछ भी न होता
यही एक आराम की चीज़ है

स : किताबों में छपते हैं चाहत के क़िस्से
हक़ीक़त की दुनिया में चाहत नहीं है

ज़माने के बाज़ार में ये वो शै है
कि जिसकी किसी को ज़रूरत नहीं है
ये बेकार बेदाम की चीज़ है

अ, ब : मुहब्बत बड़े काम की चीज़ है
स, द : ये बस नाम ही नाम की चीज़ है

अ : मुहब्बत से इतना ख़फ़ा होनेवाले
चल आ आज तुझको मुहब्बत सिखा दें
तेरा दिल जो बरसों से वीराँ पड़ा है
किसी नाज़नीनाँ को उसमें बसा दें
मेरा मश्विरा काम की चीज़ है

[खय्याम/किशोर कुमार, लता मंगेशकर, येसू दास]

आज हम इश्क़ का इज़हार करें तो क्या हो

त्रिशूल; 1978

अ : आज हम इश्क़ का इज़हार करें तो क्या हो?
ब : जान-पहचान से इनकार करें तो क्या हो?
अ : भरी महफ़िल में तुम्हें प्यार करें तो क्या हो?
ब : कोशिशें आपकी बेकार करें तो क्या हो?

अ : कहते डरती हो, दिल में मरती हो
जाने-मन तुम कमाल करती हो
आँखों-आँखों में मुस्कुराती हो
बातों-बातों में दिल लुभाती हो
नर्म साँसों की गर्म लहरों से
दिल के तारों को गुदगुदाती हो
इन सब बातों का मतलब पूछें तो
रंग चेहरे का लाल करती हो
जाने-मन तुम कमाल करती हो

ब : चुप भी रहिए ये क्या क़यामत है
आपकी भी अजीब आदत है
इतना हंगामा किसलिए आख़िर
प्यार है या कोई मुसीबत है
जब भी मिलते हो जाने तुम क्या-क्या
उल्टे-सीधे सवाल करते हो
जाने-मन तुम कमाल करते हो

अ : मस्तियाँ-सी फ़िज़ा में छाई हैं
वादियाँ रंग में नहाई हैं

ब : नर्म सब्ज़े पे शोख़ फूलों ने
मख़मली चादरें बिछाई हैं

अ : छोड़ो शर्माना ऐसे मौसम में
तबीअत क्यों निढाल करती हो
जाने-मन तुम कमाल करती हो

ब : जब भी मिलते हो जाने तुम क्या क्या
उल्टे-सीधे सवाल करते हो

[खय्याम/किशोर कुमार, लता मंगेशकर]

तू मेरे साथ रहेगा मुन्ने

त्रिशूल; 1978

तू मेरे साथ रहेगा मुन्ने!
ताकि तू जान सके
तुझको परवान चढ़ाने के लिए
कितने संगीन मराहिल[1] से तेरी माँ गुज़री
तू मेरे साथ रहेगा मुन्ने!

---

1. कठिन काम।

ताकि तू देख सके
कितने पाँव मेरी ममता के कलेजे पे पड़े
कितने ख़ंजर मेरी आँखों, मेरे कानों में गड़े
तू मेरे साथ रहेगा मुन्ने!

मैं तुझे रहम के साये में न पलने दूँगी
ज़िन्दगानी की कड़ी धूप में न जलने दूँगी
ताकि तप-तप के तू फ़ौलाद बने
माँ की औलाद बने
तू मेरे साथ रहेगा मुन्ने!

जब तलक होगा तेरा साथ निभाऊँगी मैं
फिर चली जाऊँगी उस पार के सन्नाटे में

और तारों से तुझे झाँकूँगी
ज़ख़्म सीने में लिये फूल निगाहों में लिये
तेरा कोई भी नहीं मेरे सिवा
मेरा कोई भी नहीं तेरे सिवा
तू मेरे साथ रहेगा मुन्ने!

[खय्याम/लता मंगेशकर]

शे'र का हुस्न हो, नग़्मों की जवानी हो तुम

नवाब साहब; 1978

शे'र का हुस्न हो, नग़्मों की जवानी हो तुम
इक धड़कती हुई शादाब कहानी हो तुम

आँख ऐसी कि कँवल तुमसे निशानी माँगे
ज़ुल्फ़ ऐसी कि घटा शर्म से पानी माँगे
जिस तरफ़ से भी नज़र डालो, सुहानी हो तुम

जिस्म ऐसा कि अजन्ता का अमल याद आए
संगे-मर्मर में ढला ताज महल याद आए
पिघले-पिघले हुए रंगों की जवानी हो तुम
शे'र का हुस्न हो, नग़्मों की जवानी हो तुम

उस जाने-दो-आलम[1] का जल्वा
पर्दे में भी है बेपर्दा भी है
मुश्ताक़[2] निगाहों का का'बा
पर्दे में भी है बेपर्दा भी है

बेचैन रहे आशिक़ की नज़र
थोड़ी-सी मगर तस्कीन[3] भी हो
उस पर्दानशीं[4] का ये मंशा[5]
पर्दे में भी है बेपर्दा भी है

क्या हुस्ने-ज़मीं[6], क्या रंगे-फ़लक[7]
सब उसके करिश्मे की है झलक

तारों में बसा है नूर उसका
फूलों में बसा है रंग उसका

ये रूप में शामिल रूप उसका
ये ढंग में शामिल ढंग उसका
अव्वल भी वही आख़िर भी वही
ओझल भी वही ज़ाहिर भी वही
मंसूर वही, सरमद भी वही
लाहद[8] भी वही और हद भी वही
शोला भी वही शबनम भी वही

सच ये है कि हैं ख़ुद हम भी वही
मख़्लूक़[9] से ख़ालिक़[10] का रिश्ता
पर्दे में भी है बेपर्दा भी है

---

1. दोनों लोकों की प्राण अर्थात नायिका, 2. अभिलाषी, 3. सन्तोष, 4. पर्दे में रहनेवाली, 5. इच्छा, 6. धरती का सौन्दर्य, 7. आकाश का रंग, 8. सीमाहीन, 9. प्राणियों, 10. ईश्वर।

वो मालिके-कुल[1], महबूब मेरा
सुनता है हर इक धड़कन की सदा
जब उसका इशारा होता है
तक़दीर सँवरने लगती है
मुद्दत से तरसते ख़्वाबों की
ताबीर[2] उभरने लगती है
सज्दे में झुकाकर सर अपना
माँगे जो कभी इनसान हुआ
हो जाती है हर मुश्किल आसाँ
मिल जाती है दर्दे-दिल की दुआ
है उसकी ये ख़ासुलख़ास[3] दुआ
पर्दे में भी है बेपर्दा भी है

[सी. अर्जुन/मोहम्मद रफ़ी, मन्ना डे]

अब से पहले तो ये दिल की हालत न थी

नवाब साहब; 1978

अब से पहले तो ये दिल की हालत न थी
आज क्या हो गया, आज क्या हो गया
ज़िन्दगी दूसरों की अमानत न थी
आज क्या हो गया आज क्या हो गया

कोई देखे हमें, कोई चाहे हमें और सराहे हमें
ये तमन्ना, ये ख़्वाहिश, ये हसरत न थी
आज क्या हो गया, आज क्या हो गया

अपने अन्दाज़ पर नाज़ करते
थे हम, हमको अपनी क़सम
ग़ैर से बात करने की फ़ुर्सत न थी
आज क्या हो गया, आज क्या हो गया

[सी. अर्जुन/मोहम्मद रफ़ी, उषा मंगेशकर]

---

1. दोनों लोकों का स्वामी, 2. स्वप्नफल, 3. विशेष।

उस जाने दो आलम का जलवा

नवाब साहब; 1978

उस जाने दो आलम का जलवा
अरे पर्दे में भी है बेपर्दा भी है
गुस्ताख़ निगाहों का काबा
अरे पर्दे में भी है बेपर्दा भी है

बेचैन रहे आशिक की नज़र
थोड़ी सी मगर तकसीन भी हो
उस पर्दानशीं का ये मंशा
अरे पर्दे में भी है बेपर्दा भी है

क्या हुस्न ए ज़मीं क्या रंगे फ़लक
सब उसके करिश्मों की है झलक
तारों में बसा है नूर उसका
फूलों में बसा है रंग उसका
हर रूप में शामिल रूप उसका
हर ढंग में शामिल ढंग उसका

क्या हुस्न ए जमीं क्या रंगे फ़लक
सब उसके करिश्मों की झलक

अव्वल भी वह आख़िर भी वही
ओझल भी वही ज़ाहिर भी वही
मंसूर वही सरमद भी वही
लाहद भी वही और हद भी वही
हाँ शोला भी वही शबनम भी वही
सच ये है कि है ख़ुद हम भी वही

मख़्लूक़ से ख़ालिक़ का रिश्ता
पर्दे में भी है बेपर्दा भी है
उस जाने दो आलम का जलवा

वो मालिक गुल महबूब मेरा
सुनता है हर एक धड़कन की सदा

जब उसका इशारा होता है
तक़दीर सँवरने लगती है
मुद्दत से तरसते ख्वाबों की
ताबीर उभरने लगती है
वो मालिके गुल महबूब मेरा
सुनता है हर एक धड़कन की सदा
सजदे में झुका कर सर अपना
मांगे जो कभी इनसान दुआ
हो जाती है हर मुश्किल आसाँ
मिल जाती है दर्दे दिल की दवा

वो मालिके गुल महबूब मेरा
सुनता है हर एक धड़कन की सदा
है उसकी ये ख़ास ख़ास अदा
पर्दे में भी है बेपर्दा भी
उस जाने दो आलम का जलवा

[मोहम्मद रफ़ी, सी. अर्जुन]

इक ख्वाबे तमन्ना भूले थे इक ख्वाबे तमन्ना फिर देखा

नवाब साहब; 1978

इक ख्वाबे तमन्ना भूले थे इक ख्वाबे तमन्ना फिर देखा
हालात की ख़ूबी क्या कहिए दिल फूंक तमाशा फिर देखा

उल्फ़त के महकते गुलशन में जो फूल खिले औरों ने चुने
अपनी तक़दीर में सहरा तक़दीर में सहरा फिर देखा

पहले भी कहाँ दिलशाद थे हम एक सहमी हुई फ़रियाद थे हम
अरमानों की नीयत फिर देखी ख्वाबों का जनाजा फिर देखा

हालात की ख़ूबी क्या कहिए दिलफूंक तमाशा फिर देखा
इक ख्वाबे तमन्ना भूले थे
इक ख्वाबे तमन्ना फिर देखा

हाँ इनकी ख़ुशी में हम ख़ुश हैं इस रूह में सारे ग़म ख़ुश हैं
ख़ुद सेज सज़ा कर औरों की आज अपने को तनहा फिर देखा
हालात की ख़ूबी क्या कहिए दिल फूँक तमाशा फिर देखा

[सी. अर्जुन/आशा भोसले]

हममें है क्या कि हमें कोई हसीना चाहे

नवाब साहब; 1978

हममें है क्या कि हमें कोई हसीना चाहे
सिर्फ जज़्बात हैं जज़्बात में क्या रखा है
हममें है क्या...

किसकी तक़दीर में हैं उनके महकते केश
किसके घर फैलेगा उस मस्त नज़र का जादू
इन परेशान सवालात में क्या रखा है
हममें है क्या कि हमें कोई हसीना चाहे
इतना दीवाना ना बन ऐ दिल ए बेताब सँभल
वो अगर मिल भी लिए तुझसे तो इतना ना मचल
बेताल्लुक सी मुलाक़ात में क्या रखा है
हममें है क्या कि हमें कोई हसीना चाहे

मुस्कुराहट को मोहब्बत का इशारा न समझ
मिल लिए होंगे वो यूँ ही उन्हें अपना ना समझ
ऐसे नादान ख़यालात में क्या रखा है
हममें है क्या कि हमें कोई हसीना चाहे

[सी. अर्जुन/मोहम्मद रफ़ी]

लड़के की आज मैं मुबारकबादी देने आई

नवाब साहब; 1978

लड़के की आज मैं मुबारकबादी देने आई
मुबारकबादी देने आई सलामतवादी गाने आई

चंदन का पालना लाई हाय रेशम की डोरी लाई
कुर्ता और टोपी लाई हाथ हँसली और कंगना लाई
देना सरकार मोरे मनमानी मुराद पाई
लड़के की आज मैं मुबारकबादी देने आई

हाय एक रूपलली हाय हाय
इनके खालू देखा री दैया
इनकी मामी दैया रे दैया
उनके चाचा दैया रे दैया
बच्चा, बच्चा पे शोभे, हीरा मोती पन्ना जैसे
चाँद के आसपास तारामंडल चमके जैसे
देना सरकार मोरे मनमाँगी मुराद पाई
लड़के की आज मैं मुबारकबादी देने आई

[सी. अर्जुन/जानी व्हिस्की]

सिमटी हुई ये घड़ियाँ फिर से न बिखर जाएँ

चम्बल की क़सम; 1979

ब : सिमटी हुई ये घड़ियाँ फिर से न बिखर जाएँ

अ : इस रात में जी लें हम, इस रात में मर जाएँ

अ : अब सुबह न आ पाए, आओ ये दुआ माँगे

ब : इस रात के हर पल पे रातें ही उभर जाएँ

अ : दुनिया की निगाहें अब हम तक न पहुँच पाएँ

ब : तारों में बसें चलकर धरती में उतर जाएँ

अ, ब : हालात के तीरों से छलनी हैं बदन अपने
पास आओ कि सीने के कुछ ज़ख़्म तो भर जाएँ

अ : आगे भी अँधेरा है पीछे भी अँधेरा है
अपनी हैं वही साँसें जो साथ गुज़र जाएँ

अ, ब : बिछड़ी हुई रुहों का ये मेल सुहाना है
इस मेल का कुछ एहसाँ जिस्मों पे भी कर जाएँ
तरसे हुए जज़्बों को अब और न तरसाओ
तुम शाने पे सर रख दो हम बाँहों में भर जाएँ

[खय्याम/मोहम्मद रफ़ी, लता मंगेशकर]

चंदा रे, मेरे भैया से कहना

चम्बल की क़सम; 1979

चंदा रे, मेरे भैया से कहना
बहना याद करे

क्या बतलाऊँ कैसा है वो
बिलकुल तेरे जैसा है वो
तू उसको पहचान ही लेगा
देखेगा तो जान ही लेगा
तू सारे संसार में चमके
हर बस्ती हर गाँव में चमके
कहना अब घर वापस आ जा
तू है घर का गहना,
बहना याद करे

राखी के धागे सब लाएँ
कहना अब न राह दिखाएँ
माँ के नाम की क़समें देना
भेंट मेरी की रस्में देना
पूछना उस रूठे भाई से
भूल हुई क्या माँ जाई से
बहन पराया धन है कहना
उसे सदा नहीं रहना
बहना याद करे
ओ चंदा रे, मेरे भैया से कहना

[खय्याम/लता मंगेशकर]

जाने-मन जो तेरी मंशा है, वो हम जानते हैं

चम्बल की क़सम; 1979

डाकू : जाने-मन जो तेरी मंशा है, वो हम जानते हैं

पुलिस : तू किसी भेस में आए तुझे पहचानते हैं

डाकू : तुम बड़ी तेज़ नज़र रखते हो, हम मानते हैं

पुलिस : हम से बचता नहीं मुजरिम, ये सभी जानते हैं

डाकू : कौन है मुजरिम कौन है मुंसिफ़, बहस है ये बेकार
मुजरिम कौन नहीं मेरे यार, मुजरिम कौन नहीं मेरे यार

पुलिस : एक तुम्हीं हो नेक जहाँ में बाक़ी सब बदकार
मतलब ये निकला मेरे यार, मतलब ये निकला मेरे यार

डाकू : डाके के हैं रूप हज़ारों, क़त्ल के लाखों धन्दे
अक़्ल से बढ़कर लूट कमाएँ साहूकार के फन्दे
पानी के इंजेक्शन बेचें धन के लोभी बन्दे
देश के सेवक बनकर नेता खाएँ क़ौम के चन्दे
चोर पकड़ने वाले देखें चोर को साझेदार

पुलिस : भाषण रहने दे मेरे यार, भाषण रहने दे मेरे यार
जनता और सरदार के मुजरिम हैं सब ऐसे बन्दे
जिनकी गर्दन नापेंगे इक दिन क़ानून के फन्दे
जनता उनके ख़ून से अपने हाथ करे क्यों गन्दे
हम मौजूद हैं हम रोकेंगे सारे काले धन्दे

तुम ख़ुद ही बन बैठे हो, क़ानून के ठेकेदार
तुमको क्या बोलें सरकार, तुमको क्या बोलें सरकार

डाकू : लम्बा है क़ानून का रस्ता और वकालत महँगी
पापों के बोझ से टूट के रह गई सच और न्याय की बहँगी
हमने ख़ुद बन्दूक़ उठा ली, खेंच ली ख़ुद तलवार
इसमें क्या बिगड़ा मेरे यार, इसमें क्या बिगड़ा मेरे यार

पुलिस : ख़ून का बदला ख़ून चला तो ख़ून बहेगा सदियों
आँगन-आँगन, द्वारे-द्वारे सोग रहेगा सदियों
नफ़रत से नफ़रत बढ़ती है, प्यार का फल है प्यार
नफ़रत जाने दे मेरे यार, नफ़रत जाने दे मेरे यार

डाकू : क़ातिल को जो क़त्ल करे उसको क़ातिल मत कहना
कायर बनने से बेहतर है बाग़ी बनकर रहना

पुलिस : कायर वो जो हथियारों के बल पर जीना सीखे
इंसाँ होकर इनसानों के ख़ून को पीना सीखे
अब भी सुधर जा, अब भी खुले हैं पश्चात्ताप के द्वार
नफ़रत जाने दे मेरे यार, नफ़रत जाने दे मेरे यार

डाकू : हमको पश्चात्ताप सिखाते मर गए कितने ज्ञानी

पुलिस : वो ख़ाली ज्ञानी होंगे पर हम हैं ज्ञानी-ध्यानी

डाकू : करते रहे हैं करते रहेंगे हम यूँ ही मनमानी

पुलिस : आगे भी मनमानी की तो गोली पड़ेगी खानी

डाकू : मार सके जो हमें वो गोली बनी नहीं है जानी

पुलिस : बनी तो है पर हमने अब तक चाही नहीं चलानी

डाकू : आज ये हसरत पूरी कर लो मौक़ा है लासानी

[खय्याम/महेन्द्र कपूर, मन्ना डे]

परमेश्वर रखवाला तेरा परमेश्वर रखवाला

चम्बल की क़सम; 1979

परमेश्वर रखवाला तेरा परमेश्वर रखवाला
वो ही माता वो ही पिता है मैंने तो बस पाला
सुख-सपने साकार हुए जब मैंने तुझको पाया

तीन लोक के साईं तेरे सर पर रखे साया
तू मेरा नन्हा मनमोहन तू मेरा नन्द लाला
परमेश्वर रखवाला तेरा परमेश्वर रखवाला

जिस दाता की देन है तू उस पर ममता बलिहारी
निस दिन महके-लहके तेरे जीवन की फुलवारी
हँसता-बसता देख के तुझको मन हुआ मतवाला
परमेश्वर रखवाला तेरा परमेश्वर रखवाला

[खय्याम/लता मंगेशकर]

चाहे कोई रोके रे साथी टोके कोई रोके रे

काला पत्थर; 1979

चाहे कोई रोके रे साथी टोके कोई रोके रे
नवयुग आएगा नवयुग आएगा
तनी हुई बाँहों का रेला बढ़ता ही जाएगा
ख़ून माटी के भाव बिक नहीं पाएगा
धूम मचे धूम आज की रैना भोर हुए तक जागे जवानी
हो सुबह तक हम कहें एक कहानी झूमती धड़कनों की जवानी
धूम मचे धूम आज की रैना भोर हुए तक जागे जवानी

जब तलक ये रात चले प्यार की ये बात चले
तेरी मेरी मेरी तेरी पलकें ना झपकें रंग लहराते रहें
अंग थर्राते रहें तपे तपे चेहरों से शोले सी लपकें
हो ओ तो को तोहरी ही कसम कर मत और ज़ुल्म
हमको दई दे अँगूठी निशानी तोरी होगी बड़ी मेहरबानी

अरे क्या समझता हमको रे प्राणी
हमरा काटा तो मांगे ना पानी
धूम मचे धूम आज की रैना भोर हुए तक जागे जवानी

मस्ती कुछ और बढ़े नशा कुछ और चढ़े
दुख वाला ध्यान कोई आज हमें आए ना

दुख जो आए तो क्या ग़म सताए तो क्या
आदमी को चाहिए कभी घबड़ाए ना
हो ओ टूटने वाला है दम खाए जाता ये ग़म

बने दुलहन मेरी बिटिया रानी उम्र घर में पड़े ना बितानी
है हर मुसीबत है आनी ते जानी
है ये अपने गुरु की है वाणी
धूम मचे धूम आज की रैना भोर हुए तक जागे जवानी

पले ना सोग जहाँ सुखी हों लोग जहाँ
हमको है ऐसी दुनिया बसानी सीनों में आग लिए
होंठों पर राग लिए हमको अंधेरों में है शमा जलानी
हो ओ काले पत्थर की कसम जब तलक दम है दम
हम ये देखेंगे रस्में पुरानी कर ना पाया यहाँ हुक्मरानी

है आज से है हमने दिल में ठानी
लाएँगे एक नयी रुत सुहानी
धूम मचे धूम आज की रैना
भोर हुए तक जागे जवानी

[एस.के. महन, राजेश रोशन/लता मंगेशकर, महेन्द्र कपूर, मोहम्मद रफ़ी]

मुझे प्यार का तोहफ़ा देके तपती बाँहों में लेके

काला पत्थर; 1979

मुझे प्यार का तोहफ़ा देके तपती बाँहों में लेके
मेरी हर सांस में प्यास जगा दी तुमने क्या किया

है तुमने इतना उकसाया दिल रोके रुक ना पाया
मेरे एहसास में आग लगा दी तुमने क्या किया

एक छेड़ थी वो यूँ ही थी तुम जिसको हक़ीक़त समझे
जब छेड़ न सँभले पाई हम उसको मोहब्बत समझे
हो उस छेड़ पे सदके जाएँ जिस छेड़ से तुमको पाएँ
ज़रा सी छेड़ ने बात बना दी तुमने क्या किया

दिल एक दिन तो जाना था हमने सोचा जाने दो हाय
इस दिल को थाम के रखो इतना ना लहराने दो ओ
ये दिल कब लहराता था हर एक से कतराता था
तुम्हीं ने मेल की राह सुझा दी तुमने क्या किया

थमने दो मेरी धड़कन ऐसी भी क्या वहशत है
हमने अपनी कह दी है तुम बोलो क्या नियत है हो ओ

बोलूँ तो कैसे बोलूँ दिल अपना कैसे खोलूँ
मेरे होंठों पर मुहर लगा दी तुमने क्या किया
मुझे प्यार का तोहफ़ा देके तपती बाँहों में लेके
मेरी हर साँस में प्यास जगा दी
तुमने इतना उकसाया दिल रोके रुक न पाया,
मेरे एहसास में आग लगा दी, मैं क्या करूँ

[राजेश रोशन/मोहम्मद रफ़ी, उषा मंगेशकर]

इश्क़ और मुश्क कदे ना छुपदे

काला पत्थर; 1979

इश्क़ और मुश्क कदे ना छुपदे
ते चाहे लख छुपाइए

ओय अखां लख छुपा के चलिए
ते पल्ला लख बचाइए

इश्क़ है सच्चे रब दी रहमत
इश्क़ है सच्चे रब दी रहमत इश्क़ ते क्यों शरमाइए
चढ़ दे चंद ने चढ़के रहना कान्नू पर्दे पाइए...
जग्गेया जग्गेया जग्गेया कदे इश्क़ छुपण नैयों लगेया
दुनिया दी इस भीड़ दे अन्दर जे कोई अपणा पाइए
अपणे नूं ख़ुशकिस्मत कहिए रब दा शुकर मनाइए
दिल बदले दिल मिले ते यारा हो सौदा चट चुकाइए
अम्बर ते जो स्वर्ग बसे ओ धरती ते लै आइए

ओ दुनिया चार दिनां दा मेला हो मत्थे बल ना पाइए
होय कौन भले कौन मंदे जग बिच्च सबण नाल निभाइए

जग्गेया जग्गेया जग्गेया
सान्नू कौल ऐ सच्चा लगेया
पापां दी इस नगरी अन्दर फिस दे ऐव गिनाइए
अपने अन्दर जद जद तकिए अपणे तें शर्माइए
जग्गेया जग्गेया जग्गेया सान्नू कौल ऐ सच्चा लगेया

[एस. के. महन, राजेश रोशन/महेन्द्र कपूर, पामेला चोपड़ा]

मेरी दूरो से आई बारात मैया मैं तो पाउनी

काला पत्थर; 1979

मेरी दूरो से आई बारात मैया मैं तो पाउनी
बलमा छैल छबीला मन को मोहे
जोड़ा रंग रंगीला तन पे सोहे बलमा
पड़ा पांव ये किसका आंगन में
खिले फूल से मेरे तन मन में
छूटा मैके की गलियों का साथ मैया मैं तो पाउनी
मेरी दूर से आई बारात मैया मैं तो पाउनी
ले गए दिल को लूट के तेरे बोल रसीले
घायल कर गए हाय जान को तेरे नैन क़टीले
मैं तो वारी जाऊँ बलिहारी जाऊँ
जब मुखड़ा देखूँ दर्पण में तेरी सूरत उभरे नैनन में
भली लागे ना नैहर की बात मैया मैं तो पाउनी
वार दिया मैंने तुझ पर दिल वार दिया
हार दिया मैंने सब कुछ अरे हार दिया
मार दिया तूने ज़ुल्मी हाय मार दिया
तेरा नाम बसे मेरी धड़कन में
तेरा रूप बसे मेरे सपनन में
लिया साजन ने हाथों में हाथ मैया मैं तो पाउनी
मेरी दूरो से आई बारात...

[राजेश रोशन/लता मंगेशकर]

बाँहों में तेरी मस्ती के घेरे

काला पत्थर; 1979

ब : बाँहों में तेरी मस्ती के घेरे
अ : साँसों में तेरी ख़ुशबू के डेरे
ब : मस्ती के घेरों में
अ : ख़ुशबू के डेरों में
अ, ब : हम खोए जाते हैं
अ : ख़्वाबों में जिसको तन्हा जवानी
बरसों से तकती थी हाँ तू वही है
ब : छूने से जिसके सीने में मेरे लौ जाग सकती थी हाँ तू वही है
अ : कुछ ख़्वाब मेरे, कुछ ख़्वाब तेरे
ब : यूँ मिलते जाते हैं, दिल खिलते जाते हैं, लब गुनगुनाते हैं
अ : साँसों में तेरी ख़ुशबू के डेरे
ब : बाँहों में तेरी मस्ती के घेरे
अ : बिखरा के ज़ुल्फ़ें झुक जाओ मुझ पे
मिलने दो साया, तपते बदन को
ब : मैंने हमेशा तेरी अमानत समझा है अपने जाँ और तन को
अ : तू साथ मेरे है मैं साथ तेरे
ब : रूहों के रूहों से, जिस्मों के जिस्मों से, सदियों के नाते हैं
अ : साँसों में तेरी ख़ुशबू के डेरे
ब : बाँहों में तेरी मस्ती के घेरे

[राजेश रोशन/मोहम्मद रफ़ी, लता मंगेशकर]

इक रास्ता है ज़िन्दगी जो थम गए तो कुछ नहीं

काला पत्थर; 1979

इक रास्ता है ज़िन्दगी जो थम गए तो कुछ नहीं
ये क़दम किसी मुक़ाम पे जो जम गए तो कुछ नहीं

वो हुस्न के जल्वे हों या इश्क़ की आवाज़ें
आज़ाद परिन्दों की रुकती नहीं परवाज़ें

जाते हुए क़दमों से, आते हुए क़दमों से
भरी रहेगी रहगुज़र जो हम गए तो कुछ नहीं

जाते हुए राही के साये में सिमटना क्या
इक पल के मुसाफ़िर के दामन से लिपटना क्या

जाते हुए क़दमों से, आते हुए क़दमों से
भरी रहेगी रहगुज़र जो हम गए तो कुछ नहीं

[राजेश रोशन/किशोर कुमार]

किसी के वादे पे क्यों एतबार हमने किया

दि बर्निंग ट्रेन; 1980

किसी के वादे पे क्यों एतबार हमने किया
न आने वालों का क्यों इन्तिज़ार हमने किया

न वो हमारे हुए और न हम रहे अपने
मुहब्बतों का अजब कारोबार हमने किया

वो खेल रहे थे, वो खेल खेल चुके
ख़ता हमारी थी, क्यों उनसे प्यार हमने किया

बिछड़ के उनसे न जब दिल किसी तरह बदला
शराबख़ाने का रुख़ इख़्तियार हमने किया

[आर.डी. बर्मन/आशा भोसले]

पहली नज़र में हमने तो दिल दे दिया था तुमको

दि बर्निंग ट्रेन; 1980

अ : पहली नज़र में हमने तो दिल दे दिया था तुमको
पर तुमने देर लगाई, रुक-रुक के बात बढ़ाई

ब : वैसे तो हमने मिलते ही तुमसे अपना लिया था तुमको
पर जान के बात छुपाई, ना कह के क़द्र बढ़ाई

अ : देखा तुम्हें तो हमने सबसे नज़र हटा ली

ब : खोने की चीज़ खो ली, पाने की चीज़ पा ली
सीधे न सही, घूम के सही, मिल तो गए हम
पहली नज़र में हमने...

अ : हमने तुम्हारी ख़ातिर क्या-क्या किए बहाने

ब : आसाँ नहीं मुहब्बत, अब तू ये बात माने

अ : छोड़ उन्हें दम जैसे भी हो, हम मिल तो गए हैं
पहली नज़र में हमने...

ब : लिक्खा था आस्माँ पर यूँ ही ये खेल होना

अ : पहले नज़र उलझना, फिर दिल का मेल होना

अ, ब: छोड़ो ये गिले, जैसे भी मिले, मिल तो गए हैं
पहली नज़र में हमने...

*[आर.डी. बर्मन/मोहम्मद रफ़ी, अमित कुमार,
आर.डी. बर्मन, आशा भोसले, उषा मंगेशकर]*

पल-दो पल का साथ हमारा पल-दो पल के याराने हैं

दि बर्निंग ट्रेन; 1980

अ, ब: पल-दो पल का साथ हमारा पल-दो पल के याराने हैं
इस मंज़िल पर मिलने वाले उस मंज़िल पर खो जाने हैं

अ : नज़रों के शोख़ नज़राने
होंटों के गर्म पैमाने

ब : हैं आज अपनी महफ़िल में
कल क्या हो कोई क्या जाने

अ, ब : ये पल ख़ुशी की जन्नत है
इस पल में जी ले दीवाने

ब : आज की ख़ुशियाँ एक हक़ीक़त,
कल की ख़ुशियाँ अफ़साने हैं

अ, ब : पल दो पल का साथ हमारा, पल दो पल के याराने हैं

ब : हर ख़ुशी कुछ देर की मेहमान है
पूरा कर ले दिल में जो अरमान है

अ : ज़िन्दगी इक तेज़-रौ तूफ़ान है
इसका जो पीछा करे नादान है

ब : गुमशुदा[1] ख़ुशियों पे क्यों हैरान है
वक़्त लौटे इसका कब इम्कान[2] है
झूम जब तक धड़कनों में जान है
झूमना ही ज़िन्दगी की शान है

अ : अव्वल-आख़िर[3] हर कोई अनजान है
ज़िन्दगी बस राह की पहचान है
दोस्तो अपना तो ये ईमान है
जो भी जितना साथ दे एहसान है

उम्र का रिश्ता जोड़ने वाले अपनी नज़र में दीवाने हैं
पल दो पल का साथ हमारा, पल दो पल के याराने हैं

[आर.डी. बर्मन/मोहम्मद रफ़ी, आर.डी. बर्मन, आशा भोसले, कोरस]

---

1. खोई हुई, 2. संभावना, 3. आरम्भ से अन्त।

तेरी है ज़मीं तेरा आस्माँ

दि बर्निंग ट्रेन; 1980

तेरी है ज़मीं तेरा आस्माँ
तू बड़ा मेह्रबाँ, तू बख़्शिश कर
सभी का है तू, सभी तेरे
ख़ुदा मेरे, तू बख़्शिश कर

तेरी मर्ज़ी से ऐ मालिक
हम इस दुनिया में आए हैं
तेरी रहमत से हम सबने
ये जिस्म और जाँ पाए हैं
तू अपनी नज़र हम पर रखना
किस हाल में हैं, ये ख़बर रखना

तू चाहे तो हमें रक्खे
तू चाहे तो हमें मारे
तेरे आगे झुका के सर
खड़े हैं आज हम सारे
सबसे बड़ी ताक़त वाले
तू चाहे तो हर आफ़त टाले
तू बख़्शिश कर!

[आर.डी. बर्मन/सुषमा श्रेष्ठ, कोरस]

मेरी नज़र है तुझपे तेरी नज़र है मुझपे

दि बर्निंग ट्रेन; 1980

मेरी नज़र है तुझपे तेरी नज़र है मुझपे
इसलिए रहते हैं दोनों खोए हुए
तेरे बिन जियरा माने ना
लगी अगन ये कैसी हाय जाने ना
बलमा हो सजना

तेरे बिन जियरा माने ना
तेरे लिए कलियाँ चुनती रहूँ
आशाओं की मालाएँ बुनती रहूँ
जागे में भी सपनों में खोई रहूँ
सोते में भी आहट सी सुनती रहूँ
ओ सजना ओ बलमा मुझको क्या हो गया
तेरे बिना जियरा माने ना
लगी अगन ये कैसी जाने ना
मेरे बिना अब तू भी रह ना सके
हो तेरे बिना अब मैं भी रह ना सकूँ
हाय मगर तू भी ये कह ना सके
हाय हाय मगर मैं भी ये कह ना सकूँ
जानेमन कहो दिल को ये क्या हुआ
जानू ना जानू ना

[आर.डी. बर्मन/आशा भोसले]

वादा है वादा

दि बर्निंग ट्रेन; 1980

वादा है वादा
जब तक अम्बर पर तारे हों और धरती पर फूल खिलें
इसी जगह और इसी तरह हम दो मतवाले रोज मिलें, समझे
करो वादा हाँ जी वादा हाँ हाँ वादा
देखो अब बिछड़े न मिल के निगाह
कहा है तो हम सदा करेंगे निबाह
तपी तपी धुली धुली साँसें हैं गवाह
जियें चाहे मरें अब घटेगी न चाह
वादा हाँ हाँ जी वादा, वादा हाँ हाँ वादा
जब तक नदियों में पानी हो और पेड़ों के हाथ हिलें
इसी जगह और इसी तरह हम दो मतवाले रोज़ मिलें

बोलो वादा, हाँ जी वादा
देखो कल ढूँढ़े नहीं हमको ये राह
जुदा होके जीना हो तो जीना है गुनाह
मिले ये सदा यूं ही बाँहों की पनाह
घटेगा न कभी मेरा प्यार अथाह
वादा हाँ हाँ जी वादा...
फूल बिछे हों इस रस्ते में
या काँटों से पाँव छिले
इसी जगह और इसी तरह
हम दो मतवाले रोज मिलें
वादा हाँ हाँ जी वादा...

[आर.डी.बर्मन/आशा भोसले, किशोर कुमार]

आज सोचा है आज सोचा है ख़यालों में

चेहरे पे चेहरा; 1980

आज सोचा है आज सोचा है ख़यालों में बुलाकर तुमको
प्यार के नाम पे थोड़ी शिकायत कर लें
ऐसे बिछड़े हो कि जैसे कभी मिलना ही नहीं
ऐसे भूले हो कि जैसे कभी जाना ही ना था
अजनबी बनकर अगर यूँ ही सितम ढाना था
पास आना ही न था पास बुलाना ही न था
आओ टूटे हुए ख्वाबों कि ज़ियारत कर लें ले आज
रंजिशें भी वही पलती हैं जहाँ प्यार पले
प्यार ही जिससे नहीं उससे गिला क्या होगा
मेरी उम्मीद है तू तेरी तमन्ना मैं हूँ
और चाहत की दुआओं का सिला क्या होगा
रंजिशें भूल के ख्वाबों को हक़ीक़त कर लें
आज सोचा है...

[एन. दत्ता/मोहम्मद रफ़ी, सुलक्षणा पंडित]

आ कुछ करें इस हसीं रात में

चेहरे पे चेहरा; 1980

आ कुछ करें इस हसीं रात में
हो आ आज है हर ख़ुशी साथ में
मैं तुझे अपनी बाँहों के हलके में ले लूँ
तू मेरी ज़ुल्फ़ों के फूल को चूम ले
मैं तेरी धड़कनों के तराने सुनूँ
तू मेरे हुस्न के साज पे झूम ले
तू मुझे भींच ले अपनी आग़ोश में
मैं तुझे बाँध लूँ साँस के तार से
मैं तेरी पंखुड़ियों से उजाले चुनूँ
तू मेरे होंठ छू ले बड़े प्यार से
रंग और रोशनी की फुहारों तले
जश्न हो नौजवां इनके जज़्बात का
तू मेरे हाथ को अपने दिल पे रखे
मैं तुझे बाँध दूँ उम्र के साथ का
आ आज है हर ख़ुशी साथ में

[एन. दत्ता/दिलराज कौर]

ये रात नेक रात है ये रात पाक रात है

चेहरे पे चेहरा; 1980

ये रात नेक रात है ये रात पाक रात है
ये रात वो है जिससे ज़िन्दगी को ज़िन्दगी मिली
ये रात वो है जिससे इस ज़मीं को रोशनी मिली

वो रोशनी जो हर गुनाहगार की निज़ाद है
ये रात नेक रात है ये रात पाक रात है

ये रात वो है जब मसीह आए इस ज़मीन पर
ख़ुदा की रहमतों के साए लेके अपने दीन पर
वो दीन जो जहान भर के गमज़दों के साथ है
ये रात नेक रात है ये रात पाक रात है

झुकें रहें तमाम सर उठें रहें तमाम हाथ
कि आज आदमी की जात में ढली ख़ुदा की जात
ख़ुद की जात जिसके बस में सारी क़ायनात
ये रात नेक रात ये रात पाक रात

[एन. दत्ता/मन्ना डे, आशा भोसले]

जाम ले जाम पकड़ जाम ले जाम पकड़

चेहरे पे चेहरा; 1980

जाम ले जाम पकड़ जाम ले जाम पकड़ जाम
लिख दी है मेरे हुस्न ने ये रात तेरे नाम

ज़ुल्फ़ों में समेटे हुए ख़ुशबू के ख़ज़ाने
आई है जवानी तेरे पहलू को बसाने
मचले हुए जज़्बात को सीने में ना अब थाम

तुझको ना यकीं आए मगर मुझको यकीं है
दुनिया जिसे कहते हैं वो जन्नत से हसीं है
पर उनके लिए जिनकी हर एक रात हो बदनाम
लिख दी है मेरे हुस्न ने ये रात तेरे नाम

जाकर नहीं आनीं ये महकती हुई घड़ियाँ
बहके हुए जिस्मों से बहकती हुई घड़ियाँ
ये रात है तक़दीर का बख़्शा हुआ इनाम
लिख दी है मेरे हुस्न ने ये रात तेरे नाम

[एन. दत्ता/आशा भोसले]

तुमसे कहना है कि दुश्वार है तुम बिन जीना

चेहरे पे चेहरा; 1980

तुमसे कहना है कि दुश्वार है तुम बिन जीना
तुमसे कहना है मगर तुम कभी आओ तो कहूँ

तुमको बीते हुए दिन याद नहीं हैं तो ना हों
मैंने अभी उन्हें सीने से लगा रखा है
इस यकीं पर कि किसी रोज तुम आओगे ज़रूर
घर की दहलीज पर फूलों को सज़ा रखा है
तुमसे कहना है...

टूट जाए ना कहीं नाजे मुहब्बत मेरा
रस्मे दुनिया ही निभाने के लिए आ जाओ
आजमाना इसे समझूँ कि सताना इसे समझूँ
मुझको बस इतना बताने के लिए आ जाओ
तुमसे कहना है...

[एन. दत्ता/सुलक्षणा पंडित]

मैं हूँ परी हो मैं हूँ परी अदाओं भरी

चेहरे पे चेहरा; 1980

मैं हूँ परी हो मैं हूँ परी अदाओं भरी
ऐसे ना आऊँगी हाथ कभी मैं यहाँ
कभी मैं वहाँ चलने ना पाऊँगी साथ
कभी मैं यहाँ कभी मैं वहाँ

सबको लुभाती हूँ मैं मस्ती लुटाती हूँ मैं
रातों की रौनक लिए आती हूँ जाती हूँ मैं
तकते रहो कभी मत कहो मुझसे ठहरने की बात
मैं हूँ परी अदाओं भरी ऐसे ना आऊँगी हाथ

रंगों की रानी हूँ मैं तपती जवानी हूँ मैं
चलती रहे जो सदा ऐसी कहानी हूँ मैं

ठहरे नहीं ये बिजली कहीं फैलाए लाखों हाथ
मैं हूँ परी अदाओं भरी ऐसे ना आऊँगी हाथ

[एन. दत्ता/आशा भोसले, सुलक्षणा पंडित]

लोग औरत को फ़क़त जिस्म समझ लेते हैं

इंसाफ़ का तराज़ू; 1981

लोग औरत को फ़क़त जिस्म समझ लेते हैं
रूह भी होती है उसमें, ये कहाँ सोचते हैं

रूह क्या होती है, इससे उन्हें मतलब ही नहीं
वो तो बस तन के तक़ाज़ों का कहा मानते हैं
रूह मर जाए तो ये जिस्म है चलती हुई लाश
इस हक़ीक़त को न समझते हैं, न पहचानते हैं
लोग औरत को फ़क़त जिस्म समझ लेते हैं

कितनी सदियों से ये वहशत का चलन जारी है
कितनी सदियों से है क़ायम ये गुनाहों का रिवाज
लोग औरत की हर इक चीख़ को नग़्मा समझें
वो क़बीलों का ज़माना हो कि शहरों का रिवाज
लोग औरत को फ़क़त जिस्म समझ लेते हैं

जब्र से नस्ल बढ़े, ज़ुल्म से तन मेल करें
ये अमल हम में है, बेइल्म परिन्दों में नहीं
हम जो इनसानों की तहज़ीब लिये फिरते हैं
हम-सा वहशी कोई जंगल के दरिन्दों में नहीं
लोग औरत को फ़क़त जिस्म समझ लेते हैं

एक मैं ही नहीं, क्या जानिए कितनी होंगी
जिनको अब आईना तकने से झिझक आती है
जिनके ख़्वाबों में न सेहरे हैं न सिन्दूर नसीब
राख ही राख है जो ज़ेह्न में मँडलाती है
लोग औरत को फ़क़त जिस्म समझ लेते हैं

इक बुझी रूह लुटे जिस्म के ढाँचे में लिये
सोचती हूँ मैं कहाँ जाके मुक़द्दर फोड़ूँ
मैं न ज़िन्दा हूँ कि मरने का सहारा ढूँढूँ
और न मुर्दा हूँ कि जीने के ग़मों से छूटूँ
लोग औरत को फ़क़त जिस्म समझ लेते हैं

कौन बतलाएगा मुझको किसे जाकर पूछूँ
ज़िन्दगी क़हर के साँचों में ढलेगी कब तक
कब तलक आँख न खोलेगा ज़माने का ज़मीर
ज़ुल्म और जब्र की ये रीत चलेगी कब तक
लोग औरत को फ़क़त जिस्म समझ लेते हैं

[रवीन्द्र जैन/आशा भोसले]

इंसाफ़ का तराज़ू जो हाथ में उठाए

इंसाफ़ का तराज़ू; 1981

इंसाफ़ का तराज़ू जो हाथ में उठाए
जुर्मों को ठीक तोले
ऐसा न हो कि कल का इतिहासकार बोले
मुजरिम से भी ज़्यादा
मुंसिफ़[1] ने ज़ुल्म ढाया

कीं पेश उसके आगे ग़म की गवाहियाँ भी
रक्खीं नज़र के आगे दिल की तबाहियाँ भी
उसको यक़ीं न आया
इंसाफ़ कर न पाया
और अपने इस अमल[2] से
बदकार मुजरिमों के नापाक हौसले को

कुछ और भी बढ़ाया
इंसाफ़ का तराज़ू जो हाथ में उठाए
ये बात याद रक्खे
सब मुंसिफ़ों से ऊपर

1.न्यायकर्ता, 2. काम।

इक और भी है मुंसिफ़
वो दो जहाँ का मालिक
सब हाल जानता है
नेकी[1] के और बदी[2] के
अह्वाल[3] जानता है
मायूस जाने वाला
ऐसा न हो कि उसके दरबार में पुकारे
ऐसा न हो कि उसके इंसाफ़ का तराज़ू
इक बार फिर से तोले
मुजरिम के जुल्म को भी
मुंसिफ़ की भूल को भी
और अपना फ़ैसला दे
वो फ़ैसला कि जिससे
ये रूह काँप उट्ठे!

[रवीन्द्र जैन/महेन्द्र कपूर]

ये आँखें देखकर हम सारी दुनिया भूल जाते हैं

धनवान; 1981

ब : ये आँखें देखकर हम सारी दुनिया भूल जाते हैं
इन्हें पाने की धुन में हर तमन्ना भूल जाते हैं

अ : तुम अपनी महकी-महकी ज़ुल्फ़ के पेचों को कम कर दो
मुसाफ़िर इनमें घिरकर अपना रस्ता भूल जाते हैं

ब : ये बाँहें जब हमें अपनी पनाहों में बुलाती हैं
हमें अपनी क़सम, हम हर सहारा भूल जाते हैं

अ : तुम्हारे नर्मो-नाज़ुक होंट जिस दम मुस्कुराते हैं
बहारें झेंपती हैं, फूल खिलना भूल जाते हैं

ब : बहुत कुछ तुम से कहने की तमन्ना दिल में रखते हैं
मगर जब सामने आते हैं, कहना भूल जाते हैं

1. भलाई, 2. बुराई, 3. हाल का बहु.।

अ : मुहब्बत में ज़ुबाँ चुप हो तो आँखें बात करती हैं
ये कह देती हैं वो बातें, जो कहना भूल जाते हैं

[हृदयनाथ मंगेशकर/सुरेश वाडेकर, लता मंगेशकर]

बरस बरस आती है होली आज न कड़वा बोलो

धनवान; 1981

बरस बरस आती है होली आज न कड़वा बोलो
हमने मन के मैल को धोया तुम भी क्रोध को धोलो
मारो भर भर कर पिचकारी मारो भर भर कर पिचकारी
होली का यही मतलब है, होली का यही मतलब है
रंगे एक रंग दुनिया सारी..2
होली का यही मतलब है...2
मारो भर भर कर पिचकारी
आज के दिन यूँ घुल मिल जाओ...2
बैर रहे ना कोई
नया पुराना अगला पिछला...2
बैर रहे ना कोई...2
बढ़े प्यार की साझेदारी
होली का यही मतलब है...2
मारो भर भर कर पिचकारी...2
आँगन आँगन आँगन आँगन धूम मचाती
आई है शुभ बेला...2
आँगन आँगन धूम मचाती...2
आई है शुभ बेला नस में नस नस में
संगीत जगाए ये रंगों का मेला
खिले जीवन की फुलवारी
होली का यही मतलब है...2
मारो भर भर कर पिचकारी...2
जो भी हमसे भूल हुई हो...2
आज उसे बिसरा दो

पश्चात्ताप सज़ा है ख़ुद ही पश्चात्ताप...2
और ना कोई सज़ा दो...2
बने दुश्मन भी आभारी...2
होली का यही मतलब है...2
मारो भर भर कर पिचकारी

[हृदयनाथ मंगेशकर/किशोर कुमार, लता मंगेशकर]

इधर आ आ आ भी जा

धनवान; 1981

इधर आ आ आ भी जा...3
चली कहाँ आज जाने नहीं दूँगा
आज छुड़ाने नहीं दूँगा दिलबर दिलदारा
फ़ैसला है ये मेरा इधर आ आ आ भी जा
इधर आ आ आ...
हर रात एक ताज़ा हसीं अपने साथ है...2
लेकिन ये रात तेरी मुक़द्दर की रात है
आ जा ओ हसीना नाज़नीना पास आ
डर ना ये है तेरी ख़ुशनसीबी मान जा
खड़ी खड़ी सोचे क्या
आज यहाँ छू के तुझको देख लूँ
इधर आ आ आ भी जा...3
फ़ुरसत नहीं जो हुस्न की तकरार सुन सकें...2
आदत नहीं है हमको कि इनकार सुन सकें
जानम बोल तेरा मोल क्या है दूँगा मैं...2
सुन ले आज तुझको पा के ही दम लूँगा
खड़ी खड़ी क्या सोचे
आज यहाँ छू के तुझे देख लूँ
इधर आ आ आ भी जा

[हृदयनाथ मंगेशकर/किशोर कुमार]

हो बल्ले बल्ले भाई रेशमी दुपट्टे वालिये

धनवान; 1981

हो बल्ले बल्ले भाई रेशमी दुपट्टे वालिये...2
तेरा रूप लशकारे मारे रेशमी दुपट्टे वालिये
तौबा तौबा ये गोरा रंग आफ़त है...2
पीछे पड़ गए सारे कुँवारे गोरा रंग आफ़त है
हो बल्ले हमहीं में ऐब क्या है
तुझे किसी का तो घर है बसाना
तौबा तौबा मैं न तेरे घर जाऊँ
चाहे पड़ जाए थाने जाना, मैं तेरे घर ना जाऊँ
हो बल्ले बल्ले हम में ऐब है क्या...
तौबा तौबा हाय तौबा तौबा
तौबा तौबा तौबा तौबा मैं तेरे घर ना जाऊँ
चाहे पड़ जाए थाना जाना मैं तेरे न घर जाऊँ
बलिये गोरिये सोनिये बलिये बलिये
हो बल्ले बल्ले के बूढ़ी होके तरसेगी
कोई आएगा ना हाथ पकड़ने बूढ़ी होके तरसेगी
अरे जा जा रे तेरे जैसे लाखों हैं
कई आएँगे नाक रगड़ने तेरे जैसे लाखों हैं
बल्ले बल्ले भाई रेशमी दुपट्टे वालिये
हो तेरा रूप लश्कारे मारे रेशमी दुपट्टे वालिये
जवानी फिर ना आए करेगी हाय हाय
अहा करेगी हाय हाय
मेरा ग़म तू क्या खाए तुझे क्यूँ नींद ना आए
हाँ हाँ तुझे क्यूँ नींद ना आए
जो तुझ पर आँख टिकाये वो तेरा मान बढ़ाए...2
तू चाहे मर भी जाए ये जट्टी हाथ न आए...2
न जब तक हाँ कहलाए ये जाट वापस न जाए...
अहा जाट वापिस ना जाए
जो मुझको हाथ लगाए वो अपना सर तुड़वाए
अहा अपना सर तुड़वाए
हो बल्ले बल्ले भाई तेरे आगे हाथ जोड़ता...2
जाट जिसने अखाड़े जीते तेरे आगे हाथ जोड़ता

बलिये सोनिये सोनिये बलिये बलिये
बल्ले बल्ले भाई तेरे आगे हाथ जोड़ता
अच्छा अच्छा तो आज मैंने हाँ कर दी...2
इसे टालते बहुत दिन बीते हाँ आज मैंने हाँ कर दी
बल्ले बल्ले भाई रेशमी टुपट्टे वालिये...3

[हृदयनाथ मंगेशकर/अमित कुमार, महेन्द्र कपूर, लता मंगेशकर]

ना तेरा दुर्भाग्य नया है ना ही व्यवहार नया

लक्ष्मी; 1982

ना तेरा दुर्भाग्य नया है ना ही व्यवहार नया
ना राहों के शूल नये ना पत्थर दिल संसार नया
सीता भी जहाँ सुख पा ना सकी तू उस धरती की नारी है...2
जो ज़ुल्म तेरी तक़दीर बता...2
वो ज़ुल्म युगों से जारी है
सीता भी जहाँ सुख पा ना सकी तू उस धरती की नारी है
वो कन्या हो या गर्भवती हो नारी हो सदा अपमान मिला...2
अवतारों की नस्ल बढ़ा कर भी पतिताओं में स्थान मिला
सदियों से यहाँ हर अबला ने...2
रो रो के उम्र गुज़ारी है
सीता भी जहाँ सुख पा ना सकी तू उस धरती की नारी है
कहने को तो देवी कहलाई पर यहाँ दासी ही रही...2
दो प्यार के मीठे बोलों की मरते दम तक प्यासी ही रही
जो जहर मिले वो पीती जा तू कौन सी जनक दुलारी है
सीता भी जहाँ सुख...
मायका छूटा ससुराल छूटा जाएगी मगर जाएगी कहाँ...2
अब बाल्मीकि-सा कोई ऋषि इस धरती पर पाएगी कहाँ
तू अब एक़ भटकी हिरनी है...2
और मर्द की आँख शिकारी है
सीता भी जहाँ सुख पा न सकी तू उस धरती की नारी है

[उषा खन्ना/महेन्द्र कपूर]

हालात से लड़ना मुश्किल था

लक्ष्मी; 1982

हालात से लड़ना मुश्किल था हालात से रिश्ता जोड़ लिया
जिस रात की कोई सुबह नहीं उस रात से रिश्ता जोड़ लिया
जलवों से दिल बहला लो ज़माने वालो..2
कहती है ये हाए
कहती है ये झंकार झंकार झंकार
रातों का जश्न मना लो ज़माने वालो
जलवों से दिल बहला लो...
चुनरी रंगा ली मैंने बिंदिया सजा ली मैंने...2
झूमर की माँग पट्टी दिल से सजा ली मैंने...2
कर लिए सोलह सिंगार
कर लिए सोलह सिंगार सिंगार सिंगार
नज़रों की प्यास बुझा लो ज़माने वालो
जलवों से दिल बहला लो...
धड़कन में जान भी है
महफ़िल जवान भी है
लब पे तराना लिए
एक बेज़ुबान भी है...2
तन पे सजा बाज़ार
बाज़ार बाज़ार बाज़ार
जाग लो और जगा लो जमाने वालो
सबकी कनीज हूँ मैं रस्ते की चीज़ हूँ मैं...2
वो भी नहीं हैं मेरे जिनकी अज़ीज़ हूँ मैं...2
सैयाँ गए हाय उस पार उस पार उस पार
चाहे जो मोल लगा लो ज़माने वालो...2
रातों का जश्न मना लो ज़माने वालो

[उषा खन्ना/आशा भोसले]

ईद का दिन ईद का दिन है

दीदारे-यार; 1982

ईद का दिन ईद का दिन है
ईद का दिन है गले आज तो मिल ले ज़ालिम

रस्मे दुनिया भी है मौक़ा भी है दस्तूर भी है...2
इश्क़ इस तरह के गुस्ताख़ तकाजे ना करे
हुस्न मस्तूर भी मजबूर भी मंगरूर भी है...2
ग़ुरूरे हुस्न के सदके मुहब्बत यूँ नहीं करते...2
मुहब्बत यूं नहीं करते नहीं करते नहीं करते
भरी महफ़िल में जाहिर भरी महफ़िल में ज़ाहिर
दिल की वहशत यूं नहीं करते भरी महफ़िल में ज़ाहिर
भरी महफ़िल में ज़ाहिर दिल की वहशत यूं नहीं करते
नहीं करते हाँ नहीं करते
ग़ुरूरे हुस्न के सदके ग़ुरूरे हुस्न के सदके
भरी महफ़िल में ज़ाहिर दिल की वहशत...
ये माना ये माना ये माना तुम हसीन हो
और तुम्हें हक है शरारत का
किसी की जान पे बन जाए...2
शरारत यूं नहीं करते
किसी की जान पे बन जाए...2
जिसे तुम हुस्न कहते हो कहते हो...ओ...ओ...2
जिसे तुम हुस्न कहते हो वो काबा है निगाहों का
हा निगाहों का हा हा निगाहों का
अदब लाज़िम है लाज़िम है
अदब लाज़िम है काबे की ज़ियारत यूँ नहीं करते...2
कुछ अपने हुस्न की ख़ैरात दे दो हम फ़क़ीरों को
हम फ़क़ीरों को हम फ़क़ीरों को किसी साहिल को अपने दर से
किसी साहिल को अपने दर से रुख़सत यूं नहीं करते...2
हया और शर्म को हम हया और शर्म को हम
हुस्न का जेवर समझते हैं हया और शर्म को हम
ये जेवर लुटके रह जाएँ...2
जखावत यूँ नहीं करते
ये जेवर लुटके रह जाएँ...जखावत...
तुम्हारी इक नज़र पर फ़ैसला है ज़िन्दगानी का...3
मसीहा होके बीमारों से गफ़लत यूं नहीं करते...2
मसीहा और हम मसीहा और हम इन कुफ्र की
बातों से बाज आओ मसीहा...2
ख़ुदा को छोड़कर बुत की इबादत यूं नहीं करते...2

आपने जो कहा वो ठीक सही
मेरा कहना भी कुछ बुरा तो नहीं
कि ईद का दिन है गले आज तो मिल ले ज़ालिम
रस्मे दुनिया भी है मौक़ा भी है दस्तूर भी है...

[लक्ष्मीकान्त-प्यारेलाल/मोहम्मद रफ़ी, आशा भोसले]

तुमको देखा तो समझ में आया

दीदारे-यार; 1982

तुमको देखा तो समझ में आया
लोग क्यों बुत को ख़ादा मानते हैं
बुत में बुतगर की झलक होती है
इसको छूकर उसे पहचानते हैं
पहले अनजान थे अब जानते है
तुमको देखा तो तो समझ...
तुमको देखा तो ये मालूम हुआ
लोग क्यों इश्क़ में दीवाने बने
ताज छोड़ गए और तख्त लुटे
कैस ओ फ़रहाद के अफ़साने बने
पहले अनजान थे अब जानते हैं
लोग क्यों बुत को ख़ुदा मानते हैं
तुमको देखा तो समझ...
तुमको देखा तो ये एहसास हुआ
ऐसे बुत भी हैं जो लब खोलते हैं
जिनकी अंगड़ाइयाँ पर तोलती हैं
जिनके शादाब बदन बोलते हैं
पहले अनजान थे अब जानते हैं
लोग क्यों बुत को ख़ुदा मानते हैं
तुमको देखा तो ये समझ...

हुस्न के जल्वा-ए रंगी में ख़ुदा होता है
हुस्न के सामने सजदा भी रवां होता है
दीन ए उल्फ़त में यही रस्म चली आई है
लोग इसे कुफ़्र भी कहते तो क्या होता है

पहले अनजान थे अब जानते हैं
लोग क्यों बुत को ख़ुदा मानते हैं
तुमको देखा तो ये समझ...

[लक्ष्मीकान्त-प्यारेलाल/लता मंगेशकर]

मेरे दिलदार का बांकपन हाय बांकपन

दीदारे-यार; 1982

मेरे दिलदार का बांकपन हाय बांकपन
हाय बांकपन अल्लाह अल्लाह
मेरे दिलदार का बांकपन अल्लाह अल्लाह
चाँदनी से तराशा बदन अल्लाह अल्लाह
देखकर जिसको हूरें भी सजदा करें
सजदा करें हा सजदा करें हाय हाय सजदा करें
ओ मेरी नाजनी ओ मेरी नाजनी गुलबदन अल्लाह अल्लाह
उसी हसीन महजबीं की अपन अल्लाह अल्लाह
फूल से होंठ रेशम सा तन अल्लाह अल्लाह
मेरे दिलदार का बाँकपन अल्लाह अल्लाह
वो कनखियों से उनका हमें देखना
हा हमें देखना हाय हमें देखना हाय
जबसे उसे देखा है दीवानों सी हालत है
बेताब है हर धड़कन बेचैन तबीयत है
वो सर से कदम तक इक महकी हुई जन्नत है
छूने से बदन मसके इस दर्जा नज़ाकत है
रुख़सार करिश्मा है रफ़्तार क़यामत है
दुनिया में वजूद उसका क़ुदरत की इनायत है
वो जिस पर करम कर दे वो साहिदा किस्मत है
वो कनखियों से उनका हमें देखना
हा हमें देखना हाय हमें देखना हाय
तीर तिरछे हो तीर तिरछे चलाने का फन अल्लाह
तीर तिरछे चलाने का फन अल्लाह अल्लाह
मेरे दिलदार का बांकपन अल्लाह अल्लाह
सादगी में छुपा शोख़ियों का समाँ

शोख़ियों का समाँ शोख़ियों का समाँ
जिस हुस्न के जलवों पर
दिल हमने लुटाया है
वो हुस्न जमीनों पर तक़दीर से आया है
कुदरत ने बदन उसका फ़ुरसत से बनाया है
सौ तरह के रंगों से हर अंग सजाया है
घनघोर घटाओं को ज़ुल्फ़ों में बसाया है
बिजली के तब्बसुम को नज़रों में घुलाया है
महके हुए फूलों को साँसों में रचाया है
गालिब के ग़ज़ल जैसी मुमताज महल जैसी
करके दीदार यार आज दिल झूम उठा,
नूर से भर गए दो जानो-तन
गालों में गुलाबीपन आँखों में शराबीपन
गर्दन का वो खम हाय होंठों का वो नम हाय
डाली सी कमर तौबा बरछी सी नज़र तौबा
बर्शी हुई बाँहें हैं मखमूर निगाहें हैं
ज़ालिम है हया उसकी कातिल है अदा उसकी
मस्ती से भरी है वो इक सब्ज परी है वो
चाँदी के खिलौनों सी फूलों के बिछौनों सी
गालिब की ग़ज़ल जैसी मुमताज महल जैसी
करके दीदारे यार आज दिल झूम उठा
आज दिल झूम उठा आज दिल झूम उठा
नूर से भर गए हा नूर से भर गए
जानो तन अल्लाह अल्लाह
मेरे दिलदार का बांकपन अल्लाह अल्लाह
हा मेरे दिलदार का बांकपन...

[लक्ष्मीकांत-प्यारेलाल/मोहम्मद रफ़ी, किशोर कुमार]

चला चल कबूतर लिफ़ाफ़े की चाल

दीदारे-यार; 1982

चला चल कबूतर लिफ़ाफ़े की चाल...2
सुना जाके उस शोख़ को मेरा हाल

चला चल कबूतर...
सुना जाके उस शोख़ को...
तुझे उसके अब्बा का धड़का नहीं...2
कि तू एक लिफ़ाफ़ा है लड़का नहीं
मेरा उसके घर में हो हाय
मेरा उसके घर में है जाना मुहाल
सुना जाके उस शोख़ को मेरा हाल
चला चल लिफ़ाफ़े कबूतर भी चाल
सुना जाके...
मुझे डर है तुझसे बिगड़ जाएगी...2
तबीयत की है गर्म लड़ जाएगी
कोई ऐसा वैसा
कोई ऐसा वैसा न करना सवाल
सुना जाके उस शोख़ को मेरा हाल
चला चल लिफ़ाफ़े...
सुनाना मेरा हाल इस जोर से...2
कि बँध जाए वो प्यार की डोर से
दिखाना कुछ अपने हाय होय
दिखाना कुछ अपने हुनर का कमाल
सुना जाके उस शोख को मेरा हाल...2
खुशी से जो तनहाई में झूम ले वह...2
जो नज़रें बचाके तुझे चूम ले वह...2
चुरा लाइयो लाइयो हो हाय...2
तू लाइयो रंग लब लाल लाल
सुना जाके उस शोख को मेरा हाल
चला चल लिफ़ाफ़े कबूतर की चाल...

[लक्ष्मीकांत-प्यारेलाल/किशोर कुमार]
(साहिर लुधियानवी और कैफी आजमी)